I. Birmelin / A. Wolter

Wellensittiche

Artgerechte Haltung und Zucht

Experten-Rat für die Eingewöhnung, Pflege, Ernährung
und Gesunderhaltung
Sonderkapitel: Verhalten des Wellensittichs

Mit 40 Farbfotos bekannter Tierfotografen
und 50 Zeichnungen von Fritz W. Köhler

GU GRÄFE UND UNZER

© 1985 Gräfe und Unzer Verlag GmbH, München
Inhaltlich unveränderte Ausgabe der 5. Auflage
Alle Rechte vorbehalten. Nachdruck, auch auszugsweise, sowie Verbreitung durch Film, Funk und Fernsehen, durch fotomechanische Wiedergabe, Tonträger und Datenverarbeitungssysteme jeder Art nur mit schriftlicher Genehmigung des Verlages.

Redaktionsleitung: Hans Scherz
Stellvertretende Redaktionsleitung: Renate Weinberger
Herstellung: Robert Gigler
Umschlaggestaltung: Heinz Kraxenberger
Satz und Druck des Textteiles: Druckerei Wagner GmbH
Reproduktion und Druck der Farbbilder und des Umschlags: Graphische Anstalt E. Wartelsteiner
Bindung: R. Oldenbourg

ISBN 3-7742-1226-0

Auflage	12.	11.	10.	9.	8.
Jahr	98	97	96	95	94

Annette Wolter

ist Vogelexpertin mit langjähriger Erfahrung in der Haltung von Klein- und Großpapageien, außerdem Autorin eines der erfolgreichsten Bücher über den Wellensittich. Aus mehr als drei Jahrzehnten eigener Erfahrung und vielen Leserzuschriften weiß Frau Wolter, was Wellensittiche an Pflege und Zuwendung brauchen und was Wellensittichhalter wissen wollen. Ständiger Kontakt mit Tierärzten, Verhaltensforschern und Züchtern ermöglicht es ihr, in Sachen Vogelhaltung stets auf dem laufenden zu sein.

Dr. Immanuel Birmelin

arbeitet als Biologe und Vogelforscher an der Universität in Bern. In seiner Doktorarbeit befaßte er sich intensiv mit dem Wellensittich und schrieb über das Schlüpfen von Wellensittichküken und das Verhalten der Wellensittichmutter. Dr. Birmelin züchtet seit vielen Jahren erfolgreich Wellensittiche, und auch heute noch widmet er einen großen Teil seiner Forschungsarbeit den beliebten Kleinpapageien.

Wichtig: Damit die Freude an Wellensittichen als Heimtiere ungetrübt bleibt, beachten Sie bitte die »wichtigen Hinweise« auf Seite 138.

Inhalt

Inhalt

Ein Wort zuvor

In diesem Buch geht es um unser beliebtestes Heimtier – den Wellensittich. Mehr als zehn Millionen dieser munteren Kleinpapageien leben in den Haushalten der Bundesrepublik, Österreichs und der Schweiz. Obwohl Wellensittiche in der Obhut des Menschen eine Lebenserwartung von 10 bis 14 Jahren haben, werden nur wenige älter als fünf Jahre. Woran liegt das? Was machen wir falsch bei der Wellensittichhaltung?

Ornithologen und Verhaltensforscher, die sich in den letzten zehn Jahren eingehend mit dieser Frage beschäftigt haben, stellten fest, daß die Lebensgewohnheiten des domestizierten Wellensittichs noch immer weitgehend von den Verhaltensweisen bestimmt werden, die er von seinen australischen Vorfahren geerbt hat. Wildlebende Wellensittiche leben in großen Schwärmen und legen bei der täglichen Nahrungssuche in raschem, ausdauerndem Flug riesige Strecken zurück. Daraus ergibt sich, daß ausreichende Flugmöglichkeit und ständiger Kontakt mit Artgenossen zu den elementaren Lebensbedürfnissen des Wellensittichs gehören. Unsere Wellensittiche dagegen werden meist allein gehalten – häufig ohne genügende Zuwendung von ihrem »Ersatzpartner Mensch«; die wenigsten dürfen in der Wohnung frei fliegen. Viele Wellensittichhalter wußten es bisher nicht besser. So konnten sich trotz wissenschaftlicher Erkenntnis Vorurteile halten wie: Nur ein einzeln gehaltener Wellensittich würde handzahm werden und sprechen lernen. Oder: Wellensittiche als Heimtiere haben von sich aus kein Bedürfnis nach ausgiebigem Freiflug.

Das GU Wellensittich Buch räumt mit diesen und anderen falschen Vorstellungen in Sachen Wellensittichhaltung auf. Annette Wolter, erfolgreiche Tierbuchautorin und erfahrene Wellensittichhalterin, erklärt ausführlich, wie man Wellensittiche artgemäß hält. Der Leser erfährt, was man über Eingewöhnung, Pflege, Ernährung und den täglichen Umgang mit Wellensittichen wissen muß. In einem ausführlichen Kapitel erklärt sie, was vorsorglich für die Gesunderhaltung des Wellensittichs zu tun ist und wie man selbst helfen kann, wenn der Wellensittich einmal krank wird. Beachten Sie dazu bitte auch die »Wichtigen Hinweise« auf Seite 137.

Immanuel Birmelin, Biologe, Verhaltensforscher und seit vielen Jahren Wellensittichzüchter, beantwortet wichtige Fragen zur Wellensittichzucht. Seine Beschreibungen der Vorgänge im Nistkasten geben erstmals Einblick in das Familienleben dieser liebenswerten Vögel. Der Autor beschreibt auch die Lebens- und Verhaltensweisen der Wellensittiche in ihrer australischen Heimat. Er schildert, wie es den Vögeln gelingt, trotz härtester klimatischer Bedingungen in den australischen Steppen und Halbwüsten zu überleben. Außerdem stellt der Autor Verhaltensweisen vor, die jeder Wellensittichhalter selbst beobachten kann; die daraus gewonnenen Erkenntnisse sollen ihm helfen, seine Wellensittiche besser verstehen zu lernen.

Die Zeichnungen und Farbfotos des Buches sind sachbezogen und informativ. Sie zeigen unter anderem viele interessante Verhaltensweisen der intelligenten Kleinpapageien.

Autoren und Verlag danken allen, die an diesem Buch mitgearbeitet haben: Dem Tierzeichner Fritz W. Köhler für seine gelungenen Wellensittich-Darstellungen, den Tierfotografen, insbesondere Konrad Wothe für seine vielen neuen Wellensittichfotos und den beiden Tierfilmern Arendt und Schweiger, von denen die außergewöhnlichen, hier erstmals veröffentlichten Wellensittichaufnahmen aus Australien stammen. Nicht zuletzt sei noch dem Biologen Fritz Trillmich vom Max-Planck-Institut für Verhaltensphysiologie in Seewiesen gedankt für fachliche Beratung und Durchsicht des Manuskripts.

Überlegungen vor der Anschaffung

Paßt ein Wellensittich in Ihr Leben?

Der Wellensittich ist zweifellos einer der beliebtesten Heimvögel. Über 6 Millionen leben schätzungsweise in der Bundesrepublik Deutschland; in anderen Ländern erfreut sich dieser kleine Papagei ebenso großer Beliebtheit, auch wenn dafür keine Zahlen zu nennen sind. Aber ich möchte es lieber nicht wissen, wie viele Hunderttausende von diesen Wellensittichen ein vernachlässigtes und wenig artgemäßes Leben führen müssen, weil der

Zutrauliche Wellensittiche haben gerne Körperkontakt mit ihrem Pfleger. Hand, Arm oder Schulter können zum Lieblingsplatz werden.

Vogelhalter vor der Anschaffung nicht wußte, welche Bedürfnisse dieser hochentwickelte Vogel hat – und ob er sie überhaupt erfüllen kann oder will.
Deshalb sollten Sie vor der Anschaffung eines Wellensittichs sehr realistisch bedenken, wie

dieser von Natur aus lebhafte und gesellig lebende Vogel Ihr Leben verändern könnte und ob Sie das auch wirklich wollen.
Die wichtigsten Überlegungen vor dem Kauf habe ich hier zusammengefaßt:
● Wenn Sie sich einen Wellensittich wünschen, weil Sie möchten, daß er zutraulich und zahm wird, so müssen Sie sich auch klar darüber sein, daß Sie den Vogel nicht täglich viele Stunden allein lassen dürfen. Einsame Tage sind unendlich lang und trübe für so ein aktives und geselliges Tier. Und wenn Sie berufstätig sind: wer ist tagsüber beim Wellensittich? Vielleicht haben Sie Kinder oder einen Partner, die sich wenigstens stundenweise im selben Zimmer mit dem Vogel aufhalten. Aber beschäftigen sie sich auch mit ihm (→ Seite 32) oder sind sie nur anwesend?
● Entscheiden Sie sich für ein Pärchen, müssen Sie damit rechnen, daß es anfängt zu brüten. Wellensittiche darf man nicht so ohne weiteres züchten: Sie brauchen eine amtliche Genehmigung (→ Seite 80). Außerdem sollten Sie wissen, wer Ihnen die Jungvögel abnimmt, wenn Sie sie nicht selbst behalten können.
● Ein gesunder Wellensittich kann 12 bis 14 Jahre alt werden. So lange sind Sie für ihn verantwortlich. Er braucht nicht nur liebevolle Zuwendung und sorgsame Pflege, sondern ist in einem Maße an Ihre Person gebunden, daß er regelrecht trauern würde, müßte er auf Dauer von Ihnen getrennt leben.
● Nur bei sorgsamer Pflege und vielseitiger Ernährung kann ein Wellensittich gesund bleiben (→ Seite 46 und 52); beides erfordert vom Halter Zeit und Geld.
● Jeder Wellensittich braucht ausreichend Beschäftigungsmöglichkeiten und viel Freiflug. Das bedeutet, daß der Tierhalter in dem Zimmer, in dem der Vogel lebt, einige Vorkehrungen treffen muß, die das Tier vor Schaden schützen (→ Gefahrenkatalog, Seite 42).
● Wissen Sie, wohin mit Ihrem Vogel, wenn

Sie verreisen, oder wenn Sie vielleicht einmal ins Krankenhaus müssen (→ Seite 12)?
• Halten Sie bereits Haustiere? Sind Sie sicher, daß ein Wellensittich dazu paßt (→ Seite 11)?
• Wer sich einen Wellensittich anschafft, wünscht sich meistens, daß er auch sein Sprech- und Pfeiftalent beweist. Viele Wellensittiche sprechen oft schon nach kurzer Zeit einige Wörter und Sätze, ahmen häufig Geräusche nach und lernen vor allem in den ersten beiden Lebensjahren meist noch eine Menge dazu.
Machen Sie sich aber von vornherein mit dem Gedanken vertraut, daß nicht jeder Wellensittich Talent hat, menschliche Wörter nachzusprechen. Mancher probiert es nie, mancher pfeift lieber oder begnügt sich lebenslang mit seiner Wellensittichsprache. Überlegen Sie gut, ob Ihr Interesse an dem Vogel nicht erlöschen würde, wäre er kein Sprechtalent!
• Bedenken Sie bitte, ein Wellensittich ist ein ungeeignetes Geschenk! Jedenfalls wenn Sie gleich den Vogel im Käfig überbringen. Wollen Sie unbedingt ein Tier verschenken, weil Sie glauben, der Beschenkte freue sich darüber, dann bitte nur zunächst in Form eines »Gutscheines«. So hat man dann die Möglichkeit, in Ruhe zu entscheiden, ob und wann der Gutschein eingelöst werden soll. Jeder sollte nur aus eigenem Entschluß ein Tier zu sich nehmen und freiwillig zu den Verpflichtungen stehen, die er damit auf sich nimmt. Schenken Sie Ihren Kindern einen Wellensittich, sollten Sie nicht vergessen, daß Kinder ohne die Unterstützung der Eltern nur selten schon so viel Verantwortungsbewußtsein haben, um einen Vogel ständig alleine betreuen zu können (→ Seite 11).

Einzelhaltung, Paarhaltung oder mehrere Wellensittiche?

Die meisten Wellensittiche werden als Einzelvogel gehalten. Viele der Besitzer eines einzelnen Tieres versicherten mir, ihr Vogel sei munter und glücklich, man beschäftige sich wirklich viel mit ihm, halte und ernähre ihn auch artgemäß. Dennoch mag ich hier nicht verschweigen, daß ich der Meinung bin, ein einzeln gehaltener Wellensittich ist gar kein richtiger Wellensittich. Niemals kann er sein angeborenes Bedürfnis nach Geselligkeit als einer von vielen im großen Schwarm ausleben; niemals hat er Gelegenheit, das angeborene Ritual zu vollziehen (→ Seite 86), das der lebenslangen Bindung an den Vogelpartner seiner Wahl vorangeht. Zwar findet er sich als Heimvogel mit einem Menschen als Ersatzpartner ab und kann zärtlich an ihm hängen, doch bleibt er meist trotzdem viele Stunden am Tag allein, ohne die natürliche Beschäftigung der Nahrungssuche, ohne Möglichkeit mit seiner Schar täglich Hunderte von Kilometern zu fliegen, geeignete Schlafplätze zu suchen, einander vor Feinden zu warnen und was ein Vogelleben sonst in der natürlichen Umgebung ausfüllt (→ Seite 117).
Die Entscheidung für einen Einzelvogel bedeutet in jedem Fall, daß Sie viel Zeit und viel Geduld aufbringen müssen, um sich wirklich ausreichend mit dem Vogel beschäftigen zu können. Wenn Sie selbst alleine leben, ist das sicher nicht immer ganz einfach. Etwas leichter läßt sich das angeborene Geselligkeitsbedürfnis eines Wellensittichs in einer Familie erfüllen, vorausgesetzt natürlich: alle Mitglieder beschäftigen sich gerne mit ihm und sind bereit, die erforderliche Rücksicht für den Vogel aufzubringen. Trotz der Zuwendungen von allen Familienangehörigen wird der Wellensittich sich wahrscheinlich ein Fami-

lienmitglied als Lieblingspartner aussuchen und zu diesem ein besonders vertrautes Verhältnis entwickeln.

Möchten Sie aber nicht nur einen zahmen Wellensittich, der gerne Kontakt zu Ihnen hat, sondern einen wirklich glücklichen, so gesellen Sie ihm unbedingt einen Artgenossen als Partner zu. Wenn Sie sich nicht gleich dazu entschließen können, geht das später auch noch (→ Der Vogelpartner, Seite 34).

Sie genießen dann die zweifache Freude, nämlich die der persönlichen Freundschaft mit den Vögeln und zugleich die des Beobachtens. Wer es noch nie erlebt hat, kann sich kaum vorstellen, wie viele bezaubernde Einzelheiten zwei zusammenlebende Wellensittiche von ihrer partnerschaftlichen Beziehung zueinander verraten, welche erstaunliche Intelligenz sie entwickeln können, wenn es zum Beispiel darum geht, angeborene »Tabus« (wie die Angriffshemmung, → Seite 124) zu umgehen oder einander zu etwas zu »überreden«. Eines ist sicher, wenn Sie zwei Wellensittiche haben, dürfen Sie ohne Zögern einmal egoistisch sein und die beiden getrost – gut versorgt – für einen Tag sich selbst überlassen. Vielleicht werden Sie ihnen fehlen, weil eben die »Schar« nicht vollzählig ist, aber die Vögel sind nicht einsam und leiden nicht unter Langeweile.

Sie können durchaus zwei Männchen oder zwei Weibchen zusammen halten. Einer davon wird nach einer gewissen Zeit die Rolle des »fehlenden Geschlechts« übernehmen.

Bei einem Pärchen haben Sie natürlich die Chance, das Familienleben der Wellensittiche einmal aus nächster Nähe mitzuerleben (über die Wellensittichzucht wird auf den Seiten 80 bis 104 ausführlich berichtet). Mehrere Pärchen sollten Sie nur halten, wenn Sie regelmäßig züchten wollen. Denn aufgrund ihrer natürlichen Verhaltensweisen lassen sich die Tiere kaum vom Brüten abhalten (→ Seite 98). Mit der Zahl der Vögel wächst natürlich der Aufwand an Platz, Zeit und Arbeit, außerdem müssen Sie geeignete Abnehmer für die Jungvögel finden.

Für einen kleinen Wellensittich-Schwarm wird sich nur ein Vogelhalter entscheiden, der bereit ist, einen stattlichen Platz in der Wohnung für eine geräumige Zimmervoliere (→ Seite 23) zu opfern, oder der einen Garten hat, in dem er die Vögel in großen Freivolieren unterbringen kann.

Männchen oder Weibchen?

Die Frage ist bei der Anschaffung eines Wellensittichs nur dann von Bedeutung, wenn man einem zunächst einzeln gehaltenen Vogel später einen Partner mit der Hoffnung auf Nachwuchs geben will. Das heißt, man muß sich dann sehr genau vergewissern, daß man wirklich einen gegengeschlechtlichen Partner bekommt (→ Tips für den Vogelkauf, Seite 14). Bleibt es bei einem Wellensittich, so kann Männchen wie Weibchen ein zutraulicher, anhänglicher, vielleicht sogar leidenschaftlich plappernder Vogel werden. Charakter, Temperament und Lernfähigkeit haben keineswegs etwas mit dem Geschlecht zu tun, auch wenn sich das Vorurteil hartnäckig hält, daß Weibchen weniger gut sprechen lernen beziehungsweise nicht so zahm werden. Ein gesunder junger Wellensittich wird – unabhängig vom Geschlecht – bei liebevoller Zuwendung und

▷

Zwei Wellensittichmännchen.
Auch zwei Männchen verstehen sich gut miteinander, pflegen sich gegenseitig das Gefieder und verteilen oft unter sich die Rollen »Männchen« und »Weibchen«.

mit Geduld all das lernen, was »in ihm steckt« – nicht mehr und nicht weniger. Eine Garantie für Sprechbegabung oder besondere Anhänglichkeit kann Ihnen keiner geben! Das einzige, was man den Wellensittichweibchen »nachsagen« könnte, ist, daß sie etwas nagefreudiger sind als Männchen, da es von Natur aus ihre Aufgabe ist, die Bruthöhle auszusuchen und – wenn nötig – zurechtzunagen. Mit ein paar Naturästen im Käfig (→ Seite 17) oder einem Wellensittich-Baum (→ Seite 31) kann der Vogelbesitzer das Bedürfnis zum Knabbern aber in artgerechte Bahnen lenken.

Kinder und Wellensittiche

Unzählige Kinder haben oder möchten einen Wellensittich. Dagegen ist wenig einzuwenden, wenn die Eltern sich darüber im klaren sind, daß sie die Verantwortung für das Wohlbefinden des Tieres in den seltensten Fällen ausschließlich dem Kind übertragen können. Es gibt viele Kinder, die mit verständnisvoller Unterstützung der Eltern sehr schnell begreifen, daß ein Tier ständige Pflege und regelmäßige Zuwendung braucht. Dennoch werden die Eltern immer wieder helfend eingreifen müssen, wenn das Kind »gerade keine Zeit hat«, Schularbeiten machen muß oder das Spiel mit den Freunden verlockender ist als das Reinigen des verschmutzten Wellensittichkäfigs.

◁ Gefiederpflege.
Oben links: Der Partner krault den Nacken; oben rechts: der Gekraulte wendet den Kopf so, daß der Partner alle Stellen erreicht, die gekrault werden sollen; unten links: auch am Bauch glättet und säubert der Wellensittich jedes Federchen; unten rechts: um sich am Kopf zu kratzen, führt der Wellensittich das Bein hinter dem Flügel nach oben.

Wollen Sie Ihrem Kind einen Wellensittich schenken, so bedenken Sie bitte auch: Kinder sind oft sprunghaft, sie verlieren eventuell schon nach kurzer Zeit das Interesse an dem zunächst heißgeliebten Vogel und vernachlässigen dann rasch Zuwendung und Pflege. Gelingt es Ihnen nicht, das Interesse wieder zu wecken, sei es durch Gespräche oder gemeinsame Beschäftigung mit dem Vogel, müssen Sie sich selbst um das Tier kümmern.

Wünscht sich Ihr Kind ein ausgesprochenes Streichel- und Schmusetier, vielleicht sogar einen Hund, »vertrösten« Sie es bitte nicht mit einem Wellensittich. Selbst der zahmste Wellensittich, der sich gerne kraulen läßt, kann das »Streichelbedürfnis« dieser Kinder nicht erfüllen.

Richtig und wichtig ist es, wenn Kinder mit Tieren aufwachsen, denn so lernen sie am besten, was Tierliebe und Verantwortung für ein kleines Lebewesen bedeutet. Keinesfalls sollten Sie aber einen Wellensittich (und kein anderes Tier) als reinen »Kindervogel« anschaffen, sondern nur als »Familienvogel«, für den sich *alle* Familienangehörigen verantwortlich fühlen.

Wellensittiche und andere Haustiere

Ein gutzerzogener Hund, der wirklich »aufs Wort« hört, wird einen Wellensittich als neues Familienmitglied in der Regel akzeptieren, wenn er nicht wegen des »Neuen« vernachlässigt wird. Eine Katze und ein Vogel sind kaum miteinander zu halten, auch wenn anderslautende Berichte auf artwidrige Ausnahmen schließen lassen. Ebenso sind Pelztiere wie Hamster, Meerschweinchen oder Zwergkaninchen keine gute Gesellschaft für Wellensittiche, da diese Tiere dem Vogel – im selben Raum gehalten – Schaden zufügen (beißen) und ihn eventuell mit Parasiten anstecken könnten.

Wenn Sie Wellensittiche in einer großen Voliere halten möchten, können Sie ihnen Nymphensittiche, Kanarien, Reisfinken oder Schmetterlingsfinken zugesellen. (Eingewöhnung möglichst in einem abgetrennten Abteil; nicht zu viele Vögel in eine Voliere setzen.) Auch die Haltung eines Nymphensittichs oder eines Graupapageis zusammen mit einem Wellensittich wird manchmal empfohlen und durch Fotos belegt. Leider gibt es auch viele negative Beispiele: Ein Wellensittich nähert sich neugierig und gutgläubig einem Graupapagei, einer Amazone, einem Kakadu oder einem Ara und der große Vogel will den Kontakt nicht. Er wehrt den Wellensittich dann mit seinem starken Schnabel ab und kann ihn dabei tödlich verletzen. Nur wer seinen großen Papagei gut kennt und Einfluß auf ihn hat, kann unter Aufsicht eine Begegnung der Vögel wagen!

Wohin mit dem Wellensittich im Urlaub?

Einen Wellensittich mit in den Urlaub zu nehmen, ist zwar grundsätzlich möglich, wenn man mit dem Auto fährt und Platz hat für den gewohnten Käfig. Jedoch rate ich davon ab: Lange Autofahrten, sommerliche Hitze und die ungewohnte Umgebung können mehr gesundheitlichen Schaden (Kreislaufbeschwerden, Durchfall, Erkältungen durch Zugluft) anrichten als eine Trennung für wenige Wochen. Ins Ausland dürfen Sie einen Wellensittich sowieso nicht mitnehmen, da fast alle Länder die Einreise (und Ausreise) von Papageien nicht oder nur nach einem umständlichen »Papierkrieg« erlauben.
Sie müssen also nicht nur Ihr eigenes Urlaubsquartier rechtzeitig bestellen, sondern auch einen guten Urlaubsplatz für Ihr Tier finden. Nicht jeder hat tierfreundliche Verwandte, Bekannte oder Nachbarn, denen man unbesorgt den Vogel (oder auch mehrere Tiere) anvertrauen kann. Das Tier soll ja sein »gewohntes Leben« führen können, und dazu gehört neben Fütterung, Wasserwechsel und Käfigreinigung vor allem auch der gewohnte Freiflug und liebevolle Zuwendung. Für einen an Freiflug gewöhnten Wellensittich ist es eine Quälerei, wenn er 3 oder 4 Wochen im geschlossenen Käfig sitzen muß. Allein ein Umgebungswechsel macht ihm schon zu schaffen, viele Wellensittiche trauern oder essen zu wenig. Bringen Sie Ihren Vogel also nur an einen

Das häufig zu beobachtende Köpfchenkraulen festigt den Zusammenhalt des Wellensittichpärchens und dient der Gefiederpflege.

Pflegeplatz, wo er frei fliegen kann, und wo man sich viel mit ihm beschäftigt. Ist das nicht möglich, so wäre es besser, eine zuverlässige »Urlaubsvertretung« versorgt das Tier täglich bei Ihnen zu Hause. So muß es wenigstens nicht auf Freiflug verzichten, denn in der gewohnten, vogelsicheren (→ Seite 42) Umgebung kann die Käfigtür offen bleiben. Haben Sie eine große Voliere, wird Ihnen nichts anderes übrig bleiben, als eine »Urlaubsbetreuung zu Hause« zu organisieren.

Viele Zoofachhandlungen nehmen Wellensittiche in Pflege. Die Kosten sind nicht sehr hoch, die Tiere werden auch gut versorgt (Sie sollten sich aber zur Vorsicht vorher genau anschauen, wo die Pfleglinge untergebracht werden). Und dennoch kann ich mich mit dieser Lösung nur schwer anfreunden: Wellensittiche, die an »ihre« Menschen gewöhnt sind, fühlen sich in einem Raum mit vielen anderen Vögeln – selbst wenn es Artgenossen sind – sicherlich nicht sehr wohl. Selbst der verständnisvollste Zoofachhändler schafft es nicht, mit jedem seiner »einsamen« Urlaubpfleglingen täglich ein Plauderstündchen zu halten – und Freiflug ist hier überhaupt nicht möglich.

Sie haben viele andere, bessere Möglichkeiten: In manchen Städten führt der Tierschutzverein eine Adressenkartei mit »Urlaubpatenschaften für Tiere«. Hier kann sich jeder eintragen lassen, der einen Urlaubsplatz für sein Tier sucht oder ein Tier zeitweise in Pflege nehmen möchte. Erkundigen Sie sich aber rechtzeitig, ob ein passender »Wellensittich-Pate« während Ihrer Abwesenheit zur Verfügung steht. Zudem wollen Sie gewiß Ihre Urlaubsvertretung vorher kennenlernen, um sicher zu sein, daß Ihr Vogel so versorgt wird, wie er es gewohnt ist.

Gibt es diese tierfreundliche Einrichtung nicht an Ihrem Wohnort, können Sie mit einer kleinen Anzeige im Lokalteil ihrer Zeitung – häufig erstaunlich schnell – einen bereitwilligen *und* sachkundigen Vogelpfleger finden, vor allem dann, wenn Sie bereit sind, »im Gegenzug« einen Wellensittich zu betreuen.

Auch ein Anschlag am »Schwarzen Brett« von Altenheimen oder der Pfarrgemeinde lohnt sich ebenso wie eine Anfrage beim Studentendienst.

Ganz gleich von wem Sie Ihren Vogel beziehungsweise Ihre Vögel betreuen lassen, nehmen Sie sich die Zeit und schreiben ganz genau auf, wie Ihr Tier betreut werden soll (an-gefangen von der Ernährung über die »Badezeiten« bis hin zu den Spiel- und Freiflugstunden). Je besser Sie Ihre Urlaubsvertretung informieren, umso sicherer können Sie sein, bei Ihrer Rückkehr einen gesunden, meist auch recht munteren Vogel vorzufinden.

Eine weitere Überlegung ist nötig, wenn der Wellensittichhalter allein lebt – als Senior vielleicht einen Wellensittich gegen seine Einsamkeit hält. So unangenehm der Gedanke für manchen Vogelhalter sein mag, einem wirklichen Vogelliebhaber wird es ein Anliegen sein, auch an den Tag zu denken, an dem er vielleicht den Vogel möglicherweise unversorgt im Stich lassen oder verlassen muß. Ein unbemerkter Beinbruch in der Wohnung, ein leichter Schlaganfall oder auch der plötzliche Tod könnte für den Vogel zum Verhängnis werden, wenn niemand helfend eingreift. Deshalb sollte ein allein lebender Vogelhalter irgend jemandem in der näheren Nachbarschaft sagen, daß ein Tier zu seinem Haushalt gehört. Dazu muß er auch Hinweise geben, welche Merkmale notfalls die Bitte um Hilfe signalisieren könnten; beispielsweise die Zeitung steckt noch mittags im Briefkasten, die Vorhänge bleiben weit über die Morgenstunden hinaus zugezogen, ein bestimmter Gegenstand steht nur nachts am Fenster und wird weggenommen, wenn alles in Ordnung ist. Möchte man seinen Wohnungsschlüssel nicht aus der Hand geben, bittet man den informierten Nachbarn im negativen Fall die Polizei zu verständigen. Was immer geschah, die Helfer sollten dann eine testamentarische Erklärung vorfinden, was mit dem Vogel geschehen soll. Ist kein bestimmer ›Erbe‹ vorgesehen, kann man den Wellensittich ins nächstgelegene Tierheim bringen lassen, wo meist eine große Gemeinschaftsvoliere für entflogene oder übriggebliebene Vögel bereit steht.

Anschaffung und Unterbringung

Wellensittichkauf: Vertrauenssache

Wenn Ihr Entschluß feststeht, einen Wellensittich anzuschaffen, so sehen Sie sich kritisch möglichst in mehreren Zoofachhandlungen um. Werden die Tiere dort in genügend großen, sauberen Käfigen gehalten, haben sie ausreichend Futter und frisches Trinkwasser zur Verfügung, sind die Käfige mit sauberem Sand ausgestreut? In guten Zoofachhandlungen oder in gut geführten Zoofachabteilungen der großen Kaufhäuser ist das der Fall.

Erschrickt ein Wellensittich oder hat er Angst, zieht er den Kopf etwas zurück (links) oder streckt den Körper und legt das Gefieder glatt an (rechts).

Vielleicht gelingt Ihnen ein Gespräch mit einem Angestellten der Zoofachhandlung, und Sie können etwas über die Zuchten erfahren, aus denen die Tiere stammen. Gut wäre es, wenn keine langen Transportwege zu überstehen wären, die oft ein Trauma für die Tiere bleiben. Können Sie in den Zoofachhandlun-gen keinen Wellensittich entdecken, den Sie unbedingt haben möchten, so erkundigen Sie sich zum Beispiel bei einem Vogelzuchtverein (→ Adressen, die weiterhelfen, Seite 138), ob ein Züchter in Ihrer Gegend wohnt. Vielleicht erhalten Sie eine Adresse über das nächstgelegene Tierheim, vielleicht lesen Sie eine Anzeige über eine Vogelausstellung, auf der Züchter ihre Vögel zeigen. Dort erfahren Sie nicht nur Adressen, sondern eventuell auch, wann ein Züchter mit dem nächsten Nachwuchs rechnet und Sie sich dann einen nestjungen Wellensittich aussuchen können. Abraten möchte ich vom Kauf eines Wellensittichs durch ein Versandgeschäft. Erstens kommen die Vögel nach einer längeren und wenig angenehmen Reise geschockt, oft halb verdurstet und verhungert an, und zweitens kann man ein so elendes Tier dann nicht einfach zurückschicken, wenn sich herausstellt, daß es krank ist oder eine andere Behinderung zeigt (→ Seite 14). Sie hätten die »Katze im Sack« gekauft! Bleiben Sie also bei Züchter oder Zoofachhandlung – hier ist anzunehmen, daß Sie gut beraten werden und zuverlässig Auskunft bekommen.

Tips für den Vogelkauf

Gleichgültig wo Sie Ihren Wellensittich kaufen, Sie sollten jedenfalls wissen, worauf zu achten ist, will man einen gesunden und wirklich jungen Vogel erwerben. Sogenannte nestjunge Wellensittiche (5 bis 6 Wochen alt) gewöhnen sich leichter an Menschen oder Artgenossen (wichtig, wenn Sie Ihrem Vogel einen Partner zugesellen wollen) als ältere. Sie werden auch rascher zahm und lernen meist besser sprechen. Was aber keineswegs bedeutet, daß nicht auch ältere Wellensittiche bei sehr geduldiger und liebevoller Behandlung zahme und gelehrige Hausgenossen werden!

● Beobachten Sie den Wellensittich Ihrer Wahl eine Zeitlang aus einigem Abstand, und studieren Sie sein Verhalten. Ist er aktiv, oder hockt er teilnahmslos in einer Ecke? Beschäftigt er sich mit einem Gegenstand, mit seinen Artgenossen, ißt und trinkt er, putzt er sich? Ein munterer Wellensittich wird sich auch durch den Umgebungswechsel nicht lange einschüchtern lassen, ein kontaktfreudiger wird bald auf Ihre Annäherungsversuche eingehen; ein stiller, schläfriger Vogel könnte dagegen krank sein, muß es aber nicht. Vielleicht hat er nur gerade eine Ruhephase, er sollte nach einer längeren Pause noch einmal genau betrachtet werden.

● Schenken Sie dem Gefieder des Wellensittichs genügend Aufmerksamkeit. Es sollte glatt anliegen und matt glänzen. Die Enden der Schwanzfedern dürfen etwas abgestoßen sein, dies könnte ein Resultat aus Transport, engen Nestverhältnissen oder unsanften Rempeleien unter Artgenossen sein, aber die Schwanz- und Schwungfedern müssen ausgebildet sein und dürfen keinesfalls geknickt abstehen. Die Federn um die Kloake sollten nicht verschmutzt sein, sonst müßte man auf Durchfall schließen, was Zeichen einer Unpäßlichkeit oder gar einer Krankheit sein könnte.

● Füße und Zehen sollten gerade und sauber sein. Die beiden mittleren Zehen weisen nach vorne, die beiden äußeren nach hinten. Die Krallen dürfen nicht zu lang sein, die Hornschuppen an den Füßen müssen unauffällig glatt anliegen.

● Den 5 bis 6 Wochen alten Wellensittich erkennt man an den großen glänzenden kugelrunden »Knopfaugen«, um die sich noch keine helle Iris zeigt. Die Wellenzeichnung des Nackengefieders setzt sich beim jungen Vogel noch über das ganze Köpfchen hinweg bis zur Nasenhaut fort. Die Kehltupfen sind noch klein oder kaum ausgebildet. Der Schnabel ist dunkler als bei erwachsenen Wellensittichen und oft etwas scheckig. Die Wachshaut von jungen Wellensittichen beiderlei Geschlechts ist noch hellrosa oder hellbeige. Sie färbt sich erst mit abgeschlossener Jugendmauser beim Männchen kräftig blau, das Blau wird intensiver, wenn das Männchen in Balzstimmung gerät (Balz, → Seite 86). Beim Weibchen bleibt sie hellbeige. Die Nasenhaut des Weibchens ändert sich, wenn es in Brutstimmung kommt; sie wird bräunlich bis dunkelbraun und (bei einigen) sogar etwas schrumpelig.

Ausnahmen: Albinos, also weiße Vögel, haben schon von Jugend an rote Augen, keine schwarzen; bei den Harlekin-Wellensittichen bleibt die Wachshaut auch bei den Männchen im Erwachsenen-Stadium hellbeige.

● Absolut Vertrauenssache bleibt es, ob Ihnen der Verkäufer das von Ihnen gewünschte Weibchen oder Männchen aus der Gesellschaftsvoliere greift. Die Unterschiede der Geschlechter von jungen Wellensittichen sind nur von ausgesprochenen Kennern einwandfrei festzustellen. Eine kleine Hilfe: Wellensittichweibchen haben um die Nasenlöcher haarfeine angedeutete helle bis weißliche Ringe.

● Solange der Verkäufer Ihren Wellensittich noch in der Hand hält, prüfen Sie noch einmal die Afterfedern. Bitten Sie den Verkäufer gegen diese Partie zu blasen, so können Sie feststellen, ob die Haut um die Kloake gerötet ist, was auf eine Krankheit schließen ließe. Streichen Sie vorsichtig mit dem Finger über das Brustbein des Vogels, und vergewissern Sie sich, daß das Brustbein nach außen gerundet ist. Ein eingefallenes Brustbein wäre wiederum ein Hinweis auf eine Krankheit.

● In der Bundesrepublik Deutschland trägt der Vogel den gesetzlich vorgeschriebenen Ring oder der Verkäufer wird ihn beim Verkauf anlegen. Ich weiß zwar, daß das Tier diesen Ring tragen muß; ich weiß aber auch nur zu gut, welche Verletzungsgefahren dieser Ring mit sich bringen kann: Der Wellensittich kann daran hängenbleiben und sich beim Befreiungsversuch das Beinchen brechen; wird der Ring zu eng – bei Wellensittichen mit kräftigen, fleischigen Beinen nicht selten –, und man bemerkt das nicht rechtzeitig, treten starke Durchblutungsstörungen auf, die in manchen Fällen sogar eine Amputation des ringtragenden Beinchens zur Folge haben (→ Seite 64). In jedem Fall sollten Sie später das Beinchen mit dem Ring ständig kontrollieren und beobachten, ob der Vogel mit dem Ring zurecht kommt.

In Österreich ist die Beringung der Vögel nicht gesetzlich vorgeschrieben, nur zur Teilnahme an Ausstellungen sind die Verbandsringe von ÖKB oder RÖK (Adressen → Seite 138) Pflicht. Nur Mitglieder können diese Ringe erwerben.

Der richtige Vogelkäfig

Bedenken Sie bitte beim Käfigkauf, daß das künftige Vogelheim für den Wellensittich kein Gefängnis sein darf, sondern vor allem sein sicherer Zufluchtsort, sein Schlaf- und Eßplatz. Der Zoofachhandel und die Zoofachabteilungen der Kaufhäuser bieten Gehäuse in den verschiedensten Ausführungen und mehreren Größen an. Bei den sehr häufig angebotenen Käfigen mit den Maßen 40 × 23 × 38 cm und 49 × 26 × 27 cm braucht Ihr lebhafter Wellensittich täglich mehrere Stunden Freiflug. Selbst wenn Sie sich ganz fest vornehmen, Ihren Vogel weitgehend bei geöffneter Käfigtür zu halten, wird er zu seinem eigenen Besten (Lüften, Hausputz, Familienfeiern) viele Stunden im geschlossenen Käfig verbringen müssen. Dann sollte er in seinem Heim beide Flügel ausbreiten und sie wenigstens andeutungsweise gebrauchen können, wenn er den Käfig längs durchqueren möchte. Ich empfehle Ihnen da-

her, gleich einen größeren Käfig zu wählen und sich nach einem sogenannten Gesellschaftsbauer umzuschauen.

Immerhin finden Sie unter den Gesellschaftsbauern Maße von 69 × 36 × 49 cm oder 57 × 30 × 55 cm. Diese Gesellschaftsbauer eignen sich auch für ein Pärchen und haben oft eine entfernbare Trennwand aus Gittermaterial oder aus Kunststoff. Die Trennwand aus Gittermaterial eignet sich gut, wenn zwei Vögel sich zunächst aus geringer Entfernung allmählich kennenlernen sollen; für einen einzelnen Vogel oder für ein vertrautes Pärchen ist sie jedoch überflüssig.

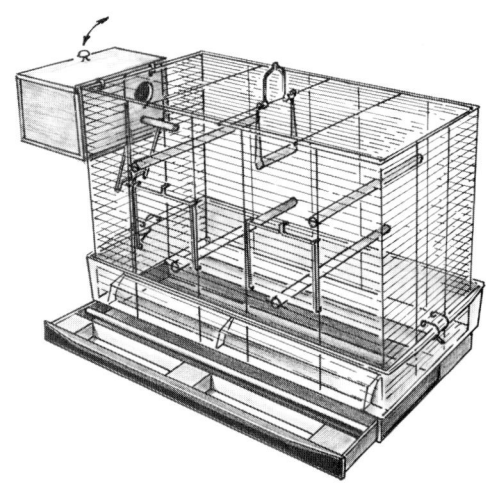

Großer Wellensittichkäfig, in dem ein Pärchen auch brüten kann (Modell Wagner & Keller). Der Nistkasten mit aufklappbarem Deckel wird vor das Seitentürchen gehängt.

Achten Sie aber auf den Gitterabstand, der nicht größer als 12 mm sein darf, denn die geschickten Wellensittiche zwängen sich durch einen breiteren Gitterabstand ohne viel Mühe aus dem Käfig.

Achten Sie darauf, daß mindestens an zwei Käfigseiten die Gitterstäbe quer verlaufen, daß die Oberseite möglichst eben ist, damit der Vogel sie außerhalb des Käfigs auch als Sitzplatz nützen kann, daß die Käfigtüre gut und sicher schließt. Die intelligenten Wellensittiche lernen rasch, das Türchen selbst zu öffnen, wenn dies keine große Mühe kostet. Lockert sich der Verschlußmechanismus der Käfigtüre im Laufe des Gebrauchs, sichert man sie stets mit einem kleinen Karabinerhaken; denn viele Wellensittiche entkommen durch das selbständige Öffnen ihres Käfigs. Das Gitterhaus steht immer in einer Kunststoffwanne, die vermeiden soll, daß Sandkörner und leere Hülsen aus dem Käfig gewirbelt werden. Wollen Sie in dem Käfig vielleicht später einmal züchten, sollte das Gitterhaus immer bis in die Bodenschale hineinreichen, damit auch noch nicht voll flugfähige Jungvögel wieder hinaufklettern können, wenn sie Sand oder Futter aufgenommen haben (in vielen Käfigen stehen Futter- und Trinkgefäße im Sandschuber, → Zeichnung Seite 16). Der Sandschuber muß sich leicht in der Bodenwanne bewegen lassen, denn er wird täglich heraus- und hineingeschoben.

Möchten Sie ihrem Wellensittich von Anfang an ein Heim mit den idealen Maßen bieten, damit meine ich einen Käfig von ungefähr 100 cm Länge, 50 cm Tiefe und 80 cm Höhe –, sind die (einmaligen!) Anschaffungskosten natürlich verhältnismäßig hoch. Preiswerter wird es mit Eigenbau, denn es ist gar nicht so schwer, solch einen Käfig selber zu bauen, das Material kostet nicht allzu viel. Der Fachhandel bietet für diesen Zweck Käfiggitter als Frontseiten an, die Sie eventuell in doppelter Länge verwenden können. So würde ein großer Käfig mit drei Hartholzwänden, Holzboden und einer vergitterten Vorderseite entstehen. Allerdings muß dieser »Kistenkäfig« einen hellen Standplatz erhalten, da nur von einer Seite Licht einfallen kann. Ideal ist ein selbstgebauter Käfig mit hölzerner Rückwand und drei Wänden aus horizontal verlaufenden Gitterstäben, denn diese könnte der Wellensittich zugleich zum Klettern nützen, was ihm von Natur aus ein großes Bedürfnis ist.

Bodenwannen aus Kunststoff gibt es ebenfalls im Fachhandel, sogenannte Fotoschalen sind auch geeignet. Bei etwa 1 m Käfiglänge braucht man meist zwei Bodenschalen, die nebeneinander gestellt werden. Besorgen Sie sich zuerst die Schalen, denn nach deren Größe richten sich die endgültigen Käfigmaße. Damit Sie die Bodenwannen zum Reinigen wie Schubladen herausziehen können, muß das Vorsatzgitter in Schalenhöhe an einer Frontleiste enden, an der mit Klavierband oder Scharnieren eine nach außen zu öffnende Klappe befestigt wird.

Lassen Sie mich noch ungeeignete Käfige für Wellensittiche aufzählen, damit Ihnen ein Fehlkauf erspart bleibt. Käfige aus weichem Holz oder Holzgeflecht fallen bald der unermüdlichen Schnabelarbeit eines Wellensittichs zum Opfer, und der Vogel kann entkommen. Runde Käfige werden dem Bedürfnis nicht gerecht, sich in eine Ecke zurückzuziehen, was alle papageienartigen Vögel gerne tun. Ungeeignet sind auch Käfige in Pagodenform, mit Erkerchen und Türmchen. Dieses Zierwerk kann vom Vogel nicht genützt werden, er kann sich daran verletzen, es nimmt ihm Bewegungsfreiheit, und Ihnen erschwert es die täglichen Reinigungsarbeiten.

Die Sitzstangen

Gleichgültig welchen Käfig Sie für Ihren Wellensittich anschaffen, achten Sie auf die Sitzstangen! Gute sind aus Hartholz, weniger geeignete aus Kunststoff. In keinem Fall sollen alle im Käfig angebrachten Sitzstangen gleichen Durchmesser haben, was für den Vogelfuß ermüdend ist, weil ihm dies zu wenig Fußgymnastik bietet. Günstig sind Sitzstangen von einem Umfang, den der Vogel umfassen kann, ohne daß sich die Krallen berühren. Doch im Freileben findet er auch nicht nur solche maßgerechten Zweige vor. Der Wechsel von ganz dünnen bis zu sehr dicken Ästen gibt der Fußmuskulatur das nötige Training. Ganz von selbst wird der Vogel zum Ruhen und Schlafen einen Ast mit dem ihm angenehmen Durchmesser wählen. Ersetzen Sie deshalb mindestens zwei Sitzstangen durch drei bis vier Naturzweige verschiedener Stärke. Geeignet sind Zweige von Eiche, Erle, Pappel, Eberesche (wegen der Autoabgase nicht von Bäumen in Straßennähe) oder von Obstbäumen (bei Obstbaumzweigen darauf achten, daß sie frei von Insektenschutzmitteln sind). Keine giftigen Hölzer verwenden, wie beispielsweise Eibe! Die Zweige müssen zurechtgeschnitten und gut im Käfig befestigt werden. Dabei aber darauf achten, daß genügend Bewegungsfreiheit für den Vogel bestehen bleibt. Natürlich soll und wird der Vogel mit der Zeit die Zweige zernagen. Dann müssen sie durch frische ersetzt werden.

Die meisten Wellensittichkäfige sind zusätzlich mit einer Schaukel, oft auch mit einer Leiter ausgestattet. Die Schaukel wird meist zum Lieblingsplatz des Vogels. Vor allem sitzt er dort gerne während der Nacht. Haben Sie zwei Vögel in einem Käfig, so schaffen Sie am besten ein zweite Schaukel an, sorgen aber dafür, daß beide Vögel sich beim Gebrauch der Schaukel nicht behindern. Anders ist es mit der Leiter. Sie wird von vielen Vögeln niemals benützt und nimmt nur Platz weg. Beobachten Sie also Ihren Vogel, ob er mit der Leiter etwas anfangen kann, wenn nicht, nehmen Sie sie heraus, Sie schaffen dadurch mehr Platz für den Vogel und ersparen sich Reinigungsarbeit.

Futter- und Trinkgefäße

Trink- und Futternäpfchen gehören zur Grundausstattung des Käfigs. Werden aber zwei Vögel in einem Käfig gehalten, so kann eine weitere Garnitur nützlich sein und Rangeleien vermeiden. Sehr vorteilhaft sind auch für Zusatznahrung die halbovalen Näpfchen zum Einhängen an die Querstäbe (→ Zeichnung Seite 49), da man sie neben den oberen Sitzstangen befestigen kann und der Inhalt so weniger leicht mit Kot verschmutzt wird.

Wasser- und Futternäpfchen sollten durch eine Kunststoffabdeckung gegen Verschmutzung von oben geschützt sein. Ist dies nicht der Fall, kann man dennoch die Sitzstangen so anbringen, daß kein Kot auf Körner und Wasser fällt, oder man hängt neben die obersten Sitzstangen die bereits erwähnten Näpfchen, die es in jedem Zoofachgeschäft zu kaufen gibt.

Wasser- und Futterspender, kleine Plastikbehälter, die außen am Käfig angebracht werden, und deren Öffnungen für Körner oder Wasser ins Käfiginnere ragen, haben den großen Vorteil, daß Trinkwasser und Körnerfutter nicht verschmutzen können (→ Zeichnung Seite 52). Beide Geräte erweisen sich vor allem dann als vorteilhaft, wenn der Vogel einmal für 1 oder 2 Tage nicht frisch versorgt werden kann. Vorausgesetzt muß allerdings

Wellensittiche sind gewandte und schnelle Flieger. Soll ein Vogel gesund bleiben, braucht er viel Freiflug in der Wohnung. ▷

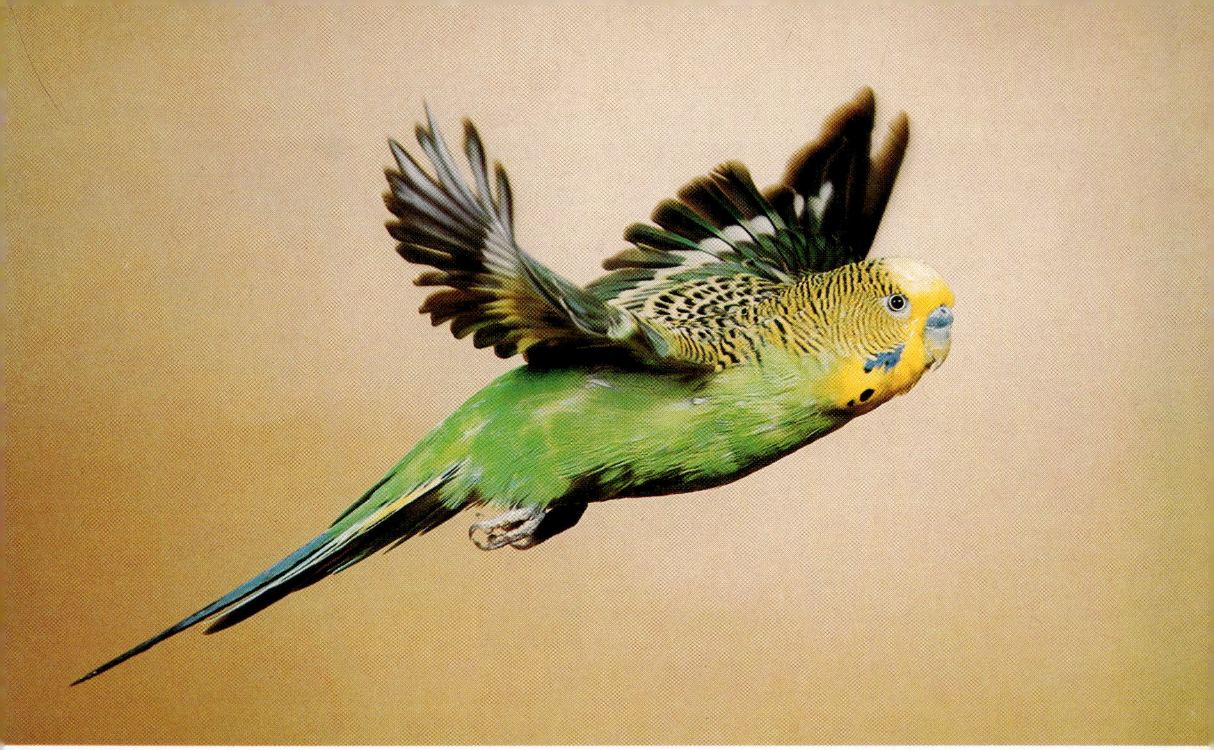
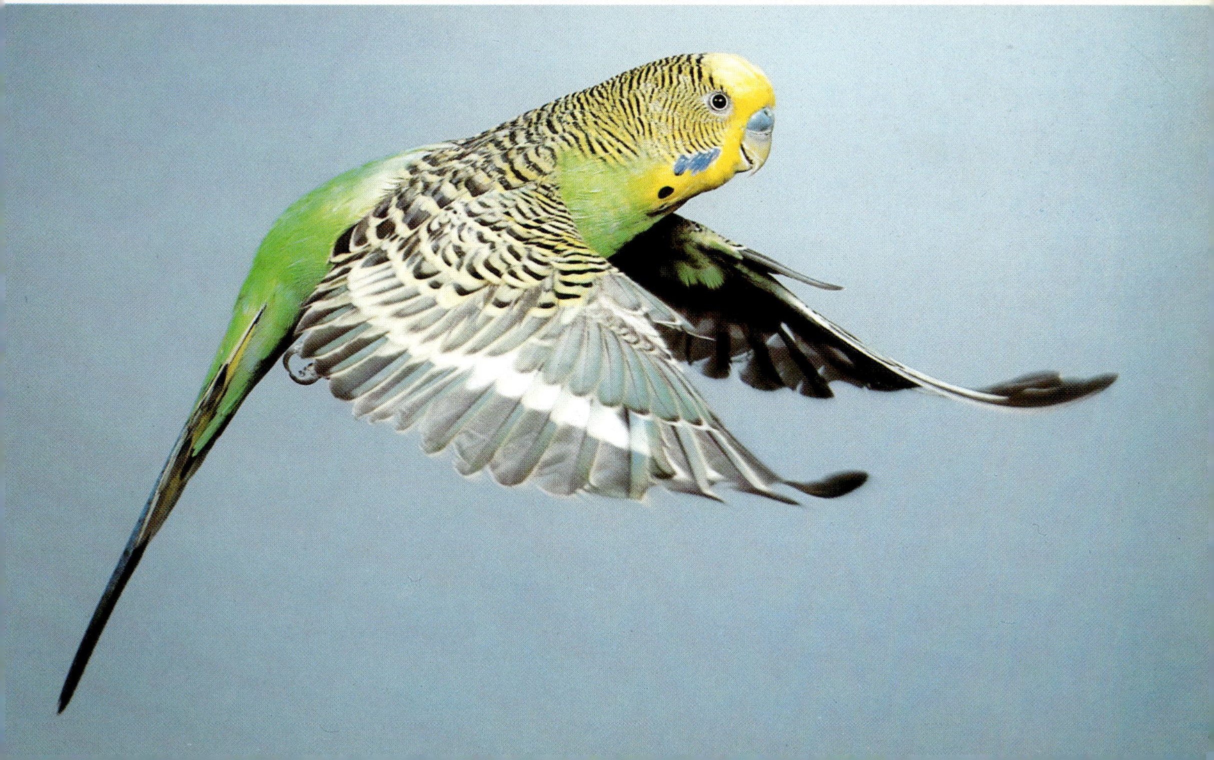

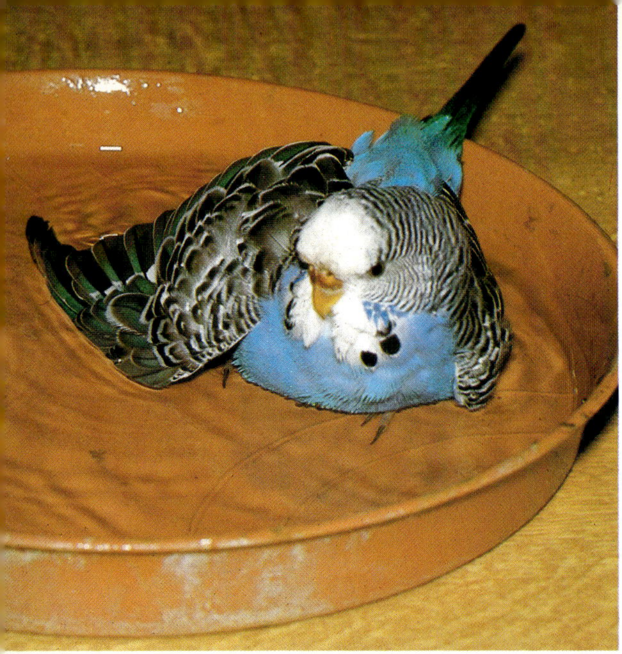

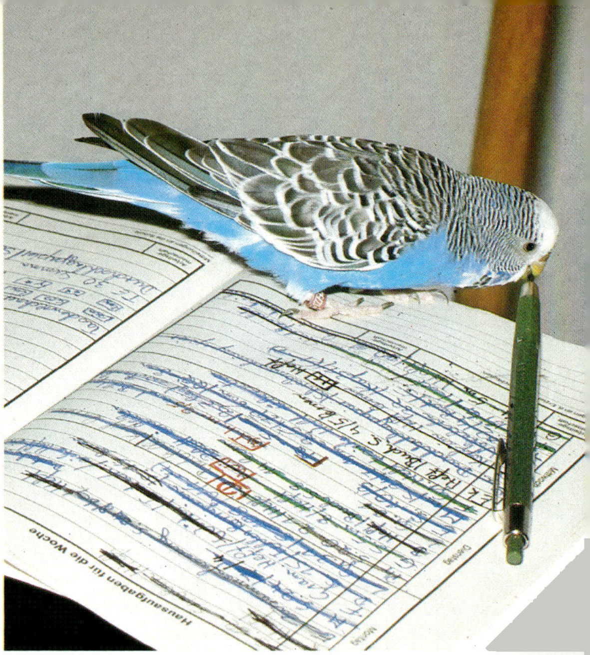
Hausaufgaben für die Woche

Hartmut Wilke
Karl Sabel
Das neue
GU

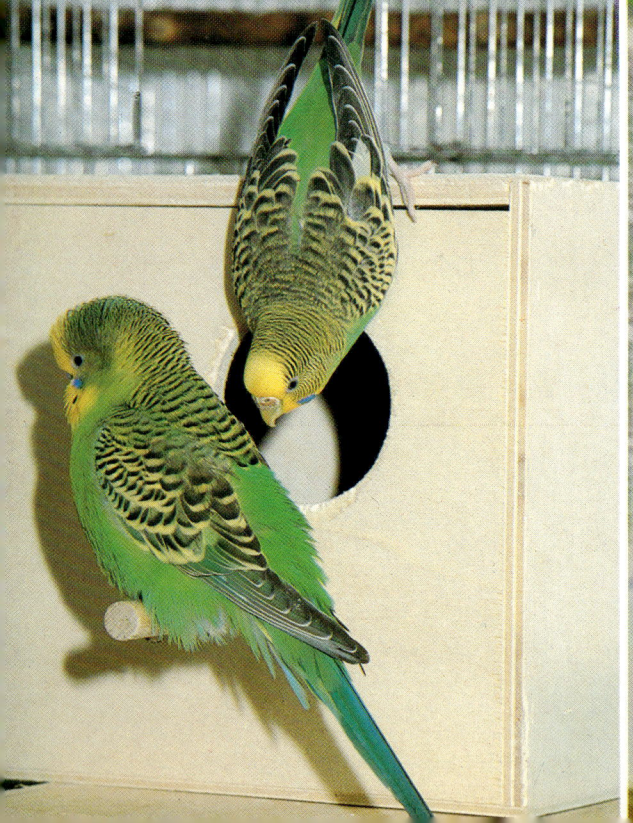

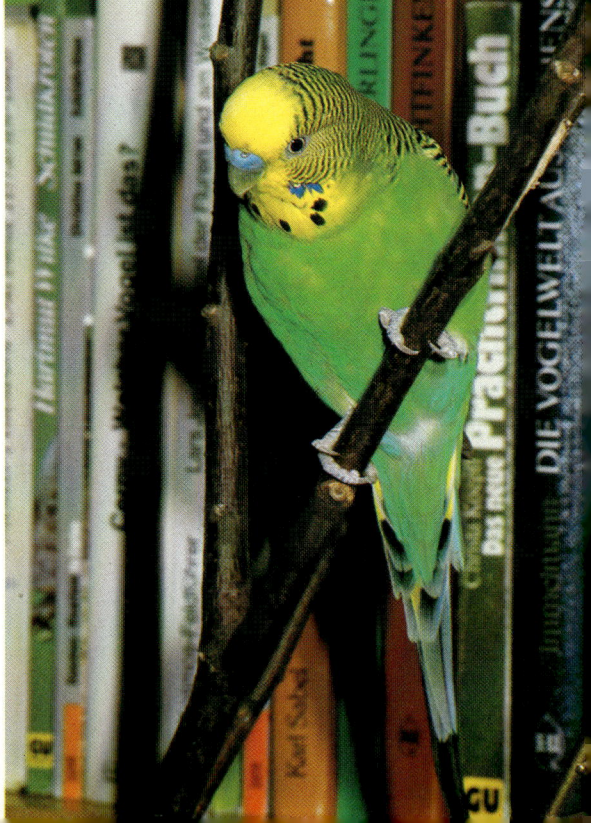

werden, daß er an diese Futter- oder Wasser-spender gewöhnt ist! Viele Vögel kommen schon beim ersten Gebrauch damit zurecht, manche schaffen es jedoch nicht oder haben solche Angst davor, daß sie diese Spender meiden. Es ist vorgekommen, daß Wellensitti-che während der Abwesenheit ihres Pflegers vor den gefüllten Spendern verhungert oder verdurstet sind. Deshalb Futter- oder Wasser-spender immer erst zusätzlich zu den gewohn-ten Näpfchen verwenden, bis der Vogel sich an den Gebrauch der neuen Geräte gewöhnt hat.

Nützliches Zubehör

In Zoofachhandlungen oder in Zoofachabtei-lungen der großen Kaufhäuser wird einiges Zubehör angeboten, das für die Pflege des Wellensittichs brauchbar oder nötig ist:
● Das Badehaus ist wichtigstes Zubehör. Am besten kaufen Sie ein überdachtes, das man in die offene Käfigtüre hängen kann. Der Boden des Badehauses muß aber unbedingt gerillt oder mit erhabenem Muster versehen sein, sonst kann der Vogel im Wasser ausrutschen und verliert dadurch für lange oder immer die Lust zum Baden. Möglicherweise hat Ihr Wel-lensittich zunächst Angst, wenn das unbe-kannte Ding zum ersten Mal seinen Ausgang versperrt. Aber mit der Zeit gewöhnt er sich daran, trinkt vielleicht auch daraus, ehe er

◁ Aktive Wellensittiche.
Oben links: Wellensittichweibchen beim Baden; oben rechts: das neugierige Weibchen »untersucht« den Kugelschreiber; unten links: kopfunter will das Wellensittichweibchen sein Männchen von der An-flugstange des Nistkastens vertreiben; unten rechts: Wellensittichmännchen auf einem Kletterast.

eintaucht. 2 bis 3 cm hoch sollte das Häus-chen mit lauwarmem Wasser gefüllt sein. Will der Vogel nach wiederholtem Angebot noch immer nicht baden, so legen Sie ihm nasse Blätter (Spinat, Löwenzahn; Salat nur aus dem eigenen Garten, → Seite 48) oder Peter-silie ins Badehaus; viele Wellensittiche bevor-zugen diese Art, sich zu befeuchten. Außer dem erwähnten Badehäuschen werden auch kleine Plastikbadewannen, meist mit einem Spiegel am Wannenboden, angeboten. Sie sind für einen badefreudigen Wellensittich viel zu klein; denn wenn ein Wellensittich badet, dann möchte er abwechselnd auch die Flügel abspreizen und deren Unterseiten ins Wasser tauchen.

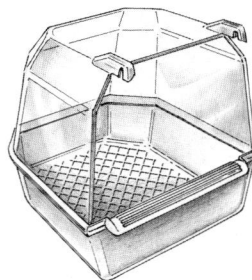

Das Badehäuschen wird in die Öffnung der Käfig-tür gehängt. Wichtig ist ein gerillter Boden; auf glattem Boden gleitet der Vogel beim Baden aus.

Bevorzugt Ihr Wellensittich das leichte Dusch-bad aus der Blumenspritze, so verwenden Sie nur eine, die niemals mit Pflanzenschutzmit-teln in Berührung kam. Viele Wellensittiche trinken und baden am liebsten unter einem leicht tropfenden Wasserhahn. Wann immer Ihr Vogel mit einem tropfenden Wasserhahn in Berührung kommt, prüfen Sie zuerst, ob das Wasser auch wirklich lauwarm und nicht heiß aus dem Hahn tropft. Möchte der Vogel nicht nur trinken, sondern auch ein Tropfbad nehmen, so merken Sie das gleich am erregten Aufplustern, womit er nach dem Tropfbad verlangt.

● Kletterbogen werden passend zu jeder Art von Vogelkäfig angeboten und über dem Käfigdach angebracht. Meist hängen in der Mitte ein Glöckchen, ein Spiegel oder einige Holzsprossen. Das Spielzeug ist unwichtig. Der Kletterbogen aber gibt den Vögeln zusätzliche Möglichkeiten, sich zu betätigen, und bietet vermehrte Anflugfläche.

● Als Innenausstattung für den Käfig gibt es Leitern, Schaukeln, Holz- und Plastikringe, Glöckchen, Spiegel, Plastik-Wellensittiche und andere Kleinigkeiten. Ehe Sie den ohnehin (meist) kleinen Käfig aber mit derartigen Dingen überfüllen, kaufen Sie immer nur eines davon, und warten Sie, ob der Vogel sich wirklich damit beschäftigt oder es benützt. Sonst entfernen Sie lieber das unnütze Ding, weil genügend Bewegungsfreiheit für den Wellensittich weitaus wichtiger ist.

Der richtige Standort für den Käfig

Der feste Platz des Käfigs sollte in dem Raum gefunden werden, den der Tierhalter oder die Familie am häufigsten bewohnt. Ungünstig ist allerdings die Küche, da Koch-, vor allem Fettdämpfe schädlich sind, sich durch notwendiges Lüften zu leicht starke Temperaturschwankungen oder Zugluft ergeben. Außerdem ist die Küche voller Gefahrenquellen wie heiße Herdplatten, Töpfe mit heißem Inhalt, gekippte Fenster, Gefäße mit Flüssigkeit (Spülwasser mit Schaumoberfläche wird als Landefläche angesehen), leere Gefäße zum Hineinrutschen oder offene Schranktüren und Schubläden (→ Gefahrenkatalog, Seite 42). Ist die Küche aber Mittelpunkt des Familienlebens, so muß der Vogel dort auch seinen Platz bekommen und mit größter Umsicht beaufsichtigt werden.

Ob Küche oder Wohnraum, der Käfig muß in Augenhöhe Erwachsener auf einem nicht zu hohen Schrank, einem Wandbord oder an einem speziellen Ständer für Vogelkäfige seinen festen Platz finden. Am besten nicht mitten im »Kreisverkehr«, sondern möglichst in einer hellen Ecke, von der aus der Wellensittich seine Umgebung und das Geschehen im Raum überblicken und sich mit allem vertraut machen kann, ohne sich bedrängt oder bedroht zu fühlen. Besonders geborgen fühlt sich der Wellensittich, wenn er im Käfig Rückendeckung hat, der Käfig also mit der Rückseite so nahe an der Wand steht, daß nur drei Seiten »offen« sind. Die Fensterbank ist kein guter Platz, weil zu niedrig, und im Winter strahlt die Glasscheibe Kälte ab, im Sommer kann pralle Sonneneinstrahlung zum Hitzschlag führen. Sonnenschein ja, aber nicht verstärkt durch die Fensterscheibe und stets so, daß der Vogel in den Schatten ausweichen kann. Der Standplatz muß außerdem erschütterungsfrei sein. Kühlschrank, Wasch- oder Geschirrspülmaschine scheiden also aus – ebenso der Fernsehapparat. Der Käfig darf nicht einmal im Blickfeld der Mattscheibe stehen, da die rasch wechselnde Helligkeit der Fernsehbilder den Vogel nervös machen und weil er abends unbedingt seine Ruhe braucht. Für gemäßigte Lautstärke ist außerdem zu sorgen.

Über dem Käfig des Wellensittichs sollten möglichst keine Aktionen stattfinden wie beispielsweise das Hantieren an Regalwänden oder Hochschränken, da der Wellensittich sich instinktiv vor allem ängstigt, was über ihm geschieht; denn im Freileben drohen Gefahren durch Greifvögel von oben. Wenn Sie einen Ständer anschaffen, an dem der Käfig frei hängt (nur für kleinere Käfige geeignet, → Zeichnung Seite 23), so läßt sich am ehesten ein heller, aber etwas geschützter Platz für den Vogel finden. Allerdings muß man beim Ständer darauf achten, daß sein Fuß schwer genug ist, um genügend Standfestigkeit zu garantieren. Von Zeit zu Zeit prüft man die Schraube, die das gebogene Metallrohr am Fuß des Ständers befestigt; denn

Ständer für kleinen Wellensittichkäfig mit seitlich herausziehbarem Sandschuber. Bei dieser Käfiggröße brauchen Wellensittiche viel Freiflug.

diese Schraube kann sich lockern und muß wieder gut festgezogen werden, soll der Käfig zuverlässig im Gleichgewicht bleiben. Bei einem hängenden Käfig ist es außerdem wich-

tig, die Bodenwanne zusätzlich zu den beiden vorhandenen Schalenklammern am Gittergehäuse abzusichern. Zu leicht verlieren diese Klammern durch den Gebrauch ihre Spannkraft, wodurch sich die Bodenwanne eines Tages löst und herunterfallen kann. Das wäre ein panikartiger Schrecken für den Vogel und viel Schmutz und Arbeit für den Tierhalter. Deshalb in jede Klammer (oder an der letzten »Gitterkreuzung« über der Schale) einen kleinen, aber stabilen Winkelhaken (oder Karabinerhaken) stecken, an dessen Ende man ein breites Gummiband befestigt, das dann stramm an der Unterseite der Bodenwanne entlangläuft und diese zusätzlich befestigt. Das Gummiband muß allerdings erneuert werden, wenn es im Laufe der Monate erschlafft.

Wichtig: Die vertraute Umgebung lernt der Wellensittich als seine engere Heimat kennen und fühlt sich in ihr am wohlsten. Nur allmählich sollte man ihn, wenn nötig, an andere Plätze in der Wohnung gewöhnen, vorausgesetzt, diese erfüllen die erforderlichen Bedingungen.

Volieren

Für eine größere Wellensittichschar oder eine gemischte Vogelgesellschaft brauchen Sie eine Voliere, also einen Flugraum, der so groß ist, daß die Vögel eine kleine Strecke fliegen können. Schon für zwei Pärchen sind auch die großen auf Seite 16 beschriebenen Käfige zu eng, vor allem dann, wenn sich Nachwuchs einstellt, der ja schließlich das Fliegen üben muß (→ Seite 93). In einer Kleinvoliere (→ Zeichnung Seite 24) werden 2 bis 3 Pärchen sich wohlfühlen und auch brüten. Diese Volieren gibt es in verschiedenen, zum Teil sehr dekorativen Ausführungen (von Aluminium bis zum Holzdekor oder mit einem

Schränkchen als Untersatz). Aus Platzgründen haben die wenigsten Zoofachhändler Volieren vorrätig. Man muß sie aus dem Herstellerkatalog bestellen; in der Regel wird der Zoofachhändler Sie gut beraten und Ihnen helfen, die für Ihre Zwecke am besten geeignete Ausführung herauszusuchen.

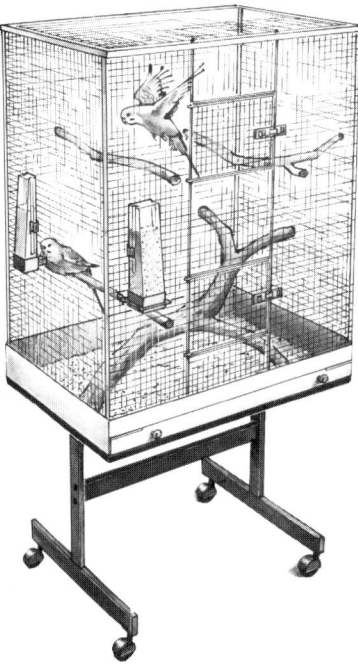

Fahrbare Kleinvoliere, in der mehrere Wellensittiche leben können. Zwei Pärchen können in dieser Voliere gleichzeitig brüten.

Haben Sie ausreichend Platz in Ihrer Wohnung, können Sie Ihren Vögeln in einer hellen, zugfreien Ecke mit einer Zimmervoliere einen großzügigen Lebensraum bieten (→ Zeichnung Seite 40). Den Bau einer Eckvoliere bewerkstelligt ein einigermaßen

handwerklich geschickter Vogelbesitzer ohne allzu große Mühe, zumal man die vorgefertigten Gitterteile im Fachhandel kaufen kann. Sehr tief braucht die Voliere nicht zu sein, etwa 1 bis 1,50 m, dafür aber möglichst länger, so lang wie es eben der vorhandene Platz gestattet. Bei der Einrichtung einer Voliere ist all das zu beachten, was man beim Käfigeinrichten auch berücksichtigen sollte (→ Seite 17 bis 22).

Die brutlustigen Vögel werden in der geräumigen Voliere problemlos brüten und ihre Jungen aufziehen. So mancher Wellensittichbesitzer, der mit einer Mini-Zucht in der Zimmervoliere begann, »landete« mit seinen Vögeln schließlich im Garten. Denn der nächste Schritt für den Hobby-Züchter wird zwangsläufig aus Platzgründen eine Freivoliere sein. Für Planung und Bau einer Voliere muß ich auf die einschlägigen Bücher verweisen, in denen genaue Angaben über die Anfertigung von Volieren (aller Größen) zu finden sind (→ Bücher, die weiterhelfen, Seite 139). Doch ein Hinweis darf hier nicht fehlen: Wenn Sie eine Freivoliere planen und bauen, dann *nur* mit heizbarem Schutzhaus! Wellensittiche überleben zwar Minustemperaturen, die Frage ist nur wie. Haben die Tiere nicht die Möglichkeit, während unserer langen kalten Winter einen geeigneten Schutzraum aufzusuchen, vegetieren sie nur in dieser Zeit – leben kann man das nicht nennen. Vergleichbare winterliche Temperaturen müssen Wellensittiche in ihrer australischen Heimat nur während weniger Nachtstunden aushalten, niemals ununterbrochen über Tage oder Wochen.

Transport und Ankunft im neuen Heim

Jetzt sitzt Ihr Wellensittich also bereits in einer kleinen, mit Luftschlitzen versehenen Pappschachtel, in die ihn der Verkäufer zum Heimtransport gesteckt hat. Keineswegs empfindet er darin große Angst, eher fühlt sich der Vogel in die Nesthöhle zurückversetzt. Aber er sollte genügend Atemluft bekommen. Deshalb gehört die Schachtel nicht in einen Plastikbeutel. Man hält sie am besten vorsichtig in der Hand, schützt sie vor Stößen und vor Kälte; eventuell locker unter den Mantel oder die Weste geschoben. Den Vogel nun auf schnellstem Wege nach Hause bringen. Dort ist hoffentlich schon alles für die ersten 24 Stunden vorbereitet. Der Käfig sollte also am ausgewählten Platz stehen, der Sandschuber mit Vogelsand gefüllt sein, ein Näpfchen mit frischem Trinkwasser und eines mit Körnermischung. Als Willkommensgruß könnte ein Stückchen Kolbenhirse mit einer Wäscheklammer am Käfiggitter nahe einer Sitzstange befestigt sein. Die Transportschachtel wird an einer Seite geöffnet und so vor das offene Käfigtürchen gehalten, daß der Vogel nicht entwischen kann. Der Wellensittich schlüpft sicherlich gern aus seiner dunklen »Höhle« ins Helle und landet in seinem neuen Heim. Sollte er aber zögern, so hält man die Schachtel allmählich immer schräger, bis der Vogel ins Rutschen kommt und im Käfig landet. Das Türchen wird vorsichtig geschlossen. Den Wellensittich überläßt man in den nächsten Stunden sich selbst. Mit allem Lebensnotwendigen versorgt, kann er essen und trinken, seinen Käfig inspizieren und seine nähere Umgebung kennenlernen, ohne daß ihm ein Mensch zu nahe kommt und ihn erschreckt.
Trotzdem wird sich der junge Wellensittich fürchten. Zum ersten Mal in seinem Leben ist er ohne seine Nestgeschwister, ohne Artgenossen. Vielleicht drückt er sich in seiner Verlassenheit zunächst ängstlich in eine Ecke am Käfigboden, vielleicht dreht er auf einer Sitzstange das Köpfchen zur Wand, vielleicht überwiegt aber bereits die Neugier und er sieht sich etwas um. Jetzt liegt es an Ihnen, ob der Vogel in seiner neuen Umgebung gute oder schlechte Erfahrungen macht. Wenn er die ersten Körner aufnimmt, zum ersten Mal trinkt, sich dann putzt und im Käfig etwas bewegt, ist das Schlimmste überwunden.
Vermeiden Sie in den ersten Tagen und Wochen alles, was einen Wellensittich in Angst und Schrecken versetzen kann:
- Dauernde Unruhe in seiner Nähe, lautes Türenknallen und sonstiger Krach.
- Hastige Bewegung, lautes Sprechen, Schreien und Streiten in seiner Nähe.
- Grelles Licht am Abend; den Käfig sollte nur gedämpftes Licht treffen.
- Direkte Fernsehsicht, laute Fernseheinstellung; vor allem Schüsse in Krimis erschrecken den Vogel! Laute Musik oder schreiende Stimmen aus dem Radio.
- Grelle und dunkle Farben in der Kleidung, vor Schwarz haben viele Wellensittiche Angst.
- Erscheinen Sie nicht plötzlich mit einem furchterregenden Hut vor ihm oder mit Lockenwicklern, er würde sicher erschrecken.

Die ersten Wochen mit dem Vogel

In den ersten Tagen halten Sie am besten Abstand vom Käfig, sprechen aber oft mit sanfter Stimme mit dem Vogel. Nennen Sie jedesmal seinen Namen, wenn Sie ins Zimmer kommen oder sich ihm nähern müssen. Sprechen Sie vor allem beruhigend auf ihn ein, wenn Sie in den ersten Tagen mit den nötigen Handgriffen Sand, Wasser und Körner erneuern. Sobald Sie beobachtet haben, daß der

Wellensittich an der Kolbenhirse Geschmack gefunden hat, sollte er täglich nur noch ein kleines Stück davon bekommen (→ Seite 50). Erträgt er schließlich ohne Flattern und sonstige Zeichen von Angst Ihre geschäftige Hand im Käfiginnern, dann bieten Sie ihm täglich zur selben Stunde ein Stückchen Kolbenhirse von Ihrer Hand an. Zunächst ruhig mit genügend Abstand; also die Hirse so halten, daß er sie von seiner Sitzstange aus gerade erreichen kann, ohne die noch gefürchtete Hand berühren zu müssen. Ganz allmählich wird die Hirse dann so gereicht, daß er schon mit einem Fuß auf den Kolben in Ihrer Hand steigt, bis es ihm schließlich nichts mehr ausmacht, diesen Leckerbissen aus Ihrer Hand zu erhalten, vielleicht sogar auf Ihrer Hand sitzend.

Spielzeug für Wellensittiche: Glöckchen mit Ball, Roller, Spielball mit Schelle und Spielmännchen aus Weichholz.

Und spendieren Sie Ihrem Wellensittich von Anfang an ein Messingglöckchen, das an einer kurzen Kette von der Käfigdecke herabhängt. Dies wird dem kleinen verwaisten Kerl am ehesten zum Ersatzkumpan; denn es ist klein, nicht beängstigend und im metallischen Glanz spiegelt sich ein wenig Wellensittich, was die Verlassenheit weniger heftig empfinden läßt. Außerdem kann er sich mit dem Glöckchen

beschäftigen, kann es klingeln lassen, am Kettchen zerren, mit dem Schnabel anstupsen als wäre es ein Artgenosse. Ist dem Wellensittich das Glöckchen zum vertrauten Spielzeug geworden, so können Sie ihn möglicherweise mit einem zweiten Glöckchen auf Ihre Hand locken oder auf Ihre Schulter.

Die ungestörte Nachtruhe

Wellensittiche sind traditionsbewußt. Gewohnheiten, die sich als ungefährlich und angenehm erwiesen haben, werden lange beibehalten und oft hartnäckig verteidigt. So wird auch Ihr Wellensittich bald bestimmte Eigenheiten entwickeln, auf die Sie eingehen sollten. Als erstes wird er sich sicherlich einen festen Schlafplatz suchen. Ist er am Abend müde und zeigt kein Interesse mehr an seiner Umgebung, wird er den bevorzugten Platz aufsuchen, den Schnabel ins Rückengefieder und wahrscheinlich einen Fuß ins Bauchgefieder stecken. Vielleicht hören Sie zuvor noch ein leises zufriedenes Zwitschern, aber bald wird der Vogel verstummen und schlafen. Ehe man abends das Licht im Zimmer des Vogels ausschaltet, sollte man ihm deshalb Gelegenheit geben, zuvor seinen Schlafplatz aufzusuchen. Danach darf er nicht mehr durch laute und vor allem ungewohnte Geräusche aufgeschreckt werden. Gedämpfte allabendliche Laute wird er als normal, ungefährlich zur Kenntnis nehmen. Wird das Zimmer, in dem der Käfig steht, noch bis in die Nacht hinein benützt, wird geraucht, ferngesehen oder ist der Raum hell erleuchtet, so deckt man den Käfig mit einem leichten Tuch ab, um den Vogel etwas abzuschirmen. Doch sollte das Tuch keine völlige Dunkelheit für ihn schaffen. Erschrickt er aus irgendeinem Grunde unerwartet, ist es gut, wenn er sich bei schwachem Lichtschein orientieren kann und nicht beim

Versuch zu fliehen wild durch den Käfig flattert, wobei er sich verletzen kann. Bleibt das Zimmer am Abend aber unbenützt, erübrigt sich das Zudecken des Käfigs, es sei denn man muß den Vogel vor einer ins Zimmer strahlenden Straßenlaterne abschirmen. Wird der Käfig nachts mit einem Tuch bedeckt, so muß man es unbedingt bei Tagesanbruch entfernen, weil der Vogel nach der Nachtruhe morgens seines regen Stoffwechsels wegen essen und trinken muß. (Also dafür sorgen, daß im Futternäpfchen auch am Morgen noch genügend Nahrung vorhanden ist.) Ein Wellensittich braucht möglichst viel helles Tageslicht – an kurzen Wintertagen zusätzlich zum Tageslicht elektrisches Licht.

Gewöhnung ist für den Wellensittich als Heimvogel wichtig. Teilt er zum Beispiel von Anfang an auch nachts das Zimmer mit einem Schläfer, wird er sich an die dabei entstehenden Geräusche gewöhnen und sich nicht im Schlaf stören lassen. Schläft dagegen nur ausnahmsweise jemand im selben Zimmer, gleichgültig ob Mensch oder Tier (Gastvogel), so kann es mitten in der Nacht zu Erschrekken und panischem Geflatter kommen. In solchen Ausnahmefällen läßt man am besten ein 15-Watt-Birnchen die Umgebung des Käfigs erhellen, damit sich der Vogel rasch von der Ungefährlichkeit der Situation überzeugen und beruhigen kann. Auch überraschender Krach durch Motoren oder anderes kann zur nächtlichen Panik führen. Sobald der Tierhalter dieses bemerkt, muß er kurzfristig das Zimmer erhellen und den Vogel durch leises Sprechen beruhigen.

Die schlimmste Nacht für Wellensittiche ist die Silvesternacht. Wer seinen Vogel während der Neujahrsknallerei alleine läßt, sollte unbedingt das Licht brennen lassen, weil der Lärm den Vogel weniger ängstigt, wenn er seine Umgebung sehen kann.

Auf Gewöhnen folgt Verwöhnen

Als geborene Nomaden sind Wellensittiche gewandte und ausdauernde Flieger (→ Seite 29). Kein Wohnraum ist groß genug, um diesem Flugvermögen und -bedürfnis gerecht zu werden. Als Ausgleich dafür braucht ein Wellensittich wenigstens die Möglichkeit, seine ebenfalls angeborenen Kletterkünste zu üben und seinen unermüdlichen Schnabel an geeigneten Objekten zu nützen.

Bleiben wir aber zunächst noch bei den ersten Tagen des Eingewöhnens. Hat Ihr Wellensittich die erste Scheu vor Ihnen verloren – ich meine damit denjenigen, der den Vogel vom ersten Tage an betreut, sich am meisten um ihn kümmert und ihn liebevoll beobachtet –, so können Sie ihn behutsam mit Ihrer Hand vertraut machen. Zunächst lernt er sie ja als Nahrungsspender kennen. Versuchen Sie schon in den ersten Tagen ihn an Petersilie, Spinatblätter, Apfel- oder Möhrenstückchen, Erdbeeren, Weintrauben, Bananenscheiben oder Mandarinenspalten zu gewöhnen. Ist ihm diese Zusatznahrung erst einmal bekannt, werden Sie bald besondere Vorlieben feststellen und können mit dem gesunden Verwöhnen beginnen. Zum Verwöhnen gehören auch feste Zeiten. Der Wellensittich merkt sich rasch, wann er morgens mit frischer Nahrung versorgt wird, wann Sie sich ihm mit einer begehrten Extragabe nähern, wann Sie still bei ihm sitzen und leise mit ihm sprechen, ihm etwas vorpfeifen oder ihm das Glöckchen als Ersatzspielgefährten nahebringen. Überlassen Sie aber zunächst jede Annäherung in erster Linie dem Vogel. Bleiben Sie passiv, bieten Sie ihm nur geduldig Ihre Gesellschaft, einen Leckerbissen aus Ihrer Hand, ein zaghaftes Spiel.

Beobachten Sie, welche Gewohnheiten er bereits angenommen hat, und unterstützen Sie ihn dabei nach Möglichkeit. Wenn der Wellensittich beispielsweise zum ersten Mal versucht, in seinem Trinknäpfchen zu baden, dann hängen Sie ihm in die Türöffnung das Badehaus, etwa 2 cm hoch mit lauwarmem Wasser gefüllt. Natürlich hat er zunächst Angst vor dem fremden Ding und wird aus lauter Vorsicht auf das Bad verzichten. Bieten Sie es ihm danach jeden zweiten Tag an; vielleicht mit einem Büschel Petersilie im Wasser. Denn Vögel, die wie der Wellensittich in wüstenähnlichen Landschaften leben, baden morgens häufig in taunassen Gräsern und brauchen nicht unbedingt ein Vollbad.

Bemerken Sie, daß der Vogel das zwischen die Gitterstäbe geklemmte Möhrenstück mit Eifer zerhackt, ohne davon etwas zu essen, befestigen Sie ein Stückchen gewaschenen trockenen Holunderzweig so, daß er diesen zernagen kann. Und immer müssen Sie sich in Geduld üben. Ein Wellensittich ist vorsichtig und allen Neuerungen gegenüber mißtrauisch. Oft bleiben viele köstliche Erdbeeren unberührt, ehe er sich getraut, die Samenkörnchen vom Fruchtfleisch zu picken. Manches später heiß begehrte Spielzeug wird zunächst mit scheelem Blick beargwöhnt, ignoriert, bis es dann ganz plötzlich beschnäbelt, benützt wird. Aufmerksame Beobachter sehen dann häufig, wie der Wellensittich in einem raschen Schauder sein gesamtes Gefieder schüttelt, um anschließend gelassen eine Neuerung zu betrachten, eine Annäherung geschehen zu lassen. Dieses Schütteln des Gefieders zeigt das Entspannen nach einer Erregung. Erregt ist ein Wellensittich häufig, aus den verschiedensten Gründen, in unterschiedlichem Maße, aber nach dem Schütteln des Gefieders ist er beruhigt, befriedet und unter Umständen zu neuen Taten und Entdeckungen bereit.

Nicht immer kann der Vogelhalter erkennen, warum oder worüber ein Wellensittich sich erregt. Noch weniger ergründen läßt sich das

plötzliche, fluchtartige Auffliegen ohne erkennbare Gefahr. Dieser pfeilschnelle Schreckflug endet oft mit einer »Notlandung« auf einem sonst nie benutzten Platz oder ge-

Gefieder schütteln, eine Verhaltensweise, die Sie mehrmals am Tag bei Ihrem Wellensittich beobachten können. Er plustert sich ganz kurz auf, um sich dann am ganzen Körper zu schütteln.

miedenen Gegenstand. Man sollte dann leise und beruhigend mit dem Vogel sprechen. Was den Wellensittich zu dieser »Fluchtreaktion im Leerlauf« veranlaßt, weiß man leider nicht.

Die ersten Flugstunden

Wann Ihr Wellensittich das erste Mal seinen Käfig verlassen darf, hängt ganz davon ab, ob er sich bereits an Sie und seine Umgebung gewöhnt hat. Flattert er nicht mehr erregt, wenn Sie in seinem Käfig hantieren, wird er bei Ihrem Näherkommen nicht mehr starr und dünn vor Angst, dürfen Sie ihm den Käfig öffnen. Zuvor aber muß man unbedingt Türen und Fenster gut schließen; auch gekippte Fensterflügel hinter Stores können einem flugentschlossenen Wellensittich das Entkommen ermöglichen! Zum Verhängnis werden oft Fensterscheiben ohne Gardinen. Der Vogel erkennt die Glasscheibe nicht, fliegt womöglich zielstrebig dem Licht entgegen und prallt hart auf das Glas. Genick- und Schädelbrüche können das tödliche Ende sein. Haben Sie weder Gardinen noch Stores vor den Fenstern, so müssen Sie den Vogel allmählich an die Raumbegrenzung durch die Glasscheiben gewöhnen. Ehe der Käfig geöffnet wird, läßt man dann Jalousetten oder Rollos bis auf etwa 30 cm herab und sorgt wenn nötig durch elektrisches Licht für genügend Helligkeit. Die vom Rollo bedeckten Fensterflächen dürfen dann täglich um einige Zentimeter vergrößert werden. So lernt der Vogel allmählich das Fenster als das »Ende seiner Welt« zu respektieren.
Bleiben Sie auf jeden Fall im Zimmer, und beobachten Sie Ihren Wellensittich, wenn Sie ihm die Käfigtüre öffnen. Möglicherweise bleibt er zunächst überrascht im Käfig, weil ihn die ungewohnte Öffnung mißtrauisch macht. Vielleicht versteht er aber die Aufforderung sofort richtig und klettert dann vorsichtig außen am Käfig hoch, um von oben noch bessere Übersicht zu gewinnen. Spontan oder nach einigem Zögern, einmal wird er abfliegen! Und im ersten Flug überkommt ihn die Angst vor soviel unerprobten Möglichkeiten wieder zu landen. Vielleicht findet er schon nach der ersten Runde seinen Käfig wieder und läßt sich dort nieder, meist aber sucht er Höhe und landet auf einem Schrank, einem Regal, der Vorhangstange, der Lampe. Heftig atmend muß er sich zunächst beruhigen. Folgt dann das erlösende Gefiederschütteln, ist ihm schon wohler. Trippelt er auf seinem neuen Landeplatz neugierig hin und her, fängt er gar an sich zu putzen, ist die größte Furcht bereits überwunden. Jetzt sollten Sie ein wenig mit ihm reden, lobend seinen Namen nennen, aber keinesfalls eingreifen. Der Vogel braucht nun etwas Zeit, um Mut für den Rückflug zu sammeln, was lange dauern kann und nicht unbedingt mit einer Landung auf dem Käfig endet. Aber der Käfig wird vom Vogel gesehen, und irgendwann findet er dorthin zurück. Gelingt ihm das noch nicht beim ersten Mal, dann halten Sie dem Wellensittich nach etwa 30 Minuten den offenen Käfig vor die Nase. Sicherlich wird er gerne ins schützende Gehäuse umsteigen und seine Erregung durch das Essen einiger Körner beenden. Landet der Vogel zufällig auf dem Boden – was durchaus vorkommen kann, wenn er in seinem kurzen Leben kaum fliegen durfte –, so können Sie ihn dort ein wenig verwöhnen, indem Sie ihm aus einiger Entfernung einzelne Körner auf den Boden werfen. Sobald er diese bemerkt, wird er von Korn zu Korn trippeln und sie essen. Diese Art der Nahrungssuche kommt einem Wellensittich sehr entgegen, denn auf gleiche Weise sammelt er im Freileben Grassamen vom Boden der Steppe (→ Seite 118).
Wie immer sich der erste Freiflug gestaltet, machen Sie nicht den Fehler, den Vogel mit Tüchern oder Besen von seinem erhöhten Fluchtplatz scheuchen zu wollen, um ihn wieder in den Käfig zu bekommen. Derartige Erlebnisse würden ihn nachhaltig davon über-

zeugen, daß Sie sein Feind sind, vor dem man fliehen muß. Wenn alles schiefgeht, lassen Sie den Vogel ruhig über Nacht auf seinem Platz. Ist er am nächsten Morgen hungrig, wird er den Rückflug wagen oder in den vorgehaltenen Käfig hüpfen. Spricht irgend etwas gegen die Nachtruhe des Vogels außerhalb des Käfigs, so greifen Sie ihn am Abend im stark abgedunkelten Zimmer und setzen ihn sanft in den Käfig zurück. Schließlich soll er Sie als Helfer in der Not kennenlernen und Vertrauen zu Ihnen gewinnen.

Diese erste Flugstunde darf natürlich keine einmalige Erfahrung für den Vogel sein, sondern täglich möglichst zur gleichen Zeit, sollte er Gelegenheit zum ausgiebigen Freiflug haben. In unseren kleinen Wohnräumen kann ein Wellensittich sein angeborenes, ausgezeichnetes Flugvermögen ohnehin nur in sehr geringem Maße anwenden. Denn von Natur aus ist er nicht nur ein ausdauernder, sondern auch ein sehr schneller Flieger – seine Fluggeschwindigkeit übertrifft sogar die der Schwalbe.

Das Leben mit dem Wellensittich

Je sicherer und wohler sich der Wellensittich bei Ihnen fühlt, desto dreister wird er versuchen, seinen Betätigungsdrang, seine Neugierde und seine Sehnsucht nach Gesellschaft zu befriedigen. Lassen Sie ihn allerdings bis auf die tägliche Flugstunde eingesperrt, haben Sie bald einen meist dösenden, abgestumpften Vogel, der den wenigen noch dazu monotonen Bewegungsmöglichkeiten im Käfig, dem ewig gleichen Spiel mit leblosen Dingen überdrüssig in traurige Lethargie verfällt. Zwar wird er sich – freigelassen – gern auf Ihre Schulter setzen und Sie mit eifrigem Kopfnicken umwerben, wird dahin und dorthin fliegen, letztlich aber wieder im Käfig verschwinden, denn

eine kurze Stunde Freiheit genügt nicht, um ein Abstumpfen zu verhindern. Der Wellensittich wird allmählich verlernen, seine vielseitigen Begabungen zu nützen.

Lassen Sie ihn aber frei im Zimmer leben, wird er sich womöglich mit wahrem Eifer an Tapeten, Postern, Büchern, Schreibpapier zu schaffen machen und diese Dinge mit vielen kleinen Zackenrändern verzieren. Wellensittichweibchen sind besonders geschäftig mit dem Schnabel und leisten Beachtliches an jedem Material, das sich zum Zernagen eignet (→ Seite 8). Mit etwas Überlegung kann man allerdings seine Einrichtung gegen diese zerstörerische Neigung der Wellensittiche schützen. Ist die Tapete vom Lieblingsplatz aus leicht erreichbar, kann man die entsprechende Stelle mit fester Pappe oder einem dünnen Holzbrettchen bedecken. Auch kleine Zweige können den Vogel von der Tapete ablenken. Die Bücherreihen werden zum Beispiel für einige Zeit mit Tüchern bedeckt, während man zwei oder drei überflüssige Bücher opfert und diese an einen Platz legt, wo genagt werden darf. Das Interesse an dieser auf die Dauer langweiligen Schnabelarbeit erlischt übrigens in absehbarer Zeit; an die Bücherreihe kehrt der Wellensittich kaum zurück. Mit der typischen Findigkeit des Wellensittichs werden neue »Aufgaben« entdeckt.

Natürlich hinterläßt der Vogel außerhalb des Käfigs überall dort im Zimmer, wo er sich länger aufhält, seine pünktlich erscheinenden Spuren in Form von Kotbällchen. Dagegen hilft nur trocknen lassen und wegsaugen oder den Boden unter häufig auserkorenen Plätzen mit Folie belegen. Alle diese kleinen Alltagsprobleme lassen sich vermeiden, wenn man dem Wellensittich neben seinem Käfig eine artgerechte Wohninsel schafft – nämlich einen Wellensittich-Baum.

Der Wellensittich-Baum

Opfern Sie einen Quadratmeter Raum im
Zimmer des Vogels, und stellen Sie dort einen
Kletterbaum auf (→ Zeichnung rechts). Am
besten besorgt man sich ein möglichst großes
und stabiles Gefäß mit Blumenerde. Es sollte
schon einen Durchmesser von etwa 1 Meter
haben, um seinen Zweck völlig erfüllen zu
können. Senkrecht in die Erde werden 3 bis 4
lange kräftige Äste gesteckt und diese durch
Queräste von unterschiedlicher Stärke und
Form in 2 bis 3 Etagen verbunden. Zum Fest-
binden der Queräste eignen sich Baststreifen,
deren Enden man leicht mit Uhu-Kleber be-
streicht, um größere Haltbarkeit zu erreichen.
Zwischen die senkrechten Äste kann man ungiftige Rankpflanzen in Töpfen auf die Erde
stellen. Sie geben der Wohninsel Halt und sehen hübsch aus. Leider können auch Biologen
und Botaniker keine verläßliche Auskunft geben, welche Zimmerpflanzen für den Wellensittich giftig sind. Aus Erfahrung weiß ich, daß
sich Wellensittiche an Oleander, Primeln, Hya-
zinthe und Eibe vergiften können (giftige Pflanzen → Gefahrenkatalog Seite 42 bis 45), während russischer Wein (*Cissus anparctica*), Zier-
wein (*Rhocissus*), Hibiskus und Farne unschädlich sind.
Die Erdoberfläche wird von Vogelsand bedeckt. Das hat den Vorteil, daß man mit einem kleinen Sieb rasch allen Unrat aus dem
Sand entfernen kann, ohne ihn häufig erneuern zu müssen. Wichtig beim Bau des Vogel-
baums ist aber die Länge der horizontalen
Äste. Sie dürfen den Durchmesser des Bot-
tichs oder der Schale nicht überragen, da
sonst die Kotbällchen neben das Gefäß fallen
statt in den Sand; denn erfahrungsgemäß sitzen die Vögel am liebsten am Ende der
Äste.
Alle mir bekannten Wellensittiche, die einen

Vogelbaum als Wohninsel haben, halten sich
dort sehr gerne auf und lassen die übrige Einrichtung unberührt. Zum Essen und Trinken
suchen Sie den Käfig auf, manche auch zum
Schlafen, viele übernachten aber im Vogelbaum. Natürlich klettern sie nicht nur von Ast
zu Ast, sondern die Äste werden allmählich

Ein Wellensittich-Baum aus Bambusstangen und
Naturästen, selbst gebastelt, wird bald zum Lieblingsplatz Ihrer Vögel.

zernagt, oft auch die Bastbefestigung. Aber
das ist ja der Sinn des Baums. Von Zeit zu
Zeit muß man die Äste erneuern. Sie sollten
aus dem Wald oder aus dem Garten geholt
werden, nicht aber von Straßenrändern, an

denen Bäume und Sträucher durch Abgase vergiftet sind. Wenn Sie Obstbaumzweige nehmen, müssen Sie sicher sein, daß diese Äste nicht mit Insektenschutzmittel gespritzt wurden. Vorsichtshalber alle Äste heiß abbrausen und trocknen lassen, bevor man sie verwendet.

Spielzeug und Beschäftigung

Für den spielfreudigen Wellensittich wird ein ganzes Sortiment an Spieldingen angeboten, das kaum Beachtung findet. Viele dieser Dinge werden von einem einzeln gehaltenen Wellensittich mehr zum Ersatzpartner als zum Spielzeug. Zum Spielen braucht der Wellensittich in erster Linie Sie! Eine kleine Kugel, ein Glockenbällchen, ein Stehaufmännchen rollt oder schubst der Vogel zum Beispiel mit Vergnügen an den Rand eines Tisches und sieht aufmerksam zu, wie es herunterfällt. Holt dann jemand den Gegenstand erneut zum Herunterwerfen auf den Tisch zurück, wird dieses Spiel von vielen Wellensittichen mit großer Ausdauer betrieben. Das Glockenbällchen kann er im hoch erhobenen Schnabel im Trippelschritt über den ganzen Tisch tragen, bis das Bällchen zu Boden fällt. Nehmen Sie sich wirklich Zeit, um mit Ihrem Wellensittich zu spielen, und Sie werden seine Wendigkeit, seine Spielfreude und seinen Erfindungsreichtum bewundern lernen. Der Gegenstand hat dabei wenig zu sagen. Ein stabiles rollendes Ding eignet sich hervorragend. Behutsam läßt man es dem Vogel entgegenrollen. Kommt es zu schnell, zu heftig auf ihn zu, weicht er ängstlich aus, läuft eilig davon, um es in plötzlicher Wendung kräftig von sich weg zu schubsen. Daraus kann sich ein abwechslungsreiches Spiel entwickeln, das den Vogel und Sie in Atem hält. Auch dem Glöckchen läuft ein Wellensittich gerne nach, stößt es kräftig

mit dem Schnabel an, um blitzschnell dem Rückstoß auszuweichen. Das Glockenbällchen aus einem globusähnlichen Plastikgitter eignet sich sogar als kleines Sportgerät. Mein Wellensittich hielt es auf dem obersten Ast des Vogelbaumes sitzend im Schnabel und warf es mit Schwung nach unten. Ich mußte es fangen und zurückgeben. Doch wie oft mußte ich mich dabei bücken, um es vom Boden aufzuheben, weil der schlaue Kerl geschickt genug war, mir das Fangen zu erschweren. Ganz deutlich ließ er dabei merken, daß er weit mehr befriedigt war, wenn er mich zu Boden zwang.

Wenn der Wellensittich das Bein nach hinten streckt: Ein Zeichen für Wohlbehagen und unserem Räkeln vergleichbar.

Wer nicht auf diese Weise mit seinem Wellensittich spielen mag, kann es kaum verhindern, daß die Lieblingsdinge des Vogels zum Ersatzpartner werden. Ich beobachtete ein Wellensittichweibchen im Isolierkäfig in der Tierklinik, das sich zum Trost gegen seine Einsamkeit an ein kleines Schnapsglas schmiegte. Ganz offensichtlich geht es beim Plastikkumpan, der auf eine Sitzstange geschoben wird, um den Ersatzpartner. Mit ihm wird zärtlich geschnäbelt, er wird gefüttert, getreten und geprügelt. Die Prügel bezieht er aus lauter Verzweiflung, weil sich der lebendige Wellensittich alle Mühe gibt mit seiner Werbung und der Leblose niemals richtig reagiert. Weniger deutlich wird die Ersatzhandlung bei anderen Dingen. Man kann jedoch häufig beobachten, wie sich das Kopfgefieder stellt, die Pupillen der Augen punktklein werden und der Wellensittich seine Erregung durch zartes Knurren unterstreicht, wenn er ein Spielzeug beschnäbelt oder sich eifrig vor ihm verbeugt. Gitterbällchen eignen sich gut zum Begatten; mit beiden Füßen faßt es der Vogel und wetzt seine Kloake dabei auf dem Untergrund, oft bis das Fruchtbarkeitssäftchen erscheint.

Bleibt der umstrittene Spiegel, das Hauptrequisit fast aller Wellensittiche. Ich befinde mich bewußt im Gegensatz zu vielen Biologen, die den Spiegel als Partnerersatz für den Wellensittich ablehnen, ihn als unnatürlich und krankmachend bezeichnen. Ein Wellensittich hat als Heimvogel in keinem Fall eine naturgemäße Umgebung. Er ist auf die Fürsorge des Menschen, auf den begrenzten Lebensraum und auf Ersatzhandlungen angewiesen. Noch dazu sind Wellensittiche von Natur aus zur lebenslangen Einehe und zusätzlich zum Leben in der Schar veranlagt (→ Seite 117). Findet er nun als Heimvogel im Menschen einen Ersatz-Kumpan, so gibt es doch Schwierigkeiten mit den sexuellen Beziehungen. Das Spiegelbild tröstet einen Wellensittich nicht nur über einsame Stunden hinweg, sondern er kann an ihm seine sozialen Triebe abreagieren. Sicher wirkt der Spiegel auch als sexueller Reiz. Aber auch ohne Spiegel ist ein gesunder Wellensittich sexuell aktiv und wählt andere Ersatzobjekte zum Abreagieren. Man kann aus einem Wohnraum gar nicht alle spiegelnden Gegenstände verbannen; irgendwo findet der Vogel etwas Blankes, worin er sich spiegelt und das Spiegelbild für einen Artgenossen hält. Selbst einem Pärchen würde ich Spiegel gönnen, sehen sie doch in den Spiegelbildern Mitglieder der Schar. Wer den Spiegel und die durch ihn ausgelösten Reaktionen als Unnatur verwirft, der müßte als Konsequenz jegliche Haltung von Wellensittichen als Heimvögel ablehnen, es sei denn, sie sind im Schwarm in einer Großvoliere untergebracht.

Muß ein Wellensittich sprechen lernen?

Viele Wellensittiche fangen ganz von selbst damit an, oft gehörte Wörter nachzusprechen, Geräusche nachzuahmen oder zu pfeifen. Aber Neigung und Talent zum Nachahmen ist bei den Wellensittichen recht unterschiedlich verteilt. Die einen vollführen ein wahres Konzert, indem sie die Stimmen der Singvögel wiedergeben, andere lassen täuschend ähnlich das Telefon klingeln, die Türe knarren, die Autobremsen knirschen, viele verlegen sich mit ihrem Nachahmungstrieb auf Wörter und kleine Sätze, und etliche bleiben bescheiden beim Artgezwitscher der Wellensittiche. Niemand sollte enttäuscht sein, wenn sein Wellensittich zu den letzteren gehört. Er kann dafür andere Talente entwickeln, die ebenso reizvoll sind. Wenn Sie aber feststellen, daß Ihr Wellensittich zu plappern beginnt und versucht zu sprechen, dann lohnt es sich, ihn – geduldig – zu fördern.

Die althergebrachte Meinung, man müsse einem Vogel die Zunge lösen lassen, damit er sprechen kann, ist haarsträubender Unsinn und Tierquälerei. Alle sogenannten Sprechpillen, die im Handel angeboten werden, schmecken zwar vielen Wellensittichen, einen Einfluß auf die Sprechbegabung haben sie aber nicht. Hat ein Wellensittich Talent und Lust zum Sprechen, so weil er in seiner neuen Schar, der menschlichen Gesellschaft, »mitreden« möchte, dazugehören will und weil das Nachahmen beschäftigungslose Stunden füllt. Ein sprechfreudiger Wellensittich kann hingebungsvoll auf der Hand seines menschlichen Kumpans sitzen, möglichst nahe dem Mund, und fasziniert dessen Sprache anhören. Geht der Mensch dabei umsichtig vor, so lernt der Vogel immer neue Wörter und Kombinationen. Alles was der Vogel bereits sprechen kann, möchte er wieder und wieder hören. Kommt nach und nach zum beherrschten Wortschatz Neues, wird dieses mit Freude erprobt und wiederholt. Werden Vogel und Mensch bei dieser besonderen Zweisamkeit nicht gestört, kann der Wellensittich ohne Ablenkung am ehesten hinzulernen. Oftmals am Tag wünscht sich der Vogel dieses intime Geplauder. Doch für den Vogelhalter ist dies meist zuviel verlangt. Ich habe mich mit einer Kassette aus der Affäre gezogen. Das gesamte Repertoire meines Wellensittichs lief über die Kassette ab. Er lag dabei bäuchlings auf dem kleinen Mikrophon und konnte sich nicht satt daran hören.

Manche Wörter und Sätzchen werden von den Wellensittichen auch passend zu einer bestimmten Situation gebracht. So warnte ich meinen anfänglich unerhört ängstlichen Wellensittich immer, wenn ich mir die Nase putzen mußte, um ihn weniger damit zu erschrecken, mit dem Satz: »Entschuldige bitte, ich muß mir mal die Nase putzen.« Wenn ich später nur zum Taschentuch griff, ließ der Vogel dieses Sätzchen regelmäßig hören. Beim Schmusen sagte ich viel zu oft »Mein Liebes, Liebes, Liebes«. Als das Wellensittichmännchen später mit seinem Weibchen schnäbelte, ertönten stets dazu die gleichen Wörter.

Aber eines sei zugegeben, wer nicht gerade einen wahren Ausbund an Sprechbegabung erwischt, muß sich viel Mühe geben beim »Sprechunterricht« seines Wellensittichs und ihm Hunderte von Malen wiederholen, was er nachsprechen soll. – Übrigens, die Annahme, Weibchen seien weniger sprechfreudig als Männchen, trifft nicht für einzeln gehaltene

Weibchen zu. Lebt ein Weibchen aber mit einem Wellensittichmännchen zusammen, widmet es sich anderen Aufgaben und überläßt es ihm zu sprechen.

Der Vogelpartner

Wer anfänglich nichts davon wissen wollte, daß ein Pärchen leichter zu halten und glücklicher sein würde als ein einzelner Wellensittich, der läßt sich vielleicht im Laufe der Zeit durch die wachsende Vertrautheit mit seinem Vogel, durch dessen Aktivität und Geselligkeit davon überzeugen. Wie viele Stunden am Tag bleibt der Wellensittich sich selbst überlassen? Beobachtet man ihn während dieser

Beim Balzen füttert das Wellensittichmännchen sein Weibchen, um es paarungsbereit zu stimmen, aber auch unabhängig von der Balz wird eifrig geschnäbelt.

Zeit, ist es kaum zu übersehen, wie er in sich gekehrt, lustlos dasitzt und nichts tut. Kein Vogel ist von morgens bis abends unentwegt tätig, viele kleine Ruhepausen unterbrechen seinen Betätigungsdrang. Aber ein Wellensittich braucht für jede Art des Tuns einen Partner, selbst zum Schlafen und Ausruhen. Alle gesellig lebenden Vögel lassen sich durch ihren Partner, durch die Schar zu bestimmten Unternehmungen anregen (→ Seite 118). Beginnt ein Vogel sich zu putzen, sind bald alle mit Gefiederpflege beschäftigt. Geht einer aus der Schar auf Nahrungssuche, folgt ihm der größere Teil bestimmt. Möchte einer ruhen und schlafen, versetzt er zumindest seinen Partner in entsprechende Stimmung. Wir Menschen können einen Wellensittich noch so liebevoll pflegen, mit ihm spielen, sprechen, schmusen, ihm das Köpfchen kraulen, wenn er es uns auffordernd entgegenhält, ja ein Wellensittichmännchen kann die Zuneigung zu seinem menschlichen Partner sogar bis zur Begattung ausdehnen, und dennoch müssen wir uns eingestehen, daß wir niemals in seiner »Muttersprache« mit ihm umgehen können. Keinesfalls erwidern wir seine Zuwendung mit den artgemäßen Nuancen eines Wellensittichpartners.

Wer dies alles bedenkt, kann eigentlich nicht länger zögern, seinem Wellensittich einen Artgenossen als ständigen Lebensgefährten zu gönnen. Die Überlegungen vor einer solchen Entscheidung sind verständlich: Wird der Vogel auch noch den Kontakt zum Menschen aufrechterhalten, wenn er einen Vogelpartner hat, wird er noch mit ihm spielen, sein fröhliches Geplapper hören lassen, einem entgegenfliegen und freudig begrüßen? Das hängt freilich vom Zeitpunkt ab, zu dem Sie sich für den zweiten Wellensittich entschließen. Lebt der erste Wellensittich bereits in dem beschriebenen vertrauten Verhältnis zu Ihnen, so wird sich daran kaum etwas ändern. Der Artgenosse ist eine Bereicherung seines Lebens, aber deshalb wird er nicht von seinen geliebten Gewohnheiten lassen. Im Gegenteil, der Neuankömmling wird durch den bereits bei Ihnen heimischen Wellensittich lernen, daß man recht gut mit Menschen und in deren Umgebung leben kann. Mit ein wenig Glück und Geduld haben Sie letztlich zwei Wellensittiche, die anhänglich und zahm sind, wenngleich der erste in der Beziehung zu Ihnen stets die größeren Rechte beanspruchen wird.

Wenn Ihr erster Wellensittich als Jungvogel zu Ihnen kam, so kann es einige Monate, möglicherweise sogar ein Jahr gedauert haben, bis er zum Familienmitglied, zum vielleicht sprechenden Kumpan wurde. Der zweite Wellensittich muß unbedingt ebenfalls ein junges Tier sein, um sich reibungslos auf seinen Partner, auf den Menschen und den neuen Lebensraum einstellen zu können. Auch der zweite Wellensittich sollte behutsam für 1 bis 2 Wochen zunächst allein an den Menschen gewöhnt werden. Man braucht also einen zweiten Käfig, den man sich, will man ihn nicht erwerben, sicherlich leihen kann. Am besten hält man den Neuankömmling zuerst in einem anderen Raum, ehe beide Vögel sich kennenlernen. Und dieses Kennenlernen sollte allmählich geschehen. Zunächst bringt man den Neuhinzugekommenen in seinem Käfig in das Zimmer, in dem der Erste lebt, und überläßt es dem »Alteingesessenen«, den Artgenossen zu entdecken, durch die Stäbe des Käfigs hindurch Bekanntschaft mit ihm zu machen. Vielleicht gibt es »Liebe auf den ersten Blick«, vielleicht aber auch Desinteresse oder gar etwas Aggression. Je nach dem Verhalten der Vögel muß entschieden werden, ob die getrennte Unterbringung noch eine Weile beibehalten wird, oder ob man beide Käfige öffnet und es den Vögeln überläßt, wie sie miteinander auskommen. Handelt es sich um ein echtes Pärchen, also um ein Wellensittichmännchen und ein Wellensittichweibchen, ist kaum mit Schwierigkeiten zu rechnen; denn im Wellensittich-Code ist von Natur aus festgeschrieben, daß das Weibchen seine Wünsche durchsetzt und das Männchen ihm bereitwillig den Vortritt läßt (→ Seite 124). Besteht das Pärchen aus zwei gleichgeschlechtlichen Vögeln, so kann es einige Zeit dauern, bis unter ihnen entschieden ist, wer von beiden die Rolle des Weibchens und die des Männchens übernimmt. In dieser Phase kann es zwischen den beiden zu Reibereien kommen, doch nur selten arten diese zu regelrechten Kämpfen aus. Kommt allerdings ein dritter, andersgeschlechtlicher Wellensittich hinzu, können heftige Rivalenkämpfe entflammen, in die der Mensch schützend eingreifen sollte.

Man wird die Kämpfenden trennen müssen. Bei Vögeln, die sich miteinander nicht verstehen, die möglicherweise sogar versuchen, beim Freiflug den ungeliebten Artgenossen zu hacken, wird man wohl oder übel getrennte Flugstunden einführen müssen. Gar nicht so selten werden dann allerdings die jeweils »Eingesperrten« lautstark protestieren und durch erstaunliche akrobatische Verrenkungen – kopfüber und kopfunter – am Käfiggitter ihrem Unmut über die »ungerechte Behandlung« Ausdruck verleihen.

Die unerläßliche Hygiene

Hygiene nimmt bei allen Vögeln einen erheblichen Teil ihrer Zeit in Anspruch; denn nur ein Vogel mit völlig intaktem Gefieder ist rasch, wendig und kann fliegend seinen Feinden entkommen. Auch der Wellensittich nützt viele Stunden des Tages zur Gefiederpflege. Wenn auch nicht ununterbrochen, so ist er doch fast in jeder »freien« Minute mit Putzen beschäftigt. Geschickt zieht er die langen Schwung- und Schwungfedern durch den Schnabel, um Staub und Schmutzteilchen zu entfernen. Das Kleingefieder wird sorgfältig bepickt und geglättet. Auch Füße und Zehen werden mit dem Schnabel bearbeitet. Zwischendurch reibt er sein Köpfchen an der Bürzeldrüse (Fettdrüse) an der Oberseite des Schwanzansatzes, um das Kopfgefieder zu fetten, und entnimmt mit dem Schnabel etwas Fett, das gleichmäßig auf die übrigen Federn verteilt wird. Die leichte Fettschicht auf dem Gefieder machen die Federn wasserabstoßend, und sie verhindert, daß der Vogel bei Regen völlig durchnäßt wird, was ihn flugunfähig machen könnte. Zum Putzen des Kopfgefieders allerdings muß er die Zehen benutzen, wobei er sich geschickt im Gleichgewicht hält. Leben zwei Wellensittiche zusammen, so helfen sie sich gegenseitig bei der Pflege des Kopfgefieders, wenngleich das Männchen es dem Weibchen häufig als pure Liebesbezeugung krault (→ Zeichnung Seite 12).

Gebadet wird im Freileben nur bei Gelegenheit, nämlich wenn sich Wasserstellen zum raschen Trinken bieten, wobei dann vor allem das Bauchgefieder befeuchtet wird. Meistens dient der Tau am Morgen als Brause, wenn die Wellensittiche durch das feuchte Gras in der australischen Steppe streifen. Als Heimvogel nimmt der Wellensittich aber oft mit großem Vergnügen ein lauwarmes Bad im Badehäuschen, duscht unter einem tropfenden Wasserhahn oder läßt sich gerne mit einer Blumenspritze besprühen.

Zwei Wellensittichmännchen auf einem Kletterbaum. Als geschickter Klettervogel knabbert ein Wellensittich auch kopfunter an der begehrten Kolbenhirse.

▷

Pflegearbeiten

Zum Eigenbeitrag des Wellensittichs an Hygiene muß aber auch ein großer Teil vom Tierhalter übernommen werden, da der Heimvogel an kleinsten Lebensraum gebunden ist. Käfig, Vogelbaum sowie alle Gegenstände, mit denen der Vogel sich beschäftigt oder in Berührung kommt, müssen peinlich saubergehalten werden, will man Ungeziefer und Parasiten fernhalten und andere schädliche Einflüsse vermeiden.

● Täglich müssen alle Näpfchen mit kochendheißem Wasser ausgespült und gut abgetrocknet werden, ehe man sie mit frischer Nahrung und Trinkwasser füllt. Mit einem nur dafür reservierten Löffel entfernt man allen Unrat aus dem Vogelsand in der Sandschale und streut etwas frischen Sand ein. So verhindern Sie Vergiftung durch verschmutzte Nahrungsreste, Hauterkrankungen durch Berührung mit dem Kot, Aufnahme unverträglicher Schmutzteilchen mit dem Sand. Verunreinigte Sitzstangen und Äste werden mit einem Metallbürstchen oder mit einer alten Zahnbürste abgekratzt und feuchtheiß abgewaschen.

● Einmal wöchentlich wird die Bodenschale, in der der Sandschuber läuft, heiß ausgewaschen.

Gefiederpflege und Balzverhalten.
Oben: Das Wellensittichweibchen (links) pflegt das Nackengefieder seines Partners; unten: eifrig klopft das Männchen, während es singt (Balzgesang), mit dem Schnabel auf die Sitzstange, um sein Weibchen in Paarungsstimmung zu bringen.

● Zweimal wöchentlich wird die Sandschale völlig geleert, heiß ausgewaschen, abgetrocknet und mit neuem Sand gefüllt (sind zwei Vögel ständig im Käfig, muß der Sand möglichst jeden zweiten Tag erneuert werden). Verschmutzte Sitzstangen und andere Gegenstände werden unter heißem Wasser gebürstet oder abgewaschen, heiß abgebraust und abgetrocknet.

● Einmal im Monat kommt der gesamte leere Käfig in die Badewanne oder in einen Waschzuber. Gitter und Sitzstangen werden mit heißem Wasser abgebürstet, das ganze Gehäuse dann heiß abgebraust und gut abgetrocknet. Äste und Sitzstangen und deren Befestigung danach mit Milbenspray besprühen. Naturäste werden im Abstand von 6 bis 8 Wochen erneuert.

Wichtig: Heißes Wasser ist das beste Mittel zum Saubermachen des Käfigs und aller Gegenstände, die der Vogel benützt. Spül- oder Putzmittel sind für den Wellensittich schädlich, unter Umständen sogar tödlich.

Sand – Einstreu und Verdauungshilfe

Der Sand zum Ausstreuen des Käfigbodens dient nicht nur der Hygiene, sondern ist auch wichtig für die Gesundheit des Vogels. Vom Sand nimmt er täglich etwas auf als Verdauungshilfe. Zudem enthält der spezielle Vogelsand auch Kalk- und Mineralstoffe. Lassen Sie sich besser nicht dazu verleiten, den Käfigboden mit einer Art Sandpapier auszulegen, dem sogenanten »Vogel-Teppich«. Die sandige Oberfläche enthält keine Nährstoffe. Beim Versuch, etwas Sand vom »Vogel-Teppich« abzuknabbern, schlucken Wellensittiche auch Teile vom Untergrund des »Teppichs«, was schädlich ist; einige Wellensittiche sind schon daran gestorben.

Durch den Spalt in der Bodenschale kann ein gewitzter Wellensittich aus seinem Käfig schlüpfen, während Sie den Sandschuber saubermachen. Sind Türen und Fenster geschlossen, ist diese Flucht nicht gefährlich. Soll der Vogel seinen Käfig in keinem Fall verlassen, so verschließen Sie den Spalt mit einem Tuch, das Sie mit zwei Wäscheklammern am Gitter befestigen, oder rücken den Käfig so gegen die Wand oder einen Gegenstand, daß der Spalt verstellt ist.

Die größte Gefahr: Wegfliegen

Ein stets eingesperrter Wellensittich ist ein trostlos gelangweilter Vogel. Ein Wellensittich, der ständig oder zumindest den größten Teil des Tages frei in einem Raum auf seinem Vo-gelbaum leben darf, führt als Heimvogel ein optimales Leben. Doch je munterer und unternehmungslustiger der Vogel, desto mehr Gefahren drohen ihm in dem für Menschen eingerichteten Zimmer (→ Gefahrenkatalog Seite 42).

Das Wegfliegen ist jedoch die größte Gefahr! Der Wellensittich ist so gelenkig wie ein Akrobat. Er kann aber auch schlangengleich durch kleinste Öffnungen schlüpfen. Als geborener Nomade muß ein Wellensittich sich nicht von Natur aus an Landmarken oder sonstigen Sichtpunkten orientieren können, da er stets mit seiner Schar das Innere des australischen Kontinents durchstreift und keine festen Standplätze oder Reviere kennt (→ Seite

Eine selbstgebaute Zimmervoliere, die mehreren Wellensittichpärchen Platz bietet, ausgestattet mit Kletter- und Sitzbäumen, Beschäftigungs-Utensilien und Brutkästen. Für das Gitter verwenden Sie am besten punktgeschweißtes Drahtgeflecht, dessen Maschenweite aber nicht größer als 12 mm sein darf.

108). Ein Wellensittich, der aus der Wohnung seines Halters entfliegt, hat somit auch nicht die Möglichkeit, einen Rückweg zu finden. Je weiter er sich von seiner bekannten Umgebung entfernt, um so größer wird seine Angst und damit auch das Tempo des Weiterfliegens. Die meisten Vögel gehen elend zugrunde, wenn sie entflogen sind und nicht zufällig wieder Aufnahme beim Menschen finden. Es gibt viele Gelegenheiten für einen Wellensittich zu entfliegen:

- Offenstehende Türen und Fenster.
- Herauskrabbeln aus dem Vogelbauer, wenn der Sandschuber entfernt ist.
- Das Türchen des Käfigs schließt nicht richtig, oder der Vogel hat gelernt, es selbst zu öffnen.
- Die Käfigstäbe sind locker oder verbogen, und der Vogel kann dazwischen hindurchschlüpfen.
- Der Vogel sitzt gerne auf dem Kopf oder auf der Schulter seines Pflegers und wird dann so gedankenlos von ihm selbst aus dem Zimmer ins Freie getragen.
- Auch Besucher können ihn unbeabsichtigt mitnehmen. Letztlich erschrickt der Vogel und fliegt davon.

Viele Wellensittich-Pfleger glauben, wenn sie einen Store oder eine Gardine vor dem gekippten Fenster haben, könne der Vogel nicht wegfliegen. Der Wellensittich klettert aber gern am Store hoch, schlüpft dann oben durch eine noch so kleine Lücke und klettert auf der anderen Seite wieder herunter, läßt sich auf dem gekippten Fensterflügel nieder und wird sehr wahrscheinlich in den nächsten Minuten in die freie Natur fliegen. Deshalb sollte man unbedingt einen Fensterflügel vergittern lassen. Ein leichter Holzrahmen in Größe des Fensterrahmens mit einem 1×1 cm großen Maschendraht oder »Fliegengitter« bespannen und am äußeren Fensterrahmen befestigen. So kann das Zimmer gelüftet werden, ohne daß die Gefahr besteht, der Vogel könne entfliegen. Der vermeintlich absolut zahme Wellensittich, der stets in Gesellschaft eines Menschen-Kumpans bleibt, sei es bei offenem Fenster, auf dem Balkon, auf dem Weg zur Mülltonne, zum Auto, kann nach Jahren, in denen alles immer gut ging, eines Tages durch einen Knall erschrecken, in Panik hochfliegen und außer Sichtweite geraten. Er findet dann nicht zurück.

Was für den Wellensittich in unserer Obhut sonst noch gefährlich werden könnte, finden Sie im Gefahrenkatalog auf Seite 42, den Sie zum Besten ihres Vogels genau »studieren« sollten.

Wenn Sie das Gefühl haben, Ihr Wellensittichpärchen vor so vielen Gefahren nicht genügend schützen zu können, dann sollten Sie überlegen, ob die Vögel in einer Zimmervoliere (→ Seite 23) nicht besser untergebracht sind. Allerdings, die Voliere darf nicht zu klein ausfallen, um den Vögeln wirklich genügend Bewegungsraum zu bieten. Die Voliere muß absolut vogelsicher sein und sich bequem bis in den letzten Winkel hinein sauberhalten lassen. Allerdings wird ein Wellensittichpärchen, in einer Voliere lebend, nach und nach den Kontakt zum Vogelhalter lockern und sich mehr und mehr mit sich selbst beschäftigen, was höchstwahrscheinlich zum Brüten und zur Aufzucht von Jungvögeln führt. Selbstverständlich ist eine Zimmervoliere völlig ungeeignet für einen einzeln gehaltenen Wellensittich, der unbedingt den nahen Kontakt zum Menschen braucht.

Gefahrenkatalog

Gefahrenquelle	Auswirkungen	Vermeiden der Gefahr
Badezimmer	Wegfliegen bei gekipptem Fenster. Abrutschen ins offene WC oder ins gefüllte Waschbecken (Wanne) und dadurch Ertrinken. Vergiftungen durch Putzmittel und Chemikalien (WC-Reiniger).	Vogel aus Badezimmer fernhalten; Badezimmertür niemals offen stehen lassen.
Bücherregale	Herzversagen aus Angst, wenn der Vogel hinter die Bücher schlüpft und nicht mehr allein herauskommt.	Bücher ganz dicht an hintere Regalwand rücken oder Lücke lassen (zwei Bücher querlegen, damit die anderen nicht umfallen).
Drahtgitter (bei Käfig und Voliere)	Wegfliegen bei zu großen Drahtabständen beziehungsweise Löchern im Gitter. Durchstrecken des Köpfchens und dadurch Erdrosseln oder Steckenbleiben (schwere Verletzungen) bei ungeeigneten Drahtabständen. Vergiftungen bei verrosteten Gittern. Zehen- und Kopfverletzungen bei zu dünnem, scharfem Draht.	Bei allen Vogelbehausungen den richtigen Drahtabstand (12 mm) beachten. Gitter regelmäßig kontrollieren (Rost, Löcher). Punktgeschweißtes Gitter verwenden.
Elektrokabel, Steckdosen	Stromschlag durch Annagen.	Leitungen unter Putz verlegen; keine freiliegenden unter Strom lassen; Stecker ziehen, wenn freifliegender Vogel unbeaufsichtigt bleibt. Steckdosen mit Blindsteckern versehen.
Fäden (Wolle, Garn, Schnur)	Erdrosseln durch Schlingenbildung.	Nicht herumliegen lassen.
Fußboden	Beinbruch, Brustprellungen bei Vögeln, die nicht richtig fliegen können (zum Beispiel zu dicke Tiere oder während der Mauser!) und dadurch bei der Landung auf harten Fußböden stark aufprallen.	Aus Räumen mit harten Fußböden (ohne Teppichboden oder Teppiche) fernhalten.
Gardinen	Bei grobmaschigen Gardinen Verfangen mit den Zehen und Beinbruch bei Befreiungsversuch. Vergiften durch Benagen des Bleibandes.	Feinmaschige Gardinen ohne Bleiband verwenden.
Gefäße mit Wasser (Eimer, Vasen, Schalen)	Hineinrutschen, Ertrinken.	Gefäße zudecken. Vogel beim Hausputz nicht frei fliegen lassen.
Gestricktes, Gehäkeltes	Verfangen mit den Zehen, Erhängen.	Kein Strick- oder Häkelzeug herumliegen lassen; gehäkelte Decken oder Kissen entfernen.

Gefahrenkatalog

Gefahrenquelle	Auswirkungen	Vermeiden der Gefahr
Gifte	Vergiftungen; tödlich sind Blei, Grünspan, Nikotin, Rost, kunststoffbeschichtete Pfannen, jede Art von Putzmittel, Pflanzenschutzmittel, Quecksilber; gesundheitsschädigend sind Bleistiftspitzen, Kugelschreiber- und Filzstiftminen, Alkohol, Kaffee, scharfe Gewürze.	Alle giftigen Gegenstände beziehungsweise Stoffe aus der Umgebung des Vogels entfernen beziehungsweise unerreichbar für ihn aufbewahren (besondere Vorsicht bei Blei).
Glasscheiben, Glaswände	Dagegenfliegen, dadurch Gehirnerschütterung, Schädel- oder Genickbruch.	Glasscheiben (Fenster, Balkontür, Glaswände) mit Gardinen versehen beziehungsweise Vogel an die für ihn unsichtbare Begrenzung gewöhnen (→ Seite 29).
Herdplatten	Verbrennungen, Tod durch Verbrennen, wenn Vogel auf heißen Herdplatten landet.	Vogel nicht unbeaufsichtigt in Küche fliegen lassen; auf unbenützte heiße Platten einen zugedeckten Topf mit Wasser stellen.
Kerzenlicht	Verbrennungen, Tod durch Verbrennen.	Auf Kerzenlicht bei freifliegendem Vogel verzichten.
Klebemittel	Vergiftungen mit Todesfolge durch verdunstete Lösungsmittel.	Bei Verwendung von Klebemitteln (Reparaturen, Bastelarbeiten) alle Tiere aus dem Raum entfernen und nach getaner Arbeit den Raum sehr gründlich lüften.
Küche	Dämpfe und Dünste können den Vogel ersticken; die überhitzte Küche, aber auch notwendiges Lüften führen zu Erkältungen und Krankheiten anderer Art.	Vogel nicht in Küche halten oder regelmäßig gut lüften – darauf achten, daß keine Zugluft entsteht!
Menschenfuß	Zertreten.	Aufpassen und immer damit rechnen, daß der Vogel sich auf dem Fußboden befindet.
Menschliche Nahrung	Gesundheitsschädigend; winzige Mengen von Weißbrot und trockenem Kuchen, einzelne Salzkörner (bei großer Gier) ab und zu erlaubt.	Möglichst nicht damit füttern oder davon naschen lassen.
Papierkörbe	Hineinrutschen, Verhungern, Herzschlag aus Angst bei Körben mit glatten Innenwänden, aus denen der Vogel alleine nicht herauskommt.	Papierkorb mit Drahtgeflecht auskleiden, oder Korbware verwenden.

Gefahrenkatalog

Gefahrenquelle	Auswirkungen	Vermeiden der Gefahr
Pflanzen	Vergiftungen, oft mit Todesfolge, bei giftigen Pflanzen wie Eibe, Hyazinthen, Narzissen, Oleander, Primeln, Porzellanblume, Brechnußbaum, Immergrün, alle Dieffenbachia-Arten, alle Nachtschattengewächse und bei gespritzten oder bleiverschmutzten Zweigen. Schwerste Verletzungen können die Stacheln eines Kaktus vervorrufen, wenn der Vogel darauf landet.	Auf giftige Pflanzen und Kakteen in der Umgebung des Vogels verzichten. Unschädlich sind russischer Wein (*Cissus antarctica*), Zierwein (*Rhocissus*), Hibiskus und Farne. Keine gespritzten oder von Autoabgasen verschmutzten Zweige verwenden.
Schränke, Schubladen	Verhungern oder Ersticken, wenn ein Vogel unbemerkt eingeschlossen wird.	Neugierige Wellensittiche untersuchen gern den Inhalt offener Schubladen und Schränke, Weibchen suchen dort auch Nistmöglichkeiten; vor dem Schließen immer genau kontrollieren, ob der Vogel nicht im Schrank oder in der Schublade sitzt.
Schüsseln, Töpfe	Ertrinken bei flüssigem Inhalt. Verbrühen bei heißem Inhalt. (Speisen und Schaum werden vom Vogel als Landefläche angesehen.)	Zudecken; Vogel aus Küche fernhalten; während der Essenszeit nicht fliegen lassen.
Sitzmöbel	Zerquetschen beim Hinsetzen.	Vor dem Hinsetzen vergewissern, daß der Vogel sich nicht auf dem Sitz befindet.
Sitzstangen	Einseitige Belastung, ungenügende Muskelausbildung, Knorpelbildung, mangelnde Abnutzung der Krallen bei zu dünnen Sitzstangen. Knochenbrüche und sonstige Verletzungen bei ungenügend gefestigten Sitzstangen: Herabfallende Stangen treffen den Vogel.	Geeignete Sitzstangen mit unterschiedlichem Durchmesser verwenden. Stangen gut befestigen.
Sonne	Hitzestau, Herzschlag bei zu starker Sonneneinstrahlung.	Vogel kann an sonnigem Platz stehen, muß aber unbedingt in den Schatten ausweichen können.
Spalten zwischen Wand und Möbeln	Abrutschen, Einklemmen; der Vogel kann sich nicht selbst befreien und vor Angst an Herzversagen sterben.	Spalten mit Holz oder fester Pappe schließen.
Spitze Gegenstände (Drahtenden, Nägel, Splitter, Nadeln)	Verletzungen, Stichwunden.	Nicht herumliegen lassen; für Vogel unerreichbar aufbewahren.

Gefahrenkatalog

Gefahrenquelle	Auswirkungen	Vermeiden der Gefahr
Temperaturunterschiede	Erkältung bei plötzlichen niedrigen Temperaturen. Hitzestau oder Herzschlag bei zu großer, plötzlicher Hitze.	Plötzliche Temperaturunterschiede vermeiden; der Vogel muß immer allmählich an eine neue Temperatur gewöhnt werden. (Verträglich sind Raumtemperaturen zwischen 24 und etwa 10° C.)
Türen	Einklemmen, Zerquetschen bei unachtsamem Schließen oder Öffnen der Tür. Wegfliegen, Erkrankung durch Zugluft bei offenen Türen.	Unfall und Entfliegen sind nur durch größte Achtsamkeit zu vermeiden.
Ungeziefer	Krankheiten können durch Innen- und Außenparasiten hervorgerufen werden.	Alle Pflegearbeiten regelmäßig und gewissenhaft ausführen. Bei Befall Vogel entsprechend behandeln; Käfig, Spielzeug, Lieblingsplätze desinfizieren, den Vogel aber niemals bestäuben oder besprühen (Erstickung, Vergiftung!), höchstens Pudern.
Wannen, Waschbecken	Hineinrutschen, Ertrinken; Schaum auf der Wasseroberfläche wird als Landefläche angesehen.	Vogel vom Badezimmer fernhalten; beim Geschirrabwaschen nicht frei fliegen lassen.
Waschmittel, Putzmittel, Chemikalien	Vergiftungen, wenn der Vogel davon nascht.	Alle Haushaltsreiniger in Schränken aufbewahren; nach Benutzung Reste sorgfältig entfernen.
Ziergefäße (Krüge, Vasen, Becher, Gläser)	Hineinrutschen, Vogel kommt ohne Hilfe nicht mehr heraus, dann Ersticken, Verhungern oder Herzschlag aus Angst.	Leere Gefäße mit Vogelsand füllen oder zerknülltem Papier, zudecken, leere Gläser umdrehen.
Zigaretten	Verräucherte Luft schadet, Nikotin ist tödlich.	Am besten in der Umgebung des Vogels nicht rauchen, wenigstens aber regelmäßig lüften (Zugluft vermeiden!). Wellensittiche niemals an Zigaretten knabbern lassen!
Zugluft	Erkältung, Kropfentzündung, Lungenentzündung; Wellensittiche sind höchst empfindlich, auch wenn nur kurzfristig Zug entsteht!	Zugluft unbedingt vermeiden. Mit brennender Kerze prüfen, ob es wirklich nicht zieht. An der Bewegung der Flamme kann man auch Zugluft feststellen, die Menschen kaum spüren, für den Vogel aber schädlich ist!

Die Ernährung

Wellensittiche brauchen ausreichende Möglichkeiten zum Klettern und Fliegen, genügend Helligkeit, frische Luft und eine ausgewogene, vielseitige Ernährung, um über Jahre gesund zu bleiben. In ihrer australischen Heimat ernähren sie sich vorwiegend von halbreifen und reifen Samen verschiedener Gräser (→ Seite 118). Während der Brutperioden finden sie ausreichend halbreife Samen, die besonders nährstoffreich sind und die Ernährung der Nestlinge sichern.

Müssen sie bei ihrer ständigen Suche nach Nahrung trockene Gebiete durchziehen, finden sie nur noch reife Samen und brauchen dann unbedingt Trinkwasser, um die harten Körner im Kropf aufweichen zu können. Da aber wegen der langen Trockenzeiten in ihrem Verbreitungsgebiet häufig fast alle Flüsse und Wasserstellen ausgetrocknet sind, streifen die Vögel morgens durch die feuchte Steppe und trinken vom Tau.

Daß Wellensittiche mit den Samen auch etwas Sand und kleinste Steine als Verdauungshilfe aufnehmen sowie frisches Grün, ist erwiesen; man weiß aber nicht, ob sie gelegentlich auch Insekten, deren Larven oder Eier verzehren. So kärglich der Speisezettel auch anmuten mag, freilebende Wellensittiche können sich stets von frischen Körnern ernähren, die alle lebenswichtigen Nährstoffe enthalten. Unsere Heimvögel sind auf das angewiesen, was der Vogelhalter ihnen anbietet. Ein verantwortungsbewußter Vogelpfleger wird bei der Auswahl der Grundnahrung, nämlich der Körnermischung, besondere Sorgfalt aufbringen. Das heißt, er wird zum Beispiel keine zu lange gelagerten Körnermischungen verfüttern, denn überlagerte Körner enthalten nicht mehr alle Nährstoffe, die der Vogel braucht, um gesund zu bleiben.

Körnermischung als Grundnahrung

Experten raten, Wellensittiche mit einem Körnergemisch zu ernähren, das zu 30% aus Glanz- beziehungsweise Spitzsaat besteht, zu 25% aus Silberhirse, 20% Plata- und Senegalhirse, 15% Nackthafer und Bluthirse, 5% Negersaat und 5% Leinsaat. Gute Mischungen enthalten oft auch Kardi- und Perillasaat sowie Japanhirse. Die Einzelsaaten gibt es im Samen- und Zoofachhandel oder in gut geführten Zoofachabteilungen der großen Kaufhäuser. Die Grundnahrung für Wellensittiche wird aber auch fertig abgepackt angeboten. Futtermittelhersteller stellen nach eigenem Rezept eine ausgewogene Mischung zusammen und reichern sie oft mit Jodkörnchen an. Natürlich ist es praktisch, daß man diese Packungen nicht nur im Zoofachhandel erhält, sondern in fast jedem Supermarkt, in Drogerien und Kaufhäusern. Doch sollte der Käufer genau auf das in die Packung gestanzte Abpackdatum achten.

Getreide für die Ernährung des Menschen oder andere Sämereien für die Ernährung von Vögeln werden einmal jährlich geerntet, und die Körner davon sind bei richtiger Lagerung bis zur nächsten Aussaat keimfähig. Die Vitalstoffe halten sich etwa 1 Jahr lang, wenngleich mit allmählich abnehmendem Gehalt an Nährstoffen. Genießbar bleiben die Körner bis zu 2 Jahren. Ausschlaggebend für den Wert aller Körner ist die Art des Lagerns, nämlich in dunklen, aber luftigen Räumen. Vom Tage des Abpackens an erreichen die für Vögel bestimmten Körner nur noch wenig Luft. Deshalb möglichst frisch abgepackte Ware kaufen, wobei ein Zeitraum von 4 bis 5 Monaten gemeint ist. Trotz dieser Umsicht ist es gut, von jeder gekauften Packung einen Eßlöffel der Körner zu entnehmen und sie auf ihre Keimfähigkeit hin zu überprüfen. (Wie man Körner

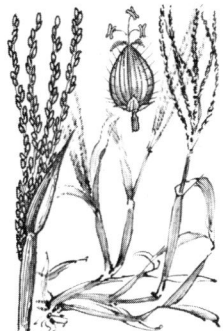

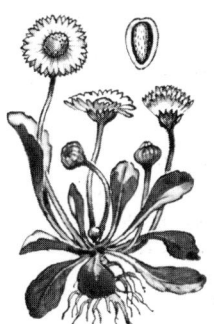

Einjähriges Rispengras
Poa annua
(Echte Gräser)
5 bis 30 cm hoch, bildet Rasen.
Standort: Wiesen, Äcker,
Brachland, Gärten.
Anbau: März; Samen der
Wildpflanze.
Ernte: April bis Oktober.
Fütterung: Halbreife und reife
Sammenstände (zum Einfrie-
ren geeignet).

Zaunwicke
Vicia sepium
(Schmetterlingsblütler)
Bis 50 cm hoch, rot-bläulich
blühend.
Standort: Wiesen, Gebüsche,
Wälder, Gärten.
Anbau: März; Samen der
Wildpflanze.
Ernte: Mai bis September.
Fütterung: Blätter und Blüten
(hoher Eiweißgehalt!).

Blut-Fingerhirse
Panicum sanguinale
(Echte Gräser)
10 bis 60 cm hoch, Pflanze
breitet sich am Boden aus, Sa-
menhalme aufrecht wachsend.
Standort: Wälder, Äcker,
Brachland, Gärten.
Anbau: März; Samen der
Wildpflanze.
Ernte: Juli bis September.
Fütterung: Halbreife und reife
Samenstände (zum Einfrieren
geeignet).

Gänseblümchen
Bellis perennis
(Korbblütler)
Bis 15 cm hoch, rasig wach-
send, weiß bis rosa blühend.
Standort: Wiesen, Feldraine,
Gärten (Rasen).
Anbau: März; Samen der
Wildpflanze, für veredelte For-
men aus Samenfachgeschäft.
Ernte: Mai bis Juni.
Fütterung: Halbreife und reife
Samenstände (verblühte Blume
ohne Stengel).

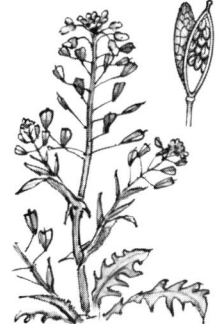

Stiefmütterchen
Viola tricolor
(Veilchengewächse)
5 bis 25 cm hoch, 4 wildwach-
sende Arten, zahlreiche ver-
edelte Formen.
Standort: Wiesen, Brachland,
Gärten.
Anbau: September; Samen der
Wildpflanze, für veredelte For-
men aus Samenfachgeschäft.
Ernte: April bis Juni.
Fütterung: Geöffnete Samen-
kapseln.

Hirtentäschelkraut
Capsella bursa-pastoris
(Kreuzblütler)
Bis 40 cm hoch, weißblühend.
Standort: Äcker, Wege, Brach-
land, Gärten.
Anbau: Oktober/November;
Samen der Wildpflanze.
Ernte: Mai bis Oktober.
Fütterung: Ganze Pflanze, ge-
bündelt reichen.

Heckenrose (Hagebutte)
Rosa canina
(Rosengewächse)
Mittelgroßer Strauch, rosarot
blühend, Früchte (Hagebutten)
leuchtendrot.
Standort: Wegränder, Bahndämme,
Böschungen, Waldränder, Gärten.
Anbau: Herbst; Stecklinge aus
Gärtnerei (auch für veredelte
Formen).
Ernte: September bis November.
Fütterung: Früchte (zum Ein-
frieren geeignet).

Eingriffeliger Weißdorn
Crataegus monogyna
(Rosengewächse)
Mittelgroßer Strauch, weißblü-
hend, Früchte leuchtendrot.
Standort: Steinige Hänge,
Feld- und Waldraine.
Anbau: Oktober/November;
Stecklinge aus Gärtnerei.
Ernte: Mai bis Juni (Blüten);
September bis Oktober
(Früchte).
Fütterung: Blüten und
Früchte; ganze Zweige können
gereicht werden.

zum Keimen bringt, lesen Sie auf Seite 49.) Solange Körner keimen, enthalten sie Vitalstoffe, die aus dem Korn neue Pflanzen zum Leben bringen, und versorgen somit auch Vögel mit lebenswichtigen Bestandteilen. Sollte beim Versuch nur ein kleiner Teil der Körner keimen, ist der größere Teil überlagert oder sonstwie geschädigt und fast wertlos. Die Körner sollen aber nicht nur keimfähig sein, sondern die Mischung darf auch nicht die geringste Spur von Fäulnis oder Schimmel zeigen und vor allem nicht von Ungeziefer befallen sein. Fäulnis riecht! Schimmel ist sichtbar! Ungeziefer verrät sich durch zusammengeklumpte Körner und durch spinnwebenfeine Fäden, die sich von den Klumpen ausgehend in der Mischung zeigen.

Machen Sie sich immer die Mühe, die Grundnahrung Ihres Wellensittichs ständig zu überprüfen, und bewahren Sie die Körner nicht in einem Kunststoffbehälter oder Plastiktütchen auf, sondern in einem Leinensäckchen, das an einem luftigen, dunklen Platz aufgehängt wird. In Pappkartons verpackte Körnermischungen müssen Sie nicht umfüllen; die Packung sollte aber ebenfalls trocken und dunkel gelagert werden.

In Form von Stangen, Herzchen oder Ringen werden sogenannte Wellensittich-Leckerbissen angeboten. Sie bestehen aus der normalen Körnermischung für Wellensittiche, nur sind sie durch Zucker- oder Honiglösung klebrig aufbereitet, damit sie an der geformten Unterlage haften. Da das Ablösen der Körner vom Herz, dem Ring oder der Stange den Vögeln etwas Schnabelarbeit ermöglicht, sind diese Leckerbissen bei manchen Wellensittichen beliebt. Ob sie wirklich als Leckerbissen geschätzt werden, ist nicht festzustellen. Gelangweilte Vögel, die sich mit dem Beknabbern die Zeit vertreiben, können zu viele Kalorien aufnehmen und werden zu dick; die übermäßige Beschäftigung mit der angebotenen Nahrung ist häufig die einzige »Ablenkung«, denn die Vögel langweilen sich, weil sie nur selten aus dem Käfig heraus dürfen und meist auch zu wenig Zuwendung bekommen.

Obst und Gemüse

Täglich braucht ein Wellensittich zur Grundnahrung frisches Obst und Gemüse. Lassen Sie sich nicht entmutigen, wenn manches davon unberührt bleibt. Niemand kann einen Wellensittich zur Nahrungsaufnahme zwingen. Ist der Vogel nicht von Jugend an die Frischkost gewöhnt, wird er zunächst mißtrauisch die ihm unbekannten Dinge meiden. Leben zwei oder mehrere Wellensittiche zusammen, so wird einer von ihnen der couragiertere sein, eines Tages von Grünzeug, Obst oder Gemüse naschen, und mit Sicherheit werden alle anderen es ihm gleichtun. Am ehesten wagen sie sich noch an frische Kräuter und an Blattgemüse; bevorzugt an Vogelmiere, junge Löwenzahnblätter und Spinatblätter. Wer diese Pflanzen selbst pflückt, muß bedenken, daß sich giftige Auspuffgase auch nicht durch gründliches Waschen entfernen lassen und den Vogel vergiften können. Alles Grünzeug deshalb nur weit entfernt von Autostraßen pflücken! Grünfutter stets mehrmals in lauwarmem Wasser waschen, gut abtropfen lassen (es sei denn, sie dienen als »Taubad«), dem Vogel unverwelkt und keinesfalls angefault reichen. Frische, »ungiftige« Grünkost können Sie Ihrem Vogel auch mit im Zoofachhandel erhältlichen »Vogelwiesen« oder »Vogelgrün« bieten. Das sind spezielle kleine Keimtöpfe, in die man dazu gelieferte Samenmischungen aussät (meist eine Mischung von Wegebreit, Gartenkresse, Salat- und Grassamen). Mit einer speziellen Halterung kann man die Töpfchen problemlos am Käfiggitter befestigen.

Wenn Sie Kopfsalat nicht aus dem eigenen Garten ernten können, geben Sie Ihrem Wellensittich lieber keine Salatblätter, denn die übliche Handelsware wurde nicht nur gegen Schädlinge gespritzt, sondern zusätzlich noch gegen rasches Welken behandelt. Rückstände der verwendeten Stoffe können zu tödlichen Vergiftungen führen.

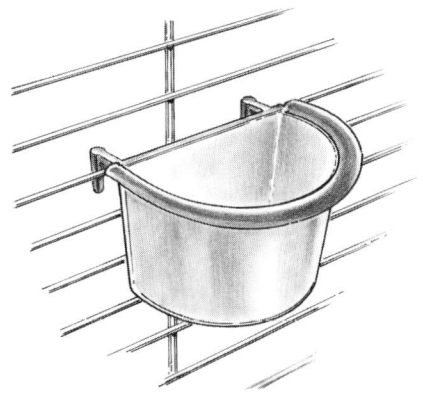

Futternäpfe zum Einhängen sind für Zusatznahrung wie Obst und Grünzeug besonders gut geeignet.

Auch Obst und Gemüse muß sorgfältig lauwarm gewaschen und gut abgetrocknet werden, bevor es der Wellensittich bekommt; Wurzelgemüse und Obst (vor allem Zitrusfrüchte) am besten sogar geschält, um eventuelle Rückstände einer Behandlung mit Insektiziden restlos zu entfernen. Was der Wellensittich mag, und was er absolut verschmäht, müssen Sie allmählich herausfinden. Möhren bieten Sie ihm zuerst gerieben an; hat er sich an den Geschmack gewöhnt, nagt er später sicherlich gern an einem größeren Stück davon, das man zwischen die Gitterstäbe des Käfigs klemmt. Ebenso kann man ihm Apfel- oder Birnenspalten reichen. Kirschen, Erdbeeren,

Weintrauben, Mandarinen- oder Kiwispalten bekommt er in einer kleinen Schale serviert. Am liebsten wird der zahme Wellensittich diese Früchte jedoch aus der Hand des Pflegers nehmen, da er dann besser ins Fruchtfleisch beißen kann. Von den Erdbeeren picken viele Wellensittiche vorwiegend die kleinen Samenkerne ab, ehe sie etwas Fruchtfleisch nehmen. Weintrauben reicht man am besten halbiert oder aufgebrochen, dann saugen die Vögel besonders gern am Traubensaft, oder sie lutschen freudig an den kleinen »Pinseln«, die am Stiel bleiben, wenn die Trauben abgezupft werden.

Wichtig: Die beschriebenen Pflanzen und Früchte sind lebensnotwendig für den Wellensittich, da die damit gebotenen Nährstoffe nicht alle oder nur geringfügig in der Körnermischung enthalten sind. Versuchen Sie das Angebot so abwechslungsreich wie möglich zu halten, und verlieren Sie niemals die Geduld. Aber achten Sie darauf, daß Ihr Wellensittich kein fauliges oder verdorbenes Obst oder Gemüse erhält, daß es nach einigen Stunden entfernt wird, weil es an heißen Tagen oder in geheizten Räumen schnell verdirbt und daß es niemals Kühlschranktemperatur, sondern Raumtemperatur hat.

Gekeimte Körner

Während der Mauser und während der Brutperiode brauchen Wellensittiche besonders nährstoffreiches Futter. Gekeimte Körner enthalten wichtige Nährstoffe in hohem Maße und haben den Vorteil, daß sie von den meisten Wellensittichen gern und ohne Argwohn gegessen werden. Doch nicht nur bei offensichtlichen Belastungen sollte man gekeimte Körner geben, sondern auch im Winter und im zeitigen Frühjahr als kleine Kur, wenn Obst und Gemüse weniger Vitalstoffe enthalten als im Sommer; in jedem Fall dann, wenn ein Wellensittich ohnehin nur zögernd und wenig Obst und Gemüse ißt.

Zum Keimen kann man die Körnermischung der Grundnahrung bringen, zusätzlich aber auch geschälten Sprießkornhafer und Sprießkornweizen aus dem Reformhaus. Sobald keimfähige Körner Wasser aufnehmen, beginnen in den Körnern chemische Reaktionen, die das Keimen veranlassen. Dabei werden vorhandene Vitamine, Mineralstoffe und Spurenelemente aufgeschlossen, wodurch bereits gequollene Körner, mehr noch aber gekeimte Körner an Wert gewinnen.

Weichen Sie von der normalen Körnermischung je 1 Eierlöffel voll in wenig Wasser ein. Das Wasser soll die Körner etwa 2 cm hoch bedecken. So bleiben sie 24 Stunden lang stehen, werden dann in einem Sieb lauwarm abgebraust und in ein flaches Schälchen oder Glas gegeben. Mit einem Tellerchen zugedeckt, trocknen die Körner nicht aus und bleiben dann weitere 24 bis 48 Stunden stehen. Nach 24 Stunden kann man sie bereits als Quellfutter, nach 48 Stunden als Keimfutter reichen, jedoch zuvor noch einmal warm abbrausen und abtropfen lassen. Wichtig: Gequollene und gekeimte Körner verderben rasch. Geben Sie diese Wertnahrung deshalb morgens in einem Extra-Schälchen, und entfernen Sie nach 1 bis 2 Stunden, was der Vogel nicht verzehrt hat. Diese Vorsichtsmaßnahme verhindert, daß der Vogel bereits in Fäulnis übergehende Körner ißt und dadurch erkranken kann. Mit der Zeit werden Sie das richtige Quantum für die tägliche Extra-Kost genau kennenlernen.

Wie lange die Kur mit den gekeimten Körnern jeweils dauern soll, bestimmen am besten die Vögel selbst. Anfänglich werden sie sich täglich gierig auf diese Extra-Kost stürzen. Mit der Zeit läßt der Appetit darauf etwas nach, bis sie kaum mehr berührt wird.

Dann kann man sie einige Wochen lang wieder weglassen. Sprießkornkafer mögen die Wellensittiche aber auch ungekeimt gern. Davon dürfen sie zusätzlich zur Grundnahrung täglich etwa 1 Teelöffel voll bekommen, vorausgesetzt, ein Wellensittich ist nicht zu schwer, vielleicht sogar zu dick, weil er zu wenig Bewegung hat. Sprießkornhafer bekommen Sie in den meisten Zoofachhandlungen, aber auch im Reformhaus. Auch die Getreidekörner müssen luftig in einem Leinensäckchen aufbewahrt werden.

Wichtige Ergänzungen der Nahrung

Sehr beliebt bei den Wellensittichen ist die Kolbenhirse. Sie läßt sich als echter Wellensittich-Leckerbissen bezeichnen! Zudem ist sie ein hochwertiges Naturprodukt, mit dem man schwache und kranke Vögel aufpäppeln kann, sowie Kraftfutter für brütende Paare und Jungvögel (diese Vögel dürfen pro Tag einen ganzen Kolben essen; für kranke Wellensittiche ist Kolbenhirse ein bekömmliches und wertvolles Futter). Für die tägliche Ernährung sollte man aber sparsam damit umgehen, da weniger aktive Wellensittiche davon leicht zu dick werden können, was man vermeiden sollte. Der gesunde, nicht zu dicke Wellensittich darf täglich etwa ein 5 cm langes Stück von der Kolbenhirse bekommen, allerdings nur abwechselnd mit eventuell gegebenem Sprießkornhafer (in gekeimter oder ungekeimter Form).

Wöchentlich einmal darf der Wellensittich als wertvolle Eiweißkost etwa 1 Eierlöffel voll von einem Gemisch aus hartgekochtem Eigelb und Magerquark bekommen. Wer für sein eigenes Frühstück täglich Getreide selbst schrotet, kann diese Eigelb-Quark-Mischung noch mit ein wenig frisch geschrotetem Getreide anreichern.

Im Handel werden präparierte Körnermischungen, in kleinen Tütchen verpackt, als Zusätze zur Grundnahrung angeboten. Die Sprechperlen sollen das Talent zum Nachahmen fördern, eine bisher noch nicht bewiesene Aussage; die vitaminisierten Körnchen tragen aber sicher zum Wohlbefinden des Vogels bei. Die Mauserhilfe hilft stärkend bei der Neubildung des Gefieders; andere stärkende Körner, Pulver oder Tropfen sollen die Grundnahrung anreichern. Meiner Meinung nach sind derartige Zusätze für einen sorgsam ernährten Wellensittich nicht unbedingt notwendig.

Für sehr wichtig halte ich dagegen die Gabe von Vitaminpräparaten; denn es gibt keine Möglichkeit, den Vitamingehalt der Grundnahrung, den von Obst und Gemüse zu prüfen. Wer nicht im eigenen Garten ernten kann, muß für Frischkost und Körnermischung Transport und unbekannte Lagerdauer in Kauf nehmen. Und es ist bekannt, daß alle Wertstoffe, vor allem aber Vitamine, vom Zeitpunkt des Erntens einer Pflanze abgebaut werden – manche sogar in sehr kurzer Zeit. Vitamine sind aber lebenswichtig. Je kleiner ein Organismus, desto empfindlicher reagiert er auf Vitaminmangel. Deshalb ist es zu empfehlen, trotz abwechslungsreicher Frischkost, trotz der Keimprobe der Grundnahrung und trotz gekeimter Körner, das Trinkwasser des Wellensittichs mit Vitaminen anzureichern. Verschiedene, qualitativ gleichwertige Multivitaminpräparate bekommen Sie im Zoofachhandel, aber auch in der Apotheke erhalten Sie Vitaminpräparate, die sich für Vögel eignen. Die Dosierung richtet sich nach der Größe des Vogels. Achten Sie unbedingt auf das Haltbarkeitsdatum – überlagerte Vitamine sind vollkommen wertlos!

Ebenso nötig wie alle Vitamine brauchen Wellensittiche auch Kalk und Phosphor. Beide Mineralien sind in der bisher beschriebenen Nahrung nur in kleinen Mengen enthalten. Das gleicht man durch gute Kalksteine aus, die zum Knabbern und Schnabelwetzen im Handel erhältlich sind. Halten Sie so einen Kalkstein stets auf Vorrat, denn es kann vorkommen, daß der Vogel wochenlang den Stein nicht berührt, dann aber mit wahrem Heißhunger so lange daran nagt, bis er in die kleinsten Teile zerfällt. Achten Sie beim Kauf dieses Kalksteins auf den Hinweis: »Kalkstein enthält alle Stoffe zum Aufbau des Knochengerüstes und zur Bildung der Federn«. Die ebenfalls angebotene Sepia, der kalkhaltige Schulp eines Tintenfisches, ist zum Knabbern vor allen Dingen für Wellensittichweibchen ungeeignet, da dieses Natrium-Chlorid enthaltende Produkt zu Legenot führen kann.

Kalk ist aber auch im speziellen Vogelsand enthalten, da er mit zerstoßenen Muschelschalen angereichert ist. Der Sand auf dem Käfigboden dient nicht nur der Hygiene, sondern der Vogel ißt Sandkörner als unentbehrliche Verdauungshilfe (→ Seite 39) und nimmt dabei auch feinste Kalkteilchen auf.

Die Futtermenge

Wieviel Nahrung braucht ein Wellensittich pro Tag? Die exakte Antwort muß lauten: »Das hängt vom Alter, von den Gewohnheiten, den Aktivitäten jedes einzelnen Wellensittichs ab«. Man kann das Maß nicht einmal in Eßlöffeln angeben, denn wenn der Vögel mehrmals aus seinem Näpfchen gegessen hat, so bedeckt eine Schicht leerer Hülsen die noch ganzen Körner. Der Wellensittich schält jedes einzelne Korn und läßt die leeren Hülsen zurück ins Näpfchen fallen. Er kann dann nur schwer an die darunterliegende Nahrung gelangen. Man muß einige Male am Tag die leeren Hülsen mit einem kleinen Löffel entfernen oder über dem Mülleimer abblasen. Deshalb ist es gut, das Näpfchen jeweils nur mit etwa 2 Eierlöffeln voll Körner zu füllen und beim Entfernen der leeren Hülsen jeweils einige frische Körner dazuzugeben. Noch besser hat man 2 Näpfchen mit Körnermischung für einen Vogel bereit oder aber einen Futterspender (→ Seite 18).

Vögel haben einen regen Stoffwechsel und brauchen deshalb häufig am Tag kleinere Mengen Nahrung. Keinesfalls darf man einem Wellensittich über Stunden jegliche Nahrung völlig entziehen. Ein seelisch gesunder Vogel mit genügend Beschäftigung, Bewegungsfreiheit, Flugmöglichkeit, Zuwendung oder Partnerpflichten wird nicht mehr Nahrung zu sich nehmen, als er braucht. Nur vernachlässigte, einsame Wellensittiche essen aus Langeweile

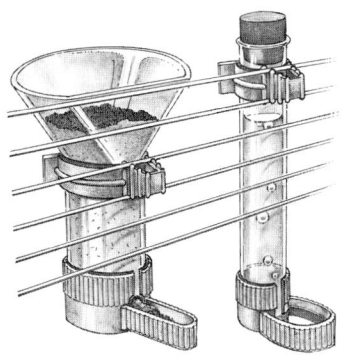

Kontrollieren Sie täglich, ob Futter- und Wasserspender einwandfrei funktionieren.

zuviel und werden zu dick. Man sieht es einem Wellensittich an, wenn er zu schwer und zu dick wird, er fliegt dann schwerfällig und atmet heftig bei schon kleinen Anstrengungen. Nehmen Sie einen dicken Vogel in die Hand, so fühlt man das Brustbein nur noch schwach zwischen den mit Fett durchzogenen

Muskelsträngen. In einem solchen Fall muß man eingreifen und dem Vogel für einige Wochen alle kalorienreichen Ergänzungen streichen, vor allem die Kolbenhirse, den Spießkornhafer und das Eigelb-Quark-Gemisch. Dafür bekommt der Vogel reichlich Frischkost zur Grundnahrung. Keinesfalls darf man einen zu dicken Vogel hungern lassen, lediglich die tägliche Ration der Grundnahrung wird etwas geringer gehalten. Das beste Rezept gegen »Kummerspeck« beim Wellensittich ist natürlich: ausreichende Bewegung und viel Beschäftigung.

Sie sollten auch immer daran denken, daß Sie einmal unvorhergesehen am Heimkommen gehindert werden können. Der Wellensittich müßte sich dennoch mit den gebotenen Körnern und eventuell gebotenen Ergänzungen für 2 bis 3 Tage ernähren können. Selbst das dann abgestandene Trinkwasser wäre in einer solchen Situation besser als keines.

Verargen Sie es Ihrem Wellensittich auch niemals, wenn er Tricks erfindet, um möglichst oft Körner vom Käfig- oder Fußboden aufnehmen zu können. Das gehört für ihn zur beliebtesten Art, satt zu werden, denn er ist von Natur aus darauf eingestellt, seine Nahrung am Boden zu suchen (→ Seite 118).

Das Trinkwasser

Alle Heimvögel brauchen täglich frisches Trinkwasser. Normalerweise gibt man ihnen nicht zu kaltes, abgestandenes Leitungswasser. Wer es besonders gut meint, kann das Leitungswasser auch durch den im Handel angebotenen Vogel-Trank ersetzen, noch besser allerdings durch kohlensäurefreies Mineralwasser, da hier die Inhaltsstoffe angegeben sind. Nur bei bestimmten Erkrankungen wird das Trinkwasser abgekocht oder leichter Tee gereicht (→ Seite 69).

Gesunderhaltung und Krankheiten

Für die meisten Wellensittichhalter gehört der Wellensittich zur Familie und sein Wohlbefinden ist ihnen so wichtig wie das aller Angehörigen. Auch Biologen und Naturfilmer haben den Wellensittich in letzter Zeit als interessanten und vielseitig begabten Vogel erkannt und widmeten ihm ernsthafte Forschungsarbeiten sowohl über sein Freileben in Australien (→ Seite 106) als auch sein Dasein als gezüchteter Heimvogel (→ Seite 138).

Doch die Beliebtheit des Wellensittichs brachte ihm erhebliche Nachteile. Wie bei vielen anderen Tieren, die sich in der Obhut des Menschen verhältnismäßig problemlos vermehren, hat man auch beim Wellensittich einen »Standard« entwickelt, einen nach menschlichen Vorstellungen geschaffenen »idealen« Wellensittich. Nicht die größtmögliche Ähnlichkeit mit dem Wildvogel ist hier das angestrebte Zuchtziel, sondern farbenprächtiges Gefieder, standardisierte Figurvorstellungen und nicht zuletzt quantitative Zuchterfolge haben meist Vorrang. Dabei wird leider oft die nötige Sorgfalt für die gesunde Entwicklung vernachlässigt, indem man den Vögeln durch unzureichende Unterbringung, einseitige Ernährung, Bewegungsmangel und fragwürdige Transportmethoden unverhältnismäßig viel zumutet. Das Ergebnis sind wunderschöne Wellensittiche, die aber vielfach schon von Jugend an für schwere Erkrankungen disponiert sind. Monatelang, ja oft einige Jahre lang läßt nichts im Verhalten eines solchen Vogels auf eine Schwäche schließen. Plötzlich besitzt man aber dann einen kranken Vogel, zerbricht sich den Kopf, woher diese Veränderung rühren könnte, und findet selten die Ursache heraus oder auch nur eine plausible Erklärung. Allerdings: Zuchtmethoden und -bedingungen können zwar eine Ursache für Erkrankungen sein, aber man muß sich davor hüten, damit eigene Nachlässigkeit zu bemänteln.

Wenn Sie selber züchten, vergessen Sie bitte nicht: je besser die Zuchttiere gehalten werden, je weniger Kreuzungsversuche, die die Vitalität des Vogels beeinträchtigen könnten, Sie machen, um so gesünder und widerstandsfähiger sind die Jungvögel.

Gesundheitsvorsorge

Viele Krankheiten lassen sich durch artgemäße Haltung des Wellensittichs vermeiden. Je besser die Kondition eines Vogels, desto eher wird er eine dennoch auftretende Krankheit überwinden. Prägen Sie sich deshalb in folgender Kurzfassung ein, was sein muß und was nicht sein darf.

Was der Wellensittich unbedingt braucht:
- Vielseitige Nahrung in ausreichend bemessener Menge.
- Obst und Gemüse – nur frisch und chemisch unbehandelt.
- Unverdorbene, nicht überlagerte Körnermischung.
- Sauberes, frisches, nicht zu kaltes Trinkwasser, Mineralwasser ohne Kohlensäure oder den speziellen Vogeltrank (Zoofachhandlung).
- Häufig frische Naturäste von ungespritzten Obst- oder Laubbäumen, die nicht in Nähe von stark befahrenen Straßen gebrochen wurden, von unterschiedlichem Durchmesser zum Zernagen und als gesunde Fußgymnastik.
- Täglich ausreichende Flug- und Bewegungsmöglichkeiten außerhalb des Käfigs in gut gelüfteten Räumen.
- Peinliche Sauberkeit aller Gegenstände, mit denen der Vogel in Berührung kommt.
- Allein gehaltene Wellensittiche brauchen täglich mehrmals nicht zu kurz bemessene Zuwendung vom menschlichen Partner; regelrechte Spielstunden und nahes Beisammensein mit Pfeifen, Singen und Reden mit dem Vogel sind unerläßlich.

Was dem Vogel schadet:
- Plötzliche Temperaturschwankungen (von geheizten Räumen in ungeheizte; im Sommer vor allem der Transport in einem vom Sonnenschein überhitzten Auto).
- Jegliche Zugluft – auch bei warmem Wetter.
- Faulige, sonstwie verdorbene oder chemisch behandelte Nahrung.
- Alle Speisen, die für die Ernährung des Menschen bestimmt sind, vor allem stark salzige, gewürzte und gesüßte Dinge, Fetthaltiges, Alkoholisches.
- Unverträgliche oder giftige Zimmerpflanzen (→ Gefahrenkatalog Seite 42).
- Pralle Sonneneinstrahlung ohne erreichbaren Schattenplatz.
- Schlecht gelüftete Räume; Nikotin- oder sonstiger Rauch, giftige oder ätzende Dämpfe, starke Gerüche.
- Alleine über viele Stunden im geschlossenen Käfig sitzen, Langeweile, Einsamkeit.

Sie sollten Ihren gesunden Wellensittich immer gut beobachten, seine Gewohnheiten, Vorlieben, Abneigungen, bevorzugten Leckerbissen und sein normales Verhalten genau kennen, um notfalls jede Veränderung rasch zu bemerken. Dabei muß man nicht übertrieben ängstlich sein; denn trotz der traditionsbetonten Lebensweise eines Wellensittichs kann eine lang geliebte Gepflogenheit über Nacht aufgegeben werden, das bisher begehrte Obst wird plötzlich verschmäht, Wettereinflüsse, Temperaturschwankungen, Einsamkeitsempfindungen oder vorübergehend verminderte Zuwendung können Verhalten und Lebensfunktionen kurzfristig verändern, ohne daß eine akute Erkrankung vorliegen muß. So reagiert mancher Wellensittich auf ein zu kaltes Bad, auch auf zu wenig Zuwendung, ungewohnte Umgebung oder Erschrekken mit leichtem Durchfall, der aber nach 2 bis 3 Stunden wieder verschwindet.

Krankheitssymptome

Zu ernsthaften Sorgen gibt es Anlaß, wenn der Vogel über Stunden oder gar Tage ein ausgesprochen krankhaftes Verhalten zeigt. Fühlt sich ein Wellensittich nicht wohl, wirkt er lustlos, teilnahmslos, entzieht sich seinem Partner, plustert das Gefieder leicht auf, dreht das Köpfchen um 180 Grad (also das Gesicht zum Rücken) und steckt den Schnabel in die Rückenfedern. Dabei ruht er auf beiden Beinen, schläft nicht wirklich, sondern schaut mit glanzlosen Augen nirgendwohin. – Ein gesunder Wellensittich schläft in der gleichen Stellung (→ Seite 132), aber ruht dabei nur auf einem Bein, eines hat er ins Bauchgefieder gesteckt; jedoch es gibt Ausnahmen: Mancher gesunde Vogel ruht in der Schlafstellung auch auf beiden Beinen.

Ein kranker Wellensittich rührt mit dem Schnabel in seinem Näpfchen, nimmt aber kaum einige Körner zu sich. Dagegen erhöht sich manchmal das Trinkbedürfnis. Leben zwei Wellensittiche zusammen, so läßt sich beobachten, daß der gesunde den kranken häufiger putzt als gewöhnlich.

Werden die Beschwerden schlimmer, »liegt« der Vogel kraftlos, fast waagerecht auf seinem Sitzast oder gar auf dem Käfigboden. Vom Ast hängen die Schwanzfedern dann nach unten und stehen nicht als die verlängerte Rük-

Mit Gefiederpflege beschäftigen sich Wellensittiche ▷ viele Stunden am Tag.
Oben links: Die Schwanzfedern werden durch den Schnabel gezogen; oben rechts: aus der Bürzeldrüse am Schwanzansatz wird Fett entnommen und auf das Gefieder übertragen; unten links: vorsichtig werden die Federchen über dem Auge des Partners geglättet; unten rechts: Aufforderung zum Kraulen an der Kehle.

kenlinie wie beim gesunden Vogel. Hat der Vogel Schmerzen, richtet er sich zwischendurch breitbeinig auf der Sitzstange auf, ist ängstlich dünn und stellt die gefalteten Flügel seitlich ab. Oft beißt er mehrmals hintereinander in die Luft. Bei Erkrankungen der Luftwege können außerdem pfeifende, röchelnde Atemgeräusche hörbar werden.

Wichtige Alarmzeichen sind außerdem Veränderungen des Kots und eventuell ausgeschleuderter Schleim aus dem Kropf. Bleibt der Kot über Tage wässrig oder gar schleimig, rötlich oder grünlich verfärbt, muß dieser möglichst umgehend bakteriologisch und parasitologisch untersucht werden (Tierarzt). Schleimaussonderungen aus dem Kropf lassen auf eine Kropfentzündung schließen, die sofort behandelt werden muß.

Erschrecken Sie aber nicht, wenn Ihr Wellensittich eifrig seinen Vogelpartner, seinen Plastikkumpan oder sein Spiegelbild mit ausgewürgten Körnern füttert; mit dieser Ersatzhandlung besänftigen Wellensittichweibchen ihren angeborenen Trieb für Aufzucht von Nestlingen; einsame Männchen füttern ihr Spiegelbild als Liebesdienst an einem vermeintlichen Weibchen.

Ohne negative Bedeutung für das Wohlbefinden des Wellensittichs ist ein gelegentliches »Niesen«, wenigstens hört es sich so an, doch dient es der Reinigung der Nasenschleimhäute. »Gähnt« der Vogel, was öfter zu beobachten ist, so ist dies ein Versuch, Sauerstoffmangel auszugleichen; man sollte dann für genügend frische Luft im Zimmer sorgen.

◁ Balzfüttern.
Oben und unten: Um das Weibchen in Paarungsstimmung zu bringen, wird es während der Balz mehrmals gefüttert. Nicht immer wird dabei wirklich Futter übergeben.

Die Mauser

Während der Mauser ist ein Wellensittich nicht krank, aber anfälliger als gewöhnlich gegen ungünstige Bedingungen. Sie ist ein natürlicher Vorgang. Alle Vögel erneuern während der Mauser ihr Gefieder. Häufigkeit und Zeiten der Mauser sind vom Lebensrhythmus der einzelnen Arten abhängig. Die meisten Singvögel mausern nach dem Ende der letzten Brut, Zugvögel rechtzeitig vor der langen Reise ins Winterquartier. Vögel, deren Federkleid sich tarnfarben dem Wechsel der Jahreszeiten anpassen muß, erneuern ihr Gefieder sogar bis zu dreimal im Jahr, große Vögel wie beispielsweise Adler oder Kranich mausern nur alle 2 Jahre.

Das Jugendkleid des Wellensittichs gleicht fast dem des Altvogels, doch sind die Farben etwas blasser. Die typische Wellenzeichnung reicht vom Hinterkopf über die Stirn hinweg bis zur Nasenhaut. Vom 3. Lebensmonat an beginnen die Jungvögel mit der ersten Mauser und sind danach nicht mehr von der älteren Generation zu unterscheiden. Im Freileben der Wellensittiche gibt es keine festen Zeiten für die Mauser, da ihr Lebensrhythmus ausschließlich von den klimatischen Bedingungen in ihrer australischen Heimat abhängt. Das kräftezehrende Nomadenleben der Wellensittiche wird nur dann unterbrochen, wenn sie in Gebiete kommen, in denen ausgiebige Regenfälle reichliche und andauernde Vegetation garantieren. Diese Gelegenheit wird für Paarung und oft für mehrere Bruten genützt. Nahrung und Wasser findet sich dann in unmittelbarer Nähe, weite Flugstrecken entfallen, also beginnen sie gleichzeitig mit der Brut auch mit einer »sanften« Mauser. Niemals erneuern Wellensittiche im Freileben während der Mauser ihr Gefieder völlig, denn eine Beeinträchtigung des Flugvermögens wäre lebensbedrohend. Unser gezüchteter Wellensittich hat es deshalb etwas schwer, einen vernünftigen Rhythmus für die Mauser zu finden. Viele Vögel nehmen den Beginn der Heizperiode dafür zum Anlaß, manche mausern im Frühjahr oder im Hochsommer, andere werfen ohne erkennbaren Grund mehrmals im Jahr jeweils verhältnismäßig nur wenige Federn ab. Aber auch Streßsituationen wie Transporte, Umgebungswechsel oder das Einfangen können eine Mauser auslösen. Bei jungen und gesunden Wellensittichen ist während der Mauser kaum eine Beeinträchtigung zu bemerken. Die Vögel nesteln nur vermehrt am Gefieder, um lose sitzende Federn zu entfernen oder um nachwachsende von der feinen sie umgebenden Schicht zu befreien, die dann als winzige Schüppchen zu Boden fällt. Ältere und nicht ganz gesunde Wellensittiche können aber durch die Mauser bis zur Flugunfähigkeit geschwächt werden. Hier ist große Aufmerksamkeit nötig, denn der Vogel kann womöglich nicht vom Boden auffliegen oder seinen Käfig erreichen; er braucht dann Ihre Hilfe. Sträfliche Quälerei wäre es, in den Mauservorgang einzugreifen, indem man dem Vogel bereits locker sitzende Federn herauszupfen würde. Nur der Vogel selbst kann fühlen, welche Feder von ihm bereits entfernt werden darf. Gewaltsames Ausreißen ist höchst schmerzhaft, verursacht eventuell Blutungen und schädigt die am Nachwachsen der Federn beteiligten Lederhautpapillen. Das Nachwachsen der langen Schwanzfedern braucht etwa 2 Monate Zeit, die Schwungfedern wachsen in 4 bis 6 Wochen nach, kleine Federn und die mit den Kehltupfen benötigen etwa 3 Wochen. Bei schwachen, schlecht ernährten Vögeln kann es auch zur Stockmauser kommen, das heißt, die verlorenen Federn wachsen nur zögernd nach, oft in verkümmerter oder defekter Form.

In jedem Fall sollten Wellensittiche während der Mauser vor Temperaturschwankungen, vor jeglicher Zugluft und vor Schreckerlebnissen geschützt werden. Der Vogel braucht gleichmäßige Wärme, ausreichend Luftfeuchtigkeit, Ruhe sowie vitamin- und mineralstoffreiche Nahrung in Form von gekeimten Körnern, frischem Grünzeug und Obst, außerdem Kalk und ein Vitaminpräparat.

Macht der Vogel einen kümmerlichen bis kranken Eindruck, sollte er täglich 5 bis 10 Minuten lang mit Rotlicht bestrahlt werden (→ Infra-Rot-Bestrahlung, Seite 61). Ist der Vogel nicht schreckhaft oder ängstlich, so sollte er während der Mauser jeden zweiten Tag mit lauwarmem Wasser besprüht werden (Blumensprüher, der garantiert niemals mit Pflanzenschutzmitteln in Berührung gekommen ist).

Schreckmauser

Sie kommt beim Heimvogel selten vor. (Dem freilebenden Wellensittich gibt sie eine gewisse Möglichkeit, einem Greiffeind zu entkommen.) Bei plötzlichem Schrecken durch ungeschicktes Greifen kann der Vogel partiell ganze Federbüschel verlieren. Ein Wellensittich, dem dies widerfahren ist, sollte einige Tage lang besonders liebevoll vor jedem erneuten Schrecken bewahrt werden und die gleiche Fürsorge wie während der Mauser erhalten.

Französische Mauser

Französische Mauser, auch Hopser-, Rennerkrankheit genannt, ist eine krankhafte Fehlentwicklung, deren Ursache lange als Erbanlage oder in unzureichender Ernährung während der Nestlingszeit vermutet wurde. Neuesten Erkenntnissen zufolge kann man mit größter Wahrscheinlichkeit ein Virus für diese Erkrankung verantwortlich machen. Als Renner oder Hopser bezeichnet man Vögel, die an der französischen Mauser leiden, da ihnen im Alter von etwa 4 Wochen die eben ausgewachsenen Schwung- und Flugfedern ausfallen oder abbrechen. Entweder wachsen sie dann überhaupt nicht nach, oder sie fallen noch vor der Flugfähigkeit erneut aus.

Normal befiederter Flügel eines Wellensittichs.

An der »Französischen Mauser« erkrankte Wellensittiche verlieren als Nestlinge die Handschwingen; sie bleiben dadurch lebenslang flugunfähig.

Diese Vögel bleiben meist flugunfähig und sollten deshalb in einem sehr geräumigen Käfig – mit reichlich frischen Naturzweigen ausgestattet – ungehindert Gelegenheit zum Klettern und zum Knabbern erhalten. Mit ihnen sollte man niemals züchten und auch nicht mit gesunden Zuchtpaaren zusammenbringen, da das Virus übertragbar ist!

Kleine Beeinträchtigungen

Hautverletzungen, zu lange Krallen und übermäßiges Schnabelwachstum sind im eigentlichen Sinne keine Krankheiten. Läßt man sie jedoch unbehandelt, können Erkrankungen beziehungsweise Verletzungen die Folge sein.

Hautverletzungen
Manches rabiate Weibchen ist imstande, einer Rivalin beim Kampf um die Nistmöglichkeit oder auch nur aus Eifersucht blutende Wunden zuzufügen. Männchen kämpfen ausnahmsweise ebenfalls so heftig, daß Spuren sichtbar werden. Außerdem besteht die Gefahr, daß sich ein Vogel am schadhaften Käfiggitter, an spitzen oder scharfen Gegenständen verletzt. Blutende oder verkrustete Wunden – meist an den Füßen, seltener unter den Federn – bedürfen keiner ärztlichen Behandlung. Die verletzten Stellen oder beschmutztes Gefieder mit abgekochtem, durchgeseihtem, lauwarmem Kamillentee abtupfen. Auf stärker blutende Wunden vorübergehend blutstillende Watte leicht drücken. Eine für Vögel geeignete Wundsalbe (im Zoofachhandel erhältlich) fördert das Abheilen der Wunde. Nur bei starkem Blutverlust und nicht endender Blutung muß man den Tierarzt aufsuchen, da eine Ader verletzt sein könnte.

Zu lange Krallen
Bei älteren und schwächlichen Vögeln wachsen die Krallen mitunter übermäßig lang, in extremen Fällen winden sie sich sogar spiralförmig. Als Erklärung wird zu geringe Abnützung durch zu wenig Bewegung auf zu dünnen und glatten Sitzstangen angegeben. Ich bin dieser Erklärung gegenüber skeptisch, da ich viele Wellensittiche kannte und kenne, die ausschließlich auf Naturästen außerhalb des

Käfigs in völliger Bewegungsfreiheit leben, zusätzlich auch rauhes Gestein in ihrem Gehege haben, und dennoch sind die Krallen zu lang gewachsen. Ausreichende Abnützung ist für den Heimvogel sicherlich überhaupt nicht möglich. Doch geht das verstärkte Wachsen der Krallen meist mit irgendeiner Schwäche Hand in Hand. Der Vogel braucht ausgewogene Pflege und beste Ernährung und muß gut beobachtet werden. Da die zu langen Krallen den Vogel behindern und gefährden (Hängenbleiben an Textilien und Kettchen, in Ritzen, mangelhafte Körperpflege), müssen die Krallen von Zeit zu Zeit mit der Nagelschere gekürzt werden.

Hierfür und für jede andere behandelnde Maßnahme muß man den Vogel greifen und richtig halten. Fangen Sie ihn aber nicht aus dem Flug, dabei kann man ihm die Flügel und das Schultergelenk verletzen. Jagen Sie ihn auch nicht unnötig lang im Käfig hin und her, dabei steht er Todesangst aus. Wenn es nicht anders geht, greifen Sie ihn ruhig mit ihm sprechend von oben im verdunkelten Zimmer und nehmen ihn dann locker, aber richtig in die Hand: Der Vogel liegt mit dem Rücken in der Innenfläche der linken Hand, das Köpfchen zwischen Daumen und Zeigefinger. Der Mittelfinger umfaßt den Bauch, und die zu behandelnde Zehe wird sanft zwischen Ring- und Kleinen Finger geklemmt. Den Vogel nicht auf den Rücken drehen! Die Zehen nun gegen eine helle Lampe halten. Die dunklen Blutgefäße im Horn der Krallen sind dann deutlich sichtbar. Das zu lange Horn bis kurz vor Beginn der Ader von schräg oben nach unten-innen abschneiden (→ Zeichnung rechts). Sollten Sie dennoch einmal die Ader anschneiden, entweicht ein Blutströpfchen, was den Vogel kaum schmerzt und meist nicht nachblutet. Blutet die Stelle weiter, etwas blutstillende Watte auf das Krallenende drücken, bis die Blutung aufhört. Ängstliche Vogelhalter sollten sich dabei von einem Züchter, Zoofachhändler oder Tierarzt helfen lassen. (Gute Zoofachgeschäfte bieten Krallenschneiden und Schnabelstutzen als kostenlosen Service an.)

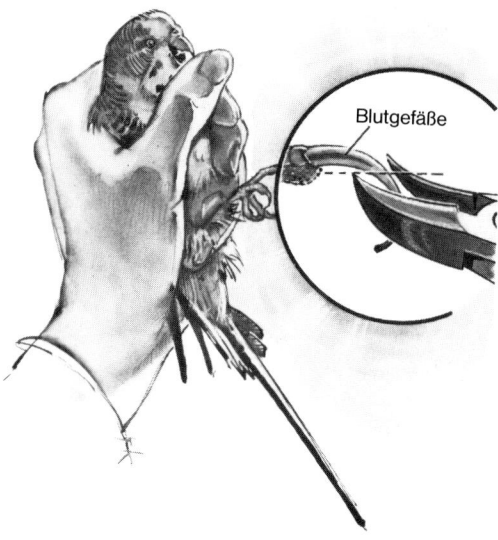

So halten Sie den Wellensittich beim Krallenschneiden richtig in der Hand. Achten Sie darauf, daß die Blutgefäße nicht verletzt werden und das Horn nicht splittert (Detailzeichnung).

Übermäßiges Schnabelwachstum

Die Schnabelspitze des Wellensittichs splittert von Zeit zu Zeit feinblättrig ab, ein normaler Vorgang bei der Erneuerung des Schnabelhorns. Bei älteren Wellensittichen wächst der Schnabel jedoch manchmal aus bisher nicht bekannten Gründen trotz häufigen Schnabelwetzens übermäßig lang – meist nur der Oberschnabel, seltener Ober- und Unterschnabel gleichzeitig zu extremer Kreuzstellung. In jedem Fall ist der Vogel zunächst stark behindert bei der Nahrungsaufnahme; ohne hilfreiches Eingreifen würde es ihm mit der Zeit unmöglich werden zu essen, die überlange Schnabelspitze würde zudem die Haut in der Kropfgegend verletzen. So weit darf man es nicht kommen lassen. Am besten bringt man den Vogel zu einem erfahrenen Tierarzt, Züchter oder Zoofachhändler, um den Schnabel mit einer geeigneten (Nagel-)Zange kürzen zu lassen. Ist ein Vogel für dieses abnorme Schnabelwachstum disponiert, muß der Schnabel schließlich in regelmäßigen Abständen, oft sogar alle 4 Wochen, gekürzt werden. Geschickte Vogelhalter erlernen dies rasch selbst und können auf den Gang zum Tierarzt verzichten. Kommt es beim Kürzen des Schnabels trotz großer Vorsicht einmal zu Blutungen, werden diese durch Auflegen von blutstillender Watte zum Stillstand gebracht. Ist das Schnabelhorn sehr spröde und brüchig, betupft man es vor der Behandlung mit leicht erwärmtem Glyzerin oder Olivenöl.

Erste Hilfe

Bemerken Sie eines Tages, daß Ihr Wellensittich oder einer von mehreren Vögeln einen kranken Eindruck macht, verletzt oder irgendwie behindert ist, so müssen Sie sofort eingreifen und nötigenfalls erste Hilfe leisten. Damit Sie keine Zeit verlieren, sollten Sie einige brauchbare Dinge immer zur Hand haben; nämlich eine Pinzette, eine Pipette, eine stumpfe Schere, Jodtinktur, blutstillende Watte, Tierkohle, Brandsalbe, Wundsalbe, einige schmale Mullbinden, einen Infra-Rot-Strahler sowie – bei Haltung von mehr als einem Vogel – einen kleinen Käfig, um einen kranken Vogel von gesunden trennen zu können. So vermeidet man eine eventuelle Ansteckung der gesunden Vögel und gewährt dem kranken genügend Ruhe, eventuell zu-

sätzliche gleichmäßige Wärmebehandlung und die gezielte Gabe von Medikamenten über Trinkwasser oder Körner.
Ein sichtlich kranker Vogel wird am besten in einem warmen, stillen Raum ohne grelle Beleuchtung oder direkte Sonneneinstrahlung untergebracht. Legen Sie den Boden des Käfigs mit doppelter Lage saugfähigen Papiers aus, geben Sie etwas Sand in einem extra Näpfchen; so läßt sich die Beschaffenheit der Exkremente kontrollieren; denn im Ernstfall muß der Tierarzt den Kot des Vogels ohne Sandbeimischung betrachten und möglicherweise untersuchen können. Die meisten Zoofachhändler haben viel Erfahrung mit Wellensittichen, so daß Sie in einem guten Zoofachgeschäft um Rat fragen können, wenn sich Ihr Wellensittich nicht wohlfühlt.

Infra-Rot-Bestrahlung

Als erste Maßnahme bestrahlen Sie den kranken Vogel mit Rotlicht. Den Infra-Rot-Strahler von 150 bis 250 Watt im Abstand von 20 bis 30 cm vor dem Käfig so aufstellen, daß nur eine Käfighälfte bestrahlt wird. So kann der Vogel die ihm zuträgliche Temperatur selbst wählen. Diese Bestrahlung bis zu dreimal täglich jeweils bis zu 30 Minuten vornehmen. Fühlt sich der Vogel im Wärmestrahl offensichtlich wohler als zuvor, darf die Bestrahlung auch ununterbrochen dauern. Man muß dann nur die Temperatur prüfen und so regulieren, daß 35 °C nicht überschritten werden. Infrarotstrahlen spenden Wärme, die unter die Haut dringt und somit Blutkreislauf und Stoffwechsel anregt. Durch die Erweiterung der Blutgefäße werden schädliche Stoffe rascher abgebaut. Außerdem aktivieren sie die Abwehrkräfte des kranken Vogels. Oft zeigt sich ein kranker Vogel schon nach der ersten Bestrahlung wieder munterer. Wird der Infra-Rot-Strahler abgeschaltet, darf die Umgebungstemperatur im Käfig nicht zu schnell absinken. Am besten vergrößert man den Abstand des Strahlers allmählich und richtet danach noch eine 60-Watt-Birne auf den Käfig – wegen des zu grellen Lichtes hinter einem Tuch verborgen.

Hört man ziehende oder rasselnde Atemgeräusche, würgt der Vogel Schleim aus dem Kropf, sondert er Nasenschleim ab, schnappt er sichtbar nach Luft, oder hängt er mit dem Schnabel an den Gitterstäben des Käfigs, um über die langgestreckte Luftröhre leichter atmen zu können, so besteht dringend der Verdacht auf eine Erkrankung der Atemwege. In solchen Fällen braucht das Tier neben der Infra-Rot-Bestrahlung auch viel Luftfeuchtigkeit. Den Käfig dann auf eine genügend große Schüssel mit wenig heißem Wasser stellen, so daß die Dämpfe an den Längsseiten des Käfigs nach oben steigen können (Bodenschale nicht entfernen!). Käfig und Schüssel mit einem leichten Tuch bedecken, damit der Wasserdampf gezielt in den Käfig gelangt, die Infra-Rot-Strahlen aber dennoch den Vogel erreichen. Lebt der Vogel in einem sehr großen Käfig, sollte man ihn zur Behandlung in einen kleinen »Krankenkäfig« umsetzen. Als »Notlösung«: Bis auf die Vorderseite den Käfig mit feuchtheißen Tüchern verhängen, den Infra-Rot-Strahler von vorne auf eine Käfighälfte richten, die Tücher sollten ständig feucht sein.

Achtung: Bemerken Sie aber bei dem Wellensittich auch nur die leichtesten krampfartigen Bewegungen oder Lähmungen, ist die Bestrahlung mit Infra-Rot nicht ratsam.

Behandlung bei Knochenbrüchen

Bricht sich ein Wellensittich durch Hängenbleiben mit den Zehen an einem Gegenstand, durch Aufprall oder sonstige Gewalteinwirkung einen Beinknochen, so bemerkt man dies durch kraftloses Herabhängen und Nachziehen des beschädigten Beins. Bei Flügelbrüchen hängt der Flügel nach unten, der Vogel ist flugunfähig. In jedem Fall wäre es gut, den Vogel in eine Tierarztpraxis zu bringen, in der durch Röntgen die Art des Bruches festgestellt werden kann. Liegt der Beinbruch außerhalb des Gefieders, also im Lauf oder in den Zehen, ist er auch ohne Röntgenaufnahme zu erkennen. Bei offenen Brüchen, bei denen der gebrochene Knochen Muskeln, Gefäße, Sehnen und Haut verletzte und blutende Wunden verursachte, ist eine Wundbehandlung durch den Tierarzt unerläßlich. Glatte Brüche an den Zehen dürfen ohne Behandlung bleiben, sie heilen von selbst. Brüche ohne offene Wunde im Lauf können geschient werden: Den Lauf mit einer Schicht aus Mullbinde umwickeln, darüber ein genau passendes Röhrchen aus einem längs halbierten Strohhalm legen und diesen mit Leukoplast fixieren. Das Leukoplast darf jedoch nicht die Haut des Laufs berühren, da sonst beim Entfernen das geschädigte Bein erneut gefährdet ist. Der Verband bleibt bei einfachen Brüchen etwa 10 Tage am Bein, danach schont der Vogel das schwache Bein selbst bis zur völligen Kräftigung.

Liegt der Knochenbruch unglücklicherweise im Bereich der Unter- oder Oberschenkel, müßte ein chirurgischer Eingriff erfolgen. Da aber Tierarzt wie Tierhalter diese oft lebensbedrohende Maßnahme lieber vermeiden, sollte das ganze Bein lediglich ruhiggestellt werden. So kann der Bruch heilen, wenn vielleicht auch nicht in perfekter Stellung, aber der Vogel wird sich an diese unerhebliche Einschränkung gewöhnen. Zehen und Lauf werden vorsichtig an den Körper geführt und dort mit einer Mullbinde, die unter den beiden Flügeln hindurchläuft, fixiert. Zur Festigung der Mullbinde Leukoplast darüber kleben, dabei aber so wenig Federn wie möglich berühren. Beim Abnehmen des Verbandes nach etwa 14 Tagen

Wichtige Krankheitszeichen

Krankheitszeichen	Mögliche Ursachen	Behandlung Seite
Verlust einiger Federn ohne Gefiederlücken, vermehrtes Nesteln am Gefieder	Mauser, keine Krankheit, sondern notwendige Erneuerung des Federkleides	57
Blut am Gefieder	Verletzungen	59
Schnabeldeformationen	Übermäßiges Schnabelwachstum	60
Herabhängender Lauf, Nachziehen des Beines	Beinbruch	62
Hängender Flügel, Flugunfähigkeit	Flügelbruch	62
Ständiger Verlust von Federn, Gefiederlücken, glanzloses Gefieder	Außenparasiten wie Milben, Federlinge, Läuse; Mangelerkrankung (Vitamin- und Mineralstoffmangel), Stoffwechselstörungen, Hormonstörungen	65
Mißgebildete Federn, unnatürliche Verfärbung der Federn, stumpfes, oft struppiges Gefieder	Bewegungsmangel, Mangelerscheinungen, Hormonstörungen, mangelhafte Durchblutung, Federbalgzysten	66
Ausrupfen von Federn, kahle Stellen im Gefieder	Mangelerscheinung, Allergie, Langeweile, Einsamkeit	66
Weiß-grauer, borkiger Belag am Oberschnabel, an Wachshaut, Augenrändern, Beinen, Kloake	Sittichräude	66
Piepsende, rasselnde Atemgeräusche, Atembeschwerden, Schwanz wippt beim Atmen, Auswürgen von Futter und Schleuderbewegungen des Kopfes	Erkrankung der Atmungsorgane durch Bakterien, Viren, Pilze; Erkältung, Kropfentzündung, Lungenentzündung, Kropferweiterung, Schilddrüsenveränderung, Legenot	68
Nachziehen des Beines, »Faustbildung« der Zehen, Lähmungserscheinungen an anderen Körperpartien, Krämpfe	Mangel an Vitamin E und B, Gehirnschäden, Gehirnerschütterung, Geschwulste	69
Durchfall, Kot breiig, wässrig, schleimig, gärig, auffällig verfärbt, Blutbeimischungen	Erkältung, Mangelerscheinung, Vergiftung, verdorbenes Futter, salzige, gewürzte menschliche Nahrung, Nierenentzündung, Leberschaden, Geschwulste, Infektionen	70
Koten unter deutlichem Pressen, Kot hart, hellgelb oder grau, Blutbeimischungen	Verstopfung	72
Vergebliches Pressen, Atemnot, sehr große Kotballen (fast flüssig, oft mit Blut vermischt), Erschöpfung	Legenot	72
Gelbliche bis bräunliche krustenartige Beläge unter den Flügeln, an Schwanzwurzel und Innenseiten der Schenkel, schlechtes Allgemeinbefinden, erhöhtes Trinkbedürfnis	Ekzeme durch Pilzinfektionen, andere noch unbekannte Erreger, Unverträglichkeit von behandeltem Körnerfutter und Umwelteinflüsse möglich	75
Nahrungsverweigerung, Durchfall, Atemnot, eitrige Bindehautentzündung, Kropfentzündung, Krampfanfälle, Lähmungen	Papageienkrankheit (Psittakose)	76

alle von Leukoplast erfaßten Federspitzen zuerst mit der Schere abschneiden, dann mit vorsichtigem Schnitt den Verband durchtrennen und abnehmen. Kleben zu viele Federn am Leukoplaststreifen, so löst man diese behutsam mit Aceton oder Benzin, was aber zur Betäubung des Vogels führen kann.

So legt man die Flügelbinde richtig an, wenn ein Flügelknochen gebrochen ist. Der Wellensittich braucht viel Ruhe und sollte möglichst in einem Einzelkäfig untergebracht werden.

Bei Flügelbrüchen ebenso wie bei Beinbrüchen verfahren: Den gebrochenen Flügel – wenn ohne offene Wunde – in seine natürliche Stellung bringen und so durch Mullbinden mit Leukoplastüberzug fixieren. Den Verband erst nach 3 Wochen behutsam entfernen.
Bei Knochenbrüchen sorgt man ebenfalls für möglichst große Ruhe in einem Einzelkäfig. Im Käfig bleiben lediglich zwei Sitzstangen, die nur so hoch angebracht werden, daß der geschiente Lauf unbelastet nach unten hängen kann. Sind ganzes Bein oder Flügel am Körper fixiert, muß der Vogel ohne große Anstrengung seine Nahrung erreichen können. Zur Schonung des gesunden Beins (bei Flü-gelbruch der gesunden Beine) legt man den Käfigboden mit sauberem, weichem, zerknülltem Papier aus und reicht Sand in einem Näpfchen. Kalkpräparate und Vitamingaben beschleunigen die Heilung.

Der Ring am Vogelbein

Der Ring, den der Wellensittich beim Kauf in der Zoofachhandlung erhält (→ Seite 14), besagt, daß der Vogel aus einer behördlich genehmigten Zucht stammt, die also veterinärmedizinisch überwacht ist, und somit eine Gefahr für ansteckende Krankheiten durch den Vogel weitgehend ausgeschlossen ist (→ Voraussetzungen für die Zucht, Seite 80). Dieser Ring ist zwar ein Muß vor dem Gesetz, aber Ursache mancher Verletzungen und oft ständigen Unbehagens für den Vogel. Leicht kann er mit dem Ring an Textilien oder sonstigen Gegenständen hängenbleiben und sich dabei das Bein verletzen oder gar brechen. Am beringten Bein kommt es nachweislich am häufigsten zu Schwellungen, Entzündungen, zu Ausschlägen oder parasitärem Befall, denn viele Wellensittiche gewöhnen sich niemals an diesen Fremdkörper, nesteln ständig daran herum, was eine besondere Anfälligkeit auslösen kann. Ist der Lauf erst geschädigt, läßt sich der Ring meist nur schwer entfernen.

Krankheiten, die beim Wellensittich auftreten können

Artgerecht gehaltene Wellensittiche werden glücklicherweise selten ernsthaft krank. Wie jämmerlich Sie ihren Wellensittich auch bei den bisher beschriebenen Unpäßlichkeiten vorfinden können, wie groß der Schrecken bei erkennbaren Verletzungen sein mag, mit umsichtigen ersten Maßnahmen und möglichst fachkundiger Hilfe (Tierarzt, Zoofachhändler) wird der kleine Patient relativ schnell gesunden, da die auslösende Ursache in diesen Fällen nicht verborgen bleibt. Zur Qual für Vogel und Halter wird eine Erkrankung des Wellensittichs aber, wenn alle empfohlenen »Hausmittel« nichts oder nur vorübergehend nützen und der Tierarzt prophylaktisch ein Breitband-Antibiotikum verordnet, weil er keine genaue Diagnose stellen kann.

Daß ein Vogel krank ist, erkennt der Tierhalter selbst wie auf Seite 54 (→ auch Katalog wichtiger Krankheitszeichen, Seite 63) beschrieben am veränderten Verhalten. Doch Begleiterscheinungen wie Durchfall, große Schwäche, erschwertes Kotabsetzen, Schleimabsonderungen, Veränderungen der Haut, Verfärbungen der Nasenhaut, Lähmungen, Müdigkeit, Appetitlosigkeit oder Federmißbildungen lassen keine gezielte Diagnose zu. Alle diese Symptome können die verschiedensten Ursachen haben, die leider bei einem so kleinen Tier nur selten eindeutig festzustellen sind. Was aber keinen Vogelhalter von der Pflicht befreit, alles zu tun, um dem Tier zu helfen.

Federausfall

Die Veränderung im Gefieder eines Wellensittichs fällt meist rasch auf, vor allem wenn man den natürlichen Vorgang einer Mauser des Vogels mehrmals beobachten konnte. Um Federausfall handelt es sich, wenn der Vogel ständig Federn abwirft, sich andauernd hastig »putzt« und an der Haut und am Gefieder nestelt. Allmählich zeigt sich schütteres Gefieder mit nahezu kahlen Stellen, vor allem am Kopf, am Bauch und an den Flügelunterseiten. Mögliche Ursachen: Federlinge, Läuse, Milben oder Mangelerscheinungen, Stoffwechselstörungen, Hormonstörungen.

Federlinge, etwa knapp 1 mm große, flachgedrückte Parasiten, die sich oft der Gefiederfarbe des Wirtsvogels anpassen, und Läuse sind vor allem im Bereich unter den Flügeln mit bloßem Auge zu erkennen, wenn man sanft gegen das Gefieder streicht. Die Rote Vogelmilbe befällt den Vogel dagegen nur nachts und saugt ihm Blut aus; der Vogel ist dann während der Nacht unruhig. Brütende Weibchen und seine Nestlinge sind im Brutkasten ständig von der roten Milbe bedroht, da es im Nistkasten stets dunkel ist. Erwachsene Vögel können bis zur Blutarmut durch die Milbe geschädigt werden, Nestlinge sterben oft an Schwäche. Besteht Verdacht auf die gefährliche Rote Vogelmilbe, so deckt man nachts ein weißes Tuch über Käfig und Nistkasten. Bei Tagesbeginn erkennt man dann deutlich die Parasiten auf der Unterseite des Tuches als rotes, dunkelrotes oder schwarzbraunes Ungeziefer, das sich tagsüber in dunklen Nischen, Holzritzen oder sonstige Verstecke verkriecht. Geeignete Maßnahmen: Ob Läuse, Federlinge oder Milben, lassen Sie sich vom Tierarzt oder vom Zoofachhändler ein wirksames, aber für Vögel unschädliches Desinfektionsmittel verordnen. Nehmen Sie den Vogel oder die Vögel aus dem Käfig, aus der Voliere oder auch aus dem Nistkasten, und desinfizieren Sie *alle* Gegenstände, mit denen der Vogel in Berührung kommt, den Käfig und die Voliere sowie die gesamte Umgebung.

Wichtig: Der Vogel selbst darf niemals mit einem Spray behandelt werden, selbst wenn es als unschädlich deklariert wurde. Spraypartikelchen können in Nase, Mund und Augen geraten und den Vogel ernsthaft gefährden. Den Vogel selbst nur mit einem Puder (Alugan) behandeln, dabei aber Nase und Augen sorgfältig schützen! Da die Eier der Parasiten durch das Desinfektionsmittel leider nicht mitvernichtet werden, muß die Behandlung nach 5 Tagen und nach weiteren 7 Tagen wiederholt werden. Keine vergnügliche Prozedur, aber unbedingt notwendig.

Weniger eindeutig läßt sich Federausfall bekämpfen, wenn er nicht durch Parasiten ausgelöst wurde. Hier muß die Haltung des Vogels, vor allem seine Ernährung, sorgfältig überprüft werden. Der Tierarzt kann Aufbaupräparate empfehlen, muß den Vogel aber auch gründlich auf seinen Allgemeinzustand hin untersuchen, um anderweitige Ursachen ausschließen zu können.

Federmißbildungen

Nachwachsende Federn können Farbe und Form so verändern, daß der Wellensittich allmählich völlig anders aussieht. Meist wird das Gefieder dabei stumpf, weniger farbenfroh, oft sogar struppig. Schwung- und Schwanzfedern, aber auch die kleineren Federn bleiben entweder in der sie umhüllenden Scheide stecken, nur ein kleiner Pinsel entfaltet sich am stöckchenartigen oberen Ende. Oder: Die Feder verjüngt sich auf halber Höhe, dreht sich um den Schaft und ringelt sich dann kreisförmig. Oder: Die Feder bildet keine Spitze, sondern beide Seitenäste laufen nach oben spitz zu und bilden ein negatives Dreieck. Oder: Die Feder franst zur Spitze hin dürftig aus, verliert ihre ursprüngliche Farbe oder verfärbt sich dunkel.

Mögliche Ursachen: Zu enge Käfige, viel zuviel Spielzeug und zu viele Stangen im Käfig, Bewegungsarmut, Mangelerscheinungen, Hormonstörungen, mangelhafte Durchblutung nach Verletzungen (Brüche, Verrenkungen), Federbalgzysten, bei jungen Wellensittichen eventuell Französische Mauser.

Geeignete Maßnahmen: Der Vogel braucht mehr Bewegungsspielraum, die Ernährung muß überprüft werden, der Tierarzt muß mögliche andere Ursachen ausschließen können und geeignete Aufbaupräparate verordnen; auch der Zoofachhandel bietet hochwertige Aufbaupräparate an. Federbalgzysten treten vor allem bei älteren Wellensittichweibchen

auf; es bilden sich weiche kleinere oder größere Knoten unter der Haut, die nach dem Öffnen durch den Tierarzt trübe Flüssigkeit und steckengebliebene meist mißgebildete Federn freigeben.

Federrupfen

Diese »Untugend« ist meist von großen Papageien bekannt, seltener bei Wellensittichen. Die Folgen können zu ernsthaften Erkrankungen und sogar zum Tod führen. Die Vögel rupfen andauernd am Gefieder und ziehen dabei einen erheblichen Teil heraus. Der dabei aufkommende Schmerz hält sie nicht davon ab, sich in schlimmen Fällen bis zur völligen Kahlheit zu entblößen.

Mögliche Ursachen: Diese Störung wird unterschiedlich beurteilt, oft als seelische Erkrankung, oft als Mangelerscheinung, als Allergie, als Zeichen von Langweile und Einsamkeit. Oft beginnt ein übergewichtiger Vogel mit dem Federrupfen aus Unbehagen, weil die Haut partiell spannt – oder bei zu geringer Luftfeuchtigkeit, weil Schuppenbildung juckt.

Geeignete Maßnahmen: Den Vogel auf Parasitenbefall und Hauterkrankungen untersuchen lassen und gegebenenfalls dagegen behandeln. Ernährung überprüfen, Aufbaupräparate anbieten, mögliche nachteilige Einflüsse wie Geräusche, optische Reize, Vernachlässigungen abstellen. Frische Zweige zum Zernagen anbieten, einen Partner zugesellen. Neuere Publikationen berichten über Erfolge gegen das Federrupfen durch Gaben von Kochsalz- oder Eisenpräparaten über das Trinkwasser. Für Wellensittiche wird eine Messerspitze Salz auf 1/2 l Wasser empfohlen oder einen Meßbecher (in der Packung beigegeben) des Eisenpräparates Algrasan auf 125 ml Wasser.

Sittichräude

Sie zeigt sich zunächst als unregelmäßig weiß-grauer Belag meist am Oberschnabel

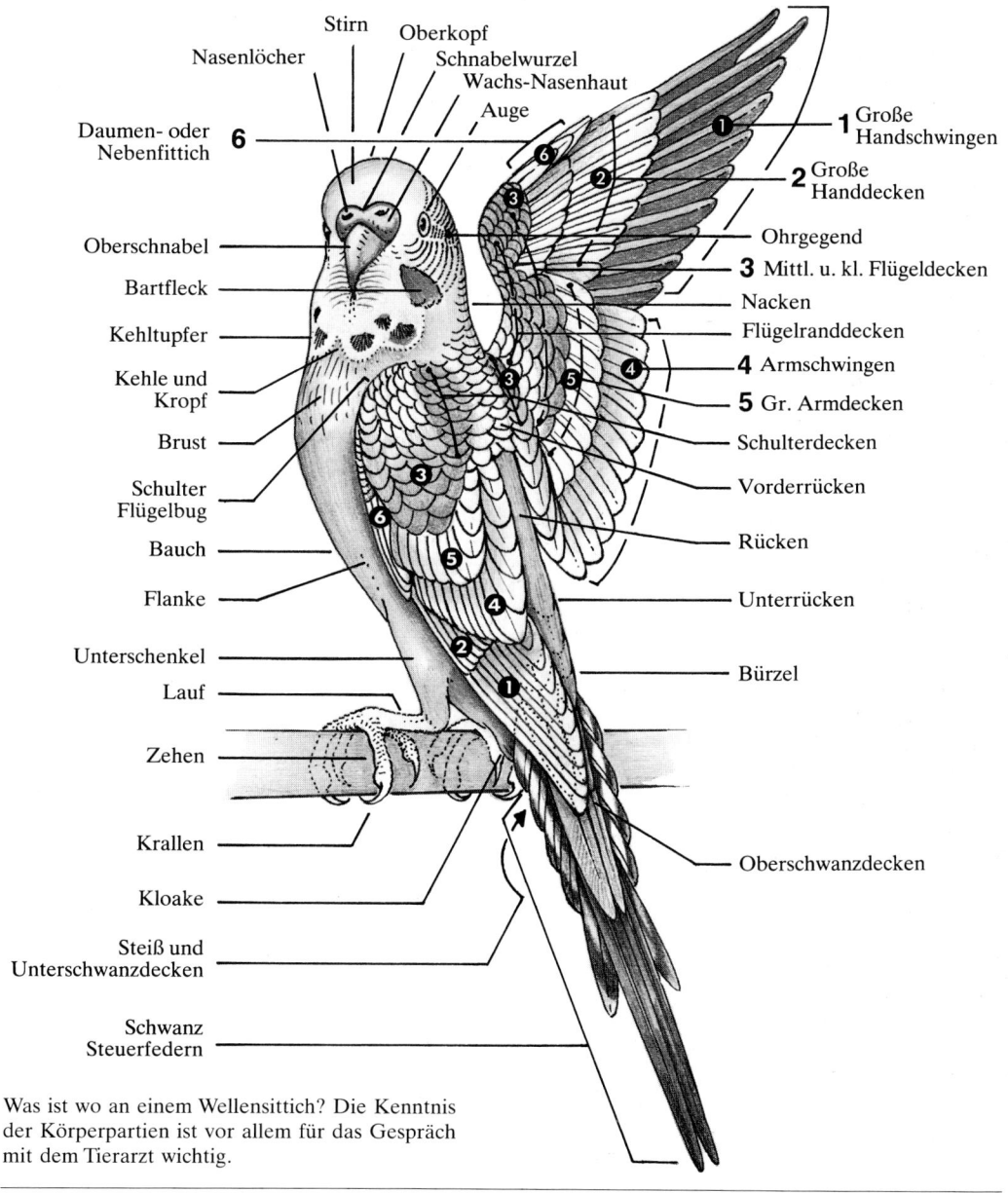

Stirn
Oberkopf
Nasenlöcher
Schnabelwurzel
Wachs-Nasenhaut
Auge

Daumen- oder
Nebenfittich **6**

1 Große Handschwingen

2 Große Handdecken

Oberschnabel

Ohrgegend

3 Mittl. u. kl. Flügeldecken

Bartfleck

Nacken

Kehltupfer

Flügelranddecken

Kehle und Kropf

4 Armschwingen

5 Gr. Armdecken

Brust

Schulterdecken

Schulter Flügelbug

Vorderrücken

Bauch

Rücken

Flanke

Unterrücken

Unterschenkel

Lauf

Bürzel

Zehen

Krallen

Oberschwanzdecken

Kloake

Steiß und Unterschwanzdecken

Schwanz Steuerfedern

Was ist wo an einem Wellensittich? Die Kenntnis der Körperpartien ist vor allem für das Gespräch mit dem Tierarzt wichtig.

von den Schnabelwinkeln ausgehend und kann sich auf die Wachshaut, die Augenränder, die Beine und die Kloake ausdehnen.

Mögliche Ursache: Verursacht wird die Räude, auch Schnabelschwamm genannt, durch die winzige Grabmilbe Cnemidocoptes pilae, die passiv schon von der Nestlingszeit her im Wellensittich leben und nach Monaten oder auch Jahren den durch Streß oder sonstige negative Einflüsse geschwächten Vogel schädigen kann.

Die Milbe gräbt sich ins Schnabelhorn oder in die Oberhaut und nährt sich von Hautteilchen und Lymphe. Die siebartigen Bohrgänge zerstören die Haut. Hornartige Wucherungen sind die Reaktion des Vogelorganismus, der anfängliche Belag kann sich schuppenartig verhärten, ja richtige Wülste und Hörner bilden. Bricht bei einem Vogel die Sittichräude aus, fühlt er sich im Anfangsstadium kaum beeinträchtigt, selten steckt er seine Vogelpartner damit an. Oft fällt die verhärtete Wucherung von selbst ab; neue Veränderungen müssen nicht die Folge sein.

Geeignete Maßnahmen: Da die Räude meistens nur vorübergehend geschwächte Wellensittiche befällt, sollte man den Allgemeinzustand des Vogels gut beobachten, für beste Nahrung sorgen und ihn mit einem Multivitaminpräparat über das Trinkwasser versorgen. Außerdem sollten die sichtbaren Beläge und Wucherungen vorsichtig mit einem Gegenmittel betupft werden, jedoch keinesfalls mit einem kontaktinsektiziden Präparat in öliger Lösung, da dieses über die Haut in den Funktionskreislauf dringen und zum Tode führen könnte. Von Tierärzten empfohlen werden mit Erfolg Vasilinum album oder Odylen. Man betupft die befallenen Stellen mit einem Wattestäbchen 3 Tage lang dreimal täglich, danach noch zweimal täglich in zweitägigem Abstand. Dabei aber peinlich darauf achten, daß nichts von dem verwendeten Präparat in Augen, Nase oder Mundhöhle gelangt. Sind die Füße des Wellensittichs von der Räude befallen, so muß zuerst der Ring entfernt werden, da es durch die anschwellenden Beläge zu Gefäßstauungen und zum Absterben des beringten Fußes kommen kann.

Erkrankungen der Atmungsorgane

Wellensittiche sind überaus anfällig für Störungen der Atmungsorgane. Zunächst wird der Vogel meist apathisch, appetitlos und sondert möglicherweise Nasensekret ab. Dabei stellt der aufmerksame Beobachter fest, daß der Vogel sichtbar schwerer atmet als sonst, dabei gelegentlich auch die gefalteten Flügel abstellt, um die Atmung zu erleichtern. In schlimmen Fällen wird die Atmung schnappend oder pumpend, oft hält sich der Vogel mit dem Schnabel am Käfiggitter fest, um über die gestreckte Luftröhre leichter atmen zu können. Piepsende, auch rasselnde Geräusche können beim Atmen entstehen, mitunter wird die Atmung auch von gleichzeitigem Schwanzwippen begleitet. Manchmal versucht ein Vogel sich durch Aufwürgen von Futter und Schleuderbewegungen mit dem Kopf eine Entlastung der Luftwege zu verschaffen.

Mögliche Ursachen: Die beschriebenen Symptome treten leider bei den unterschiedlichsten Krankheiten auf. Die Atemwege können dabei von Bakterien, Viren oder Pilzen befallen sein, geschädigte Luftsäcke, Erkältungen durch Zugluft, Kropfentzündung, Lungenentzündung, Kropferweiterung, Schilddrüsenveränderung, Legenot (→ Seite 72) oder Fettsucht verursachen Atembeschwerden und Atemgeräusche. Eine exakte Diagnose ist beim Wellensittich besonders schwierig und in vielen Fällen am lebenden Tier ausgeschlossen. Zu den häufigsten Ursachen von Atemnot gehört jedoch die Kropfentzündung, ausgelöst durch unverträgliche Stoffe. Hierbei würgt der Vogel durch Schleudern des Köpfchens trüben, bräunlich-roten Schleim aus, der das Kopfgefieder verklebt. Oft ist die Kropfentzündung von Durchfall begleitet, der Vogel fühlt sich in hohem Maße krank, macht einen jämmerlichen Eindruck und braucht sofort ärztliche Hilfe.

Ein kranker Wellensittich sitzt teilnahmslos und aufgeplustert auf der Sitzstange; der Schwanz hängt nach unten, der Bauch berührt die Stange. Als erste Behandlungsmaßnahme ist die Bestrahlung mit einer Infra-Rot-Lampe zu empfehlen.

Die gefürchtete Schilddrüsenveränderung – Kropfbildung –, deren Verhütung durch Spezialnahrung Futtermittelhersteller anstreben, kommt dagegen nur seltener vor. Die angepriesene jodierte Körnermischung überzeugt nicht ganz, da die »Jodkörner« selten von den Vögeln aufgenommen werden, und da zudem der gesamte Komplex des Jodhaushaltes nicht ausreichend erforscht ist.

Geeignete Maßnahmen: Als erste Hilfe kann der Wellensittich statt Wasser leichten schwarzen Tee oder Kamillentee – beides lauwarm – bekommen, zusätzlich weiche Nahrung aus Magerquark, hartgekochtem Ei und in Wasser eingeweichtem Zwieback. Er braucht Ruhe und gleichmäßige Wärme. Sehr geschwächte Tiere erhalten über 24 Stunden nur eine Mischung aus Traubenzucker und einem vom Tierarzt oder Zoofachhändler empfohlenen Leberschutz- und Vitaminpräparat. Wiederholte Injektionen durch den Tierarzt sind oft nötig, um die äußerst gefährliche Kropfentzündung zu heilen.

Lähmungen und Krämpfe

Sie treten bei vielen Wellensittichen so allmählich auf, daß nur selten rechtzeitig Gegenmaßnahmen ergriffen werden, die allerdings ohnehin meist nur ein Versuch sind, eine mögliche Vitamin-Mangelerscheinung auszugleichen. Überwiegend sind die Beine und Füße davon betroffen. Zunächst ist nur ein ganz leichtes Nachziehen eines Beines zu bemerken, das der Vogel dann auch sichtlich schont, indem er es häufig ins Bauchgefieder einzieht. Allmählich reagieren die Nerven nicht mehr und erschweren das Umgreifen eines Astes mit den Zehen. Die Zehen sind dann zum »Fäustchen« zusammengezogen, das man aber behutsam mit den Fingern öffnen und um die Sitzstangen legen kann. Bewegt sich der Vogel wieder, fallen die Zehen erneut zur Faust zusammen.

Seltener sind Lähmungserscheinungen an anderen Körperpartien; Bewegungsbeeinträchtigungen der Flügel sind meistens auf Brüche oder Verrenkungen zurückzuführen. Allerdings gibt es plötzliche Totallähmungen bis zur Ohnmacht. Krämpfe stellen sich ebenfalls zunächst an den Beinen ein, können aber ohne erfolgreiche Behandlung den ganzen Körper erfassen und zu qualvollem Tode führen.

Mögliche Ursachen: Mangel an Vitamin E und Vitamin B, da diese hochempfindlichen Wirkstoffe bei den langen Transportwegen und der anschließenden Lagerung oft nur minimal im Körnerfutter enthalten sind.

Gehirnschäden können zu Krämpfen und Lähmungen führen, was aber nicht häufig vorkommt.

Totale Lähmungen mit eventueller Bewußtlosigkeit sind die Folge einer Gehirnerschütterung, hervorgerufen durch einen Sturz oder heftigen Aufprall (Fensterscheibe).

Die überwiegenden Fälle von fortschreitenden Lähmungen werden durch Geschwülste verursacht. Wellensittiche scheinen in zunehmendem Maße für Geschwülste disponiert zu sein, wofür es leider noch keine ausreichende Erklärung gibt. Da sich eine Geschwulst meist in der Leibeshöhle bildet, ist sie selten eindeutig festzustellen. Nur typische Begleiterscheinungen wie Lähmungen (seltener Krämpfe) durch die Beeinträchtigung von Nervensträngen und Gefäßen, oft verbunden mit Durchfällen, Veränderung der Wachshautfarbe und schlechter Allgemeinzustand des Vogels lassen darauf schließen. Sehr große Geschwülste werden manchmal selbst oder durch Druck auf andere Organe an den Körperkonturen sichtbar.

Geeignete Maßnahmen: In jedem Fall sollte schon bei geringsten Lähmungserscheinungen oder Krämpfen sofort ein Tierarzt konsultiert werden. Vitamingaben unterstützen grundsätzlich die Kondition des Vogels.

Bei einer totalen Lähmung durch Gehirnerschütterung wird der Vogel weich und dunkel gebettet, das Köpfchen höher als der Körper. Bei Wiedererlangen des Bewußtseins für gleichmäßige Wärme sorgen – jedoch ohne Bestrahlung –; bei verbleibenden Störungen den Tierarzt aufsuchen. Werden Lähmungen oder Krämpfe durch eine Geschwulst im Körperinneren verursacht, sind die Heilungsaussichten gering, da eine eindeutige Diagnose oft zu spät gestellt werden kann und die Heilung durch eine Operation kaum Aussicht hat. Für sehr geschwächte, leidende Vögel ist die Euthanasie dann eine Erlösung (→ Seite 79).

Durchfall

Wie schon auf Seite 54 erwähnt, ein kurzfristiger Durchfall muß kein Krankheitssymptom sein, er kann aus vorübergehendem körperlichem oder seelischem Unbehagen erfolgen. Der normale Kot eines gesunden Wellensittichs wird alle 10 bis 15 Minuten abgegeben und besteht aus einem dunkelgrünen bis schwärzlichen Ringlein, das die weißen cremigen Harnabsonderungen umschließt. Ist der Vogel erregt, erschreckt oder sonstwie verstört, setzt er auch häufiger kleine Kotbällchen ab. Normaler Kot trocknet in wenigen Minuten zu einem harten Gebilde, das sich von einer glatten Unterlage leicht entfernen läßt. Sitzt der Wellensittich auf einem Ast, auf Ihrer Schulter oder auf der Sitzstange, so läßt er das Kotbällchen unbeachtet fallen; trippelt er dagegen gerade auf einer Fläche umher, so verharrt er nach dem Kotabsetzen einige Sekunden in seiner Stellung, um zu vermeiden, daß das noch nicht ganz verfestigte Gebilde an seinem Gefieder haften bleibt.

Verändert sich die Konsistenz des Kotes auffällig und über einige Tage, so ist größte Aufmerksamkeit nötig. Der Kot kann breiig sein, aber auch wässrig, schleimig, gärig und auffällig verfärbt, manchmal sogar mit Blut gemischt. Macht der Vogel gleichzeitig einen kranken oder schwachen Eindruck, so sollte man möglichst schnell eine Untersuchung des Kotes veranlassen. Verfügt der Tierarzt nicht selbst über entsprechende Laboreinrichtungen, wird er sicher Auskunft geben, wohin man sich wenden kann. Den meisten Universitäten sind veterinärmedizinische Institute angeschlossen, die derartige Untersuchungen vornehmen. Der zu untersuchende Kot darf keine Sandbeimischungen enthalten und sollte frisch sein. Entweder fängt man den Kot durch das Unterhalten einer kleinen Plastikschachtel auf, oder man legt etwas Klarsichtfolie auf den Käfigboden.

Wichtig: Wellensittichweibchen setzen vor und während der Eiablage manchmal veränderten, weicheren Kot ab, während der Brutzeit sogar in längeren Zeitabständen als gewöhnlich und sichtlich größere Kotbällchen. Das geschieht durch hormonelle Vorgänge und dient der Zeitersparnis, um das Gelege weniger häufig verlassen zu müssen.

Mögliche Ursachen: Leider sind fast alle Krankheiten der Wellensittiche von mehr oder weniger starken Durchfällen begleitet. Verläuft die bakteriologische, parasitologische und die mykologische Untersuchung des Kotes ergebnislos, muß man sich folgendes fragen:

• Kann ein zu kaltes Bad, könnte Zugluft oder plötzlicher Temperaturabfall zu einer Erkältung geführt haben?

• Erhält der Vogel zuwenig Grit (kleinste Steinchen aus dem Vogelsand), die er unbedingt als Verdauungshilfe und als Kalkzufuhr braucht?

• Womit kann der Vogel in Berührung gekommen sein? Möglich sind Bleivergiftung – der Kot ist dann schleimig und hellrot –, Vergiftung durch modriges oder schimmeliges Körnerfutter, fauliges Obst oder Grünzeug, durch alkoholische oder stark salzige gewürzte Substanzen, durch giftige Dämpfe, durch giftige Zimmerpflanzen.

Sind auch diese Ursachen auszuschließen, können als weitere mögliche Krankheiten chronische Nierenentzündung, Lebererkrankung, Tumore oder auch Infektionskrankheiten in Frage kommen, die nicht durch den Kot nachzuweisen sind.

Geeignete Maßnahmen: Handelt es sich um eine Erkältung, sorgt man für gleichmäßige Wärme mit Infra-Rot-Bestrahlung, streut etwas Tierkohle über die Körner und reicht zum Trinken Kamillentee. Bessert sich der Zustand des Vogels nicht rasch, kann man ihm eine Mischung aus 1 g Magnesiumsulfat auf 30 ml Wasser statt des Kamillentees geben.

Bei Durchfall dem Vogel in jedem Fall Obst und Grünzeug entziehen, dafür aber für reichlich, mit Vitaminen angereicherte Flüssigkeit zum Trinken sorgen.

Zuwenig Grit erreichen vor allem die Wellensittiche, deren Käfigboden nicht mit Sand ausgestreut ist, sondern mit dem sogenannten »Vogel-Teppich« ausgelegt, einer Art rauhem Sandpapier, das die Krallen abnützen soll, jedoch zuwenig Grit abgibt.

Bei jedem Verdacht auf Vergiftung wendet man sich am besten sofort an einen Tierarzt. Als erste Hilfe kann man dem Vogel eine Mischung aus Traubenzucker und einen Leberschutz- sowie Vitaminpräparat geben. Handelt es sich um eine Bleivergiftung, so kann eine spezielle Injektion das Vogelleben retten; empfohlen wird auch ein halber Teelöffel Uraemonal/Remmler (nach Ebert, → Bücher, die weiterhelfen, Seite 139) auf 100 ml Wasser, vorausgesetzt, der Vogel nimmt überhaupt noch etwas zu sich.

Bei bakteriellen Infektionen sollte nach gezielter Diagnose vom Tierarzt ein Antibiotikum in genau errechneter Dosis streng nach Anweisung gegeben werden; wichtig ist dabei das exakte Einhalten der täglichen Menge und des vorgeschriebenen Zeitraums, in dem das Medikament verabreicht werden muß. Wird es zu früh abgesetzt, weil der Vogel bereits wieder gesund wirkt, kann die Erkrankung erneut in verstärktem Maße auftreten und dann womöglich auf dieses Antibiotikum nicht mehr ansprechen.

Werden parasitäre Erreger durch Sulfonamide bekämpft, ist das genaue Befolgen der Dosis und der Dauer ebenso wichtig wie bei einem

Antibiotikum. Sprechen Sie in diesen Fällen mit dem Tierarzt aber auch über eine besondere zusätzliche Stärkung des Vogels durch Vitamin- und Leberschutzpräparate.

Verstopfung

Zum Glück kommt sie bei Wellensittichen selten vor. Setzt der Wellensittich aber einmal seltener Kot ab als gewöhnlich, fällt dies dem Tierhalter meist nicht sofort auf. Erst wenn sich der Vogel dabei offensichtlich anstrengt und den Hinterkörper beim Pressen hin- und herbewegt, vielleicht sogar jämmerliche Laute hören läßt, wird er Aufmerksamkeit erregen. Gelingt es ihm unter oft schmerzhaftem Bemühen doch Kot abzusetzen, kann dieser von normaler Konsistenz sein, aber in größerer Menge. Der Kot kann auch hart sein, hellgelb oder grau gefärbt, eventuell mit Blut gemischt. Wichtig: Wellensittichweibchen bewegen sich beim Ablegen eines Eis ähnlich und können unter Umständen rasche Hilfe nötig haben, wenn es sich um Legenot handelt.

Mögliche Ursachen: Falsche Ernährung, Bewegungsmangel, verringerter Muskeltonus infolge von Fettleibigkeit, das Aufnehmen von unverdaulichen Stoffen oder von zu reichlich Grit oder Vogelsand, Druck eines Tumors im Körperinneren auf den Darm, eine Geschwulst an der Kloake.

Geeignete Maßnahmen: Die Körnermischung auswechseln, vermehrt Obst und Grünzeug sowie gekeimte Körner anbieten, für ausreichende Flug- und Klettermöglichkeiten sorgen. Als Sofortmaßnahme jedoch über 24 Stunden überhaupt keine Nahrung reichen, sondern dem Vogel zwei- bis dreimal in Abständen von 3 bis 4 Stunden mit der Pipette einen Tropfen Rizinusöl oder Keimöl seitlich auf die Zunge träufeln. Im Trinkwasser Karlsbader Salz im Verhältnis 1:200 verabreichen. Führen diese Maßnahmen nicht innerhalb von 24 Stunden zur Besserung, sofort einen Tier-

arzt aufsuchen, da dann eine schwere innere Erkrankung vorliegen kann, für die es wenig Heilaussichten gibt. Die Euthanasie ist in schweren Fällen von Verstopfung eine Erlösung für das Tier (→ Seite 79).

Legenot

Als Legenot bezeichnet man Schwierigkeiten bei der Eiablage, vor allem aber die Unfähigkeit eines Weibchens, das Ei aus dem Eileiter und aus der Kloake zu pressen. Verdacht auf Legenot muß sich beim Vogelhalter einstellen, wenn ein Wellensittichweibchen apathisch wirkt, unverhältnismäßig große Kotballen von zu dünner Konsistenz – oft mit Blut gemischt – absetzt, häufig mit dem Schwanz wippt und dabei heftig preßt. Der Vogel wirkt nervös, wechselt anfangs häufig seinen Sitzplatz und versucht sich durch waagerechte oder stark gestreckte Körperhaltung Erleichterung zu verschaffen. Der aufmerksame Beobachter kann eine leichte Wölbung des Unterbauchs feststellen. Kann ein Ei nicht innerhalb von Stunden von einem Weibchen in diesem Zustand gelegt werden, wird es sich rasch kraftlos, nur noch schwierig am Käfigboden im Gleichgewicht halten, wirkt schwer krank, sträubt das Gefieder, hält die Augen geschlossen und stößt schwache Wehlaute aus. Ohne rasche Hilfe müßte es jetzt sterben.

Mögliche Ursachen: Zu junge Weibchen können beim ersten Ei in Legenot geraten, aber auch Wellensittichweibchen im wünschenswer-

Zuchtformen des Wellensittichs.
Oben links: Australische Schecke, Gelbgesicht dunkelblau; oben rechts: zimtfarbener Wellensittich; unten links: Wellensittich Opalin, hellblau; unten rechts: Lutino.

ten Legealter von 1 bis 2 Jahren, wenn ihr Eileiter nicht genügend elastisch ist oder wenn ein zu großes Ei produziert wurde.

Ein zu rauhschaliges, zu weichschaliges oder ein schalenloses Ei kann ebenso zur Legenot führen. Unzureichende Nahrung, vor allem Kalk- und Vitaminmangel, schlechte Unterbringung in zu dunklen, feuchten und zu kühlen Räumen sowie zuviele Eiablagen ohne ausreichende Ruhezeiten können ein Weibchen in Legenot bringen.

Geeignete Maßnahmen: Hat die Legenot noch nicht den qualvollen Höhepunkt erreicht, kann man versuchen durch feuchte Wärme zu helfen (→ Infrarot-Bestrahlung mit heißen Dämpfen, Seite 61). Zusätzlich im Abstand von 10 Minuten mit einer Pipette erwärmtes Rizinus- oder Speiseöl in die Kloake träufeln. Mehr kann der Vogelhalter selbst nicht tun. Wird das Ei nicht innerhalb von 2 Stunden gelegt, muß man unbedingt den Tierarzt aufsuchen. Dabei für absolute Wärme für den Vogel sorgen. Erfahrene Tierärzte versuchen zunächst durch Massage die Preßversuche des Weibchens zu unterstützen. Gelingt das nicht, kann ein unblutiger Eingriff zur Erweiterung des Eileiters erfolgen oder aber eine Operation. Beide Maßnahmen können das Tier nur retten, wenn die mit der Legenot einhergehende Schwächung noch nicht zu lange angedauert hat.

Wichtig: Auch allein gehaltene Wellensittichweibchen oder solche, die mit einem auf Menschen geprägten Vogelpartner leben, also »verlobt«, aber nicht »verheiratet« sind, legen mitunter Eier. Am besten gibt man einem solchen Weibchen zeitweilig einen Brutkasten für ihr Gelege und läßt sie eine Zeitlang brüten. Entfernt man die Eier, weil sie ja ohnehin unbefruchtet sind, setzt das unbefriedigte Weibchen die Legetätigkeit fort und schwächt sich dadurch ungewöhnlich. Das kann schließlich ebenfalls zu Legenot führen oder zu einer maßlosen Beeinträchtigung des gesamten Befindens und zu schwerwiegenden Erkrankungen des Vogels.

Viele einzelngehaltene oder nur »verlobte« Wellensittichweibchen legen leider trotz der Möglichkeit, zeitweilig auf ihren unbefruchteten Eiern zu brüten, im Abstand von 6 bis 8 Wochen Eier. Eines meiner Weibchen brachte es in ihrem neunjährigen Leben auf etwa 300 Eier und starb schließlich an Entkräftung.

Eine Hormonbehandlung in der Vogelklinik der Universität blieb erfolglos. Heute kann ein auf Heimvögel spezialisierter Tierarzt in einem solchen Fall den Eileiter durch einen kleinen operativen Eingriff durchtrennen und dadurch die weitere nutzlose Eierproduktion verhindern.

Ekzeme

In früheren Jahren kam es vereinzelt vor, daß ein Wellensittich an einem Ekzem erkrankte. Meist waren schlechte Haltungsbedingungen und mangelhafte Ernährung hierfür die Ursache. Seit etwa 2 Jahren häufen sich diese Erscheinungen leider auch bei vorbildlich gehaltenen und ernährten Vögeln. Hautstellen unter den Flügeln, an der Schwanzwurzel und an den Innenflächen der Schenkel werden plötzlich auffällig durch gelblich bis bräunliche krustenartige Beläge, die von den Vögeln abgepickt werden, wodurch sich starke gerötete oft blutende Stellen ergeben. Meist machen die Vögel dabei einen stark kranken Eindruck, sind dennoch ruhelos und zeigen ein erhöhtes Trinkbedürfnis.

◁ Eine kleine Auswahl aus dem großen Züchterangebot. Wellensittiche gibt es in verschiedensten Farbschlägen und Gefiederzeichnungen.

Mögliche Ursachen: Pilzinfektionen können solche Ekzeme auslösen, doch zeigen sich in letzter Zeit auch Hauterkrankungen, für die keine der medizinisch erforschten Erreger verantwortlich zu machen sind. Auf Heimvögel spezialisierte Tierärzte vermuten Unverträglichkeit durch behandeltes Körnerfutter oder unbekannte Umwelteinflüsse.

Geeignete Maßnahmen: Der Vogelhalter kann nur für beste Haltungsbedingungen sorgen und für abwechslungs- und vitaminreiche Ernährung. Vorsorglich eine neue Körnermischung anbieten und das Trinkwasser möglichst zusätzlich mit einem Multivitaminpräparat anreichern. Der Gang zum Tierarzt ist unumgänglich nötig, denn der gesamte Organismus des Vogels muß gestärkt, seine Abwehrkräfte müssen aktiviert werden. Gegen das Ekzem wird der Arzt eine Tinktur, einen Puder oder ein fettloses Präparat empfehlen. Fragen Sie den Arzt auf jeden Fall, ob statt eines möglicherweise verordneten Antibiotikums nicht ein Medikament aus dem homöopathischen Bereich versucht werden kann, da damit bereits Teilerfolge erzielt wurden. Doch Teilerfolg wird jede Behandlung bei den meisten heute auftretenden Ekzemen bleiben; erfahrungsgemäß wiederholt sich diese Hauterkrankung nach vorübergehender Besserung erneut, oft verstärkt – leider muß bei vielen Vögeln dem Leiden durch Euthanasie ein Ende bereitet werden.

Papageienkrankheit

(Psittakose/Ornithose/Chlamydiose)
Nach den Papageien wurde diese Infektionskrankheit benannt, weil sie durch Wildfänge von papageienartigen Vögeln auf den Menschen übertragen und dadurch erstmals erkannt wurde. Heute weiß man, daß auch freilebende einheimische Singvögel, Tauben und Hausgeflügel daran erkranken und daß sie, latent damit infiziert, die Krankheit übertragen

können. Deshalb spricht man heute von Psittakose bei erkrankten Papageien, von Ornithose bei anderen daran erkrankten Vögeln, und von Chlamydiose bei erkrankten Menschen. Durch strenge gesetzliche Bestimmungen wurde erreicht, daß die Übertragung der Krankheit auf den Menschen rückläufig wurde. Durch die in der Bundesrepublik Deutschland bestehende Pflicht, jede Zucht von papageienartigen Vögeln – auch die klein-

Augenentzündungen werden verursacht durch Zugluft, Staub, Ruß und starke Kochdünste; die Behandlung muß der Tierarzt übernehmen, da es sich eventuell auch um eine Infektion handeln kann.

sten Liebhaberzuchten – anzumelden, sie behördlich überwachen zu lassen und durch die unbedingte Meldepflicht einer Erkrankung an Psittakose/Ornithose verlor die Krankheit ihren Schrecken (näheres über die Gesetze für die Zucht finden Sie auf Seite 136). In Österreich besteht keine Pflicht die Zucht von Wellensittichen anzumelden, doch ist jeder Fall von Psittakose meldepflichtig. Es werden dann amtlicherseits Maßnahmen eingeleitet (→ Seite 137). Glücklicherweise hat man inzwischen geeignete Behandlungsmethoden und Medikamente zur wirksamen Bekämpfung dieser Krankheit gefunden. Nur noch selten kommt es bei Menschen durch sie zu Todesfällen; den erkrankten Vögeln droht nicht mehr die bedingungslose Euthanasie, sondern auch sie werden behandelt und oftmals geheilt.

Der Erreger der Psittakose wird Chlamydia genannt und ist zwischen Virus und Bakterium einzuordnen. Alle Vögel können davon befallen sein, teils schon als Nestlinge durch die Eltern, teils durch Einatmen von Staub aus getrocknetem Kot erkrankter Vögel. Die Infektion bleibt jedoch oft »stumm«, das heißt, der infizierte Vogel erkrankt nicht, kann aber den Erreger ausscheiden und andere Vögel, Säugetiere und Menschen anstecken. Leider zeigt das Krankheitsbild beim Wellensittich keine eindeutigen Unterschiede zu anderen Infektionskrankheiten. Kaum ein an Psittakose erkrankter Wellensittich nimmt jedoch Nahrung auf, häufig stellen sich Durchfälle, Kropfentzündung, schwere Atemnot, Nasenkatarrh, Darmkatarrh und eitrige Bindehautentzündung als Begleitsymptome ein, in schlimmen Fällen sogar Krämpfe und Lähmungen. Erkranken Menschen an Chlamydiose, so zeigen sich zu Beginn grippeartige Symptome, die sich schließlich einer Lungenentzündung ähnlich entwickeln. Die Krankheit ist nicht ungefährlich für den Menschen, eine ärztliche Behandlung ist schon beim geringsten Verdacht unerläßlich.

Mögliche Ursachen: Durch unsaubere Haltung, schlechte Ernährung, zu wenig Frischluft und mangelnde Bewegung, durch Umgebungswechsel, Transporte, bei Schwächung durch an sich harmlose Erkrankungen oder die Mauser, bei seelischer Belastung wie Einsamkeit, Tod des Partners, Vernachlässigung durch den Tierhalter kann die Krankheit akut werden. Es kam nicht selten vor, daß jahrelang einzeln gehaltene Wellensittiche plötzlich an Psittakose erkrankten, weil sie von Jugend an latent mit Chlamydia infiziert waren. Volierenvögel können auch durch an Ornithose erkrankte freilebende Vögel angesteckt werden. Mensch und Tier sind dann gleichermaßen gefährdet.

Geeignete Maßnahmen: Da sich im akuten Stadium die Chlamydien-Erreger im Kot nachweisen lassen, sollte bei den beschriebenen Krankheitsbildern stets eine sofortige Kotuntersuchung veranlaßt werden. Die Behandlung des Vogels erfolgt ausschließlich durch den Tierarzt, der ihn zur Sicherheit des Halters in eine spezielle Tierklinik einweist, damit er dort stationär behandelt werden kann. Alle weiteren Maßnahmen, die der Tierhalter zu treffen hat, erfährt er vom Tierarzt oder veterinärmedizinischen Amt (→ Psittakose-Verordnung Seite 136).

Der Gang zum Tierarzt

Verantwortungsbewußte Vogelhalter gehen mit ihrem erkrankten Vogel zum Tierarzt, selbst wenn sich herausstellt, daß die Kosten für die ärztliche Behandlung den Anschaffungspreis des Tieres übersteigen.

Leider ist nicht immer garantiert, daß die ärztlichen Bemühungen überhaupt erfolgreich sind; denn nur wenige Tierärzte haben sich detailliert mit den Erkrankungen der Heimvögel beschäftigt, schon gar nicht mit den ganz speziellen der Wellensittiche. Häufig ist die Behandlung ein Experiment! Deshalb rate ich jedem Wellensittich-Halter, schon in »gesunden Tagen« einen auf Vogelkrankheiten spezialisierten Tierarzt ausfindig zu machen. Unterhalten Sie sich in der Zoofachhandlung beim Einkauf von Nahrung und nötigem Zubehör mit dem Zoofachhändler, mit anderen Kunden; praktiziert in einer Gegend ein vogelerfahrener Tierarzt, spricht sich dies unter Vogelfreunden rasch herum.

Um dem Tierarzt jede nur denkbare Hilfe bei der Diagnose geben zu können, sollte man den Vogel im eigenen unveränderten Käfig zum Arzt bringen, jedoch gegen Kälte und Feuchtigkeit ausreichend geschützt. Der Vogelsand sollte durch sauberes Papier ersetzt werden, damit der Zustand des Kots sofort sichtbar ist. Außerdem müssen folgende Fragen beantwortet werden:

● Das Alter des Vogels.
● Aus welcher Tierhandlung oder von welchem Züchter stammt der Vogel, wie lange ist er schon beim jetzigen Halter, wo war er eventuell davor?
● Wann machte der Vogel zum ersten Mal einen kranken Eindruck?
● Welche Symptome (→ Seite 42) wurden festgestellt, welche Veränderungen zum normalen Verhalten?
● War der Vogel früher schon einmal krank, wurde eine bestimmte Krankheit festgestellt, wie wurde diese behandelt?
● Welche Körnermischung bekommt der Vogel? – unbedingt eine Probe mitbringen! Was erhält der Vogel zum Trinken?
● Welche Zusatznahrung erhält der Vogel?
● Welche Tiere gehören außer dem Vogel zum Haushalt?
● Sind alle Familienmitglieder gesund?

Danach kann sich der Tierarzt ein erstes Bild von dem Vogel machen und auf eventuelle Haltungsfehler hinweisen. Unerläßlich ist eine bakteriologische und parasitologische Untersuchung des Kots. Verfügt der Arzt nicht über eine entsprechende Einrichtung zur Untersuchung, lassen Sie sich ein einschlägiges Institut angeben, und bringen Sie am besten sofort selbst eine frische Kotprobe dort hin, um unnötigen Zeitverlust zu vermeiden.
Ergibt jedoch die Kotuntersuchung keine Klärung der Krankheitsursache, bitten Sie den Arzt um andere mögliche diagnostische Maßnahmen wie Röntgen, Untersuchung von Schleim, Haut- oder Gewebeproben. Liefern Sie Ihren Wellensittich aber keinesfalls als Versuchstier aus; lassen Sie sich jeden vorgeschlagenen Eingriff genau erklären, fragen Sie minuziös nach der unumgänglichen Notwendigkeit, dem zu erhoffenden Erfolg und nach den Konsequenzen für den Fall Ihrer Ablehnung.
Empfiehlt der Tierarzt eine medikamentöse Behandlung, so sollten Sie sich pedantisch genau an seine Anweisungen über die Form der Arzneigaben, Häufigkeit, Menge und Dauer halten (→ Medikamente richtig verabreichen, Seite 78). Hier eigenmächtig zu experimentieren, wäre unverantwortlich. Fragen Sie den Arzt, welche zusätzlichen Maßnahmen durch Ernährung, Haltung, Wärmebehandlung, Infra-Rot-Bestrahlung oder anderes er als weitere Unterstützung für günstig hält.

Medikamente richtig verabreichen

Wenn Sie mit Ihrem kranken Wellensittich einen Tierarzt aufsuchen, so sollten Sie sich alle Maßnahmen und deren mögliche Wirkung genau erklären lassen. Die verordnete Behandlung kann nur dann wirksam sein, wenn man sie sorgfältig befolgt. Wichtig bei der Gabe von Medikamenten ist das exakte Einhalten der verschriebenen Menge in den empfohlenen Abständen und in der nötigen Zeitdauer. Wird ein Medikament über das Trinkwasser verabreicht, so muß dem Vogel jede Möglichkeit entzogen werden, seinen Durst anderweitig zu stillen. Also weder Badewasser noch ein tropfender Wasserhahn dürfen für ihn erreichbar sein; er erhält während dieser Zeit auch kein Obst und Grünzeug, da er auch daran sein Trinkbedürfnis befriedigen könnte. Wird die Arznei über das Körnerfutter gestreut oder geträufelt, so sollte man das Näpfchen niemals randvoll füllen, da der gescheite

Wellensittich mit einem Schnabelstreich die Oberfläche mit dem vielleicht ungeliebten oder auch nur ungewohnten Medikament aus dem Näpfchen schleudert, um die Körner der unteren Schicht zu erreichen. Muß man dem

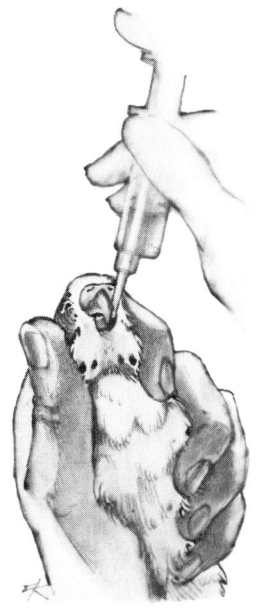

Medikamente, die nicht mit dem Futter oder Wasser verabreicht werden, träufelt man mit einer Plastikspritze von der Schnabelseite her vorsichtig auf die Zunge.

Vogel die Arznei in den Schnabel träufeln, so faßt man ihn wie auf Seite 60 beschrieben, hält ihn jedoch leicht nach hinten geneigt, und tropft ihm die nötige Menge von der Schnabelseite her vorsichtig auf die Zunge. Bei cremigen Substanzen ist das leichter als bei flüssigen, denn man muß sorgsam darauf achten, daß die Flüssigkeit nicht in die Luftröhre gelangt, was zum Ersticken führen könnte. Sperrt sich der Patient gegen das

Aufnehmen des Medikaments und hält den Schnabel fest geschlossen, so versucht man sacht den Fingernagel zwischen Ober- und Unterschnabel zu schieben und öffnet dann behutsam den Schnabel.

Bewohnt der kranke Wellensittich einen gemeinsamen Käfig mit einem gesunden Artgenossen, so muß der Tierarzt gefragt werden, ob sich auch der gesunde Vogel schadlos von dem mit Medikamenten präparierten Trinkwasser oder Körnerfutter bedienen darf. Wäre das nicht ratsam, muß man den gesunden Vogel in einen eigenen Käfig setzen und beiden Vögeln getrennt ihre Nahrung reichen. Man setzt den gesunden Vogel in einen anderen Käfig, denn ein anderer Käfig als der gewohnte ist wieder eine Belastung, die man dem kranken Vogel ersparen sollte!

Das Töten eines Vogels

Nach dem Gesetz darf nur der Tierarzt ein Tier töten – und das nur dann, wenn das Weiterleben des Tieres für andere eine Gefahr bedeutet oder wenn sich das Tier nur noch quält. Solange aber ein Tier vor dem Gesetz lediglich als »Sache« betrachtet wird, können Sie auch Ihren völlig gesunden Vogel von vielen Tierärzten gegen Rechnung töten lassen, wenn Sie die Ausrede gebrauchen, daß Sie auf das Tier allergisch reagieren. Dieser Schritt bleibt also dem Gewissen des Menschen überlassen. Bedenken Sie aber vor einer solchen Entscheidung, daß viele Tierheime über eine große Voliere für entflogene Wellensittiche verfügen, in denen die Tiere in der Schar gehalten werden und sich meist sehr wohl fühlen. Muß ein Vogel aber getötet werden, so ist die Euthanasie durch den Tierarzt die einzig vertretbare Methode.

Die Wellensittichzucht

Anfänge der Wellensittichzucht in Europa

Der erste Wellensittich, den man in Europa bewundern konnte, war zwar nur ausgestopft, aber dennoch bedeutete es für die Fachwelt eine Sensation, als er 1831 im Museum der Linné Gesellschaft in London ausgestellt wurde. Erst neun Jahre später schaffte es der Naturforscher John Gould, die ersten lebenden Tiere von Australien nach England zu bringen. Goulds Schwager gelang es, einige Tiere zum Brüten zu bringen. Ein Londoner Vogelhändler verkaufte das erste Wellensittichpärchen für sage und schreibe 27 Pfund Sterling, was heute einer Kaufkraft von sicherlich mehr als 1000 DM entspricht!

Im zoologischen Garten von Antwerpen konnte man die kleinen Papageien zum ersten Mal in einem Zoo besichtigen. Antwerpen war in jener Zeit ein Mittelpunkt für den Vogelhandel; von hier aus wurden Vogelauktionen von Berlin bis Petersburg organisiert. Und hier begann 1850 eine recht bedeutende Wellensittichzucht. In Europa setzte eine regelrechte »Wellensittich-Euphorie« ein – allein Frankreich importierte 100 000 Paare im Jahr. Da die einzelnen Zuchterfolge in Holland und dann in Belgien nicht ausreichten, um die große Nachfrage nach diesen putzigen Papageien zu befriedigen, brachte man Massen von wildlebenden Wellensittichen nach Europa. Zusammengedrängt in kleinen Käfigen, ohne das gewohnte Futter, starben viele Vögel auf der langen Schiffsreise. Die Beliebtheit des Wellensittichs wuchs so rasch, daß immer häufiger neue Wellensittichscharen verfrachtet wurden. Verständlicherweise fürchtete die australische Regierung eine zu starke Dezimierung ihrer Bestände, so daß sie 1894 ein Ausfuhrverbot für Wellensittiche verhängte (das heute noch Gültigkeit hat). Das konnte die weitere Ausbreitung des Wellensittichs nicht mehr behindern, denn inzwischen gab es große, erfolgreiche Züchtereien in Frankreich und Belgien. In Südfrankreich zum Beispiel wurden 1880 und 1886 zwei große Zuchtstationen gegründet, die zwischen 80 000 bis 100 000 Wellensittiche besaßen. Auch in Deutschland gelang bereits 1855 der Gräfin von Schwerin die erste Zucht von Wellensittichen.

Es ist kein Wunder, daß unter den unzähligen in Europa gehaltenen Wellensittichen auch Tiere dabei waren, deren Gefiederfarbe von der des Wildvogels abwich. 1872 gab es die ersten gelben Wellensittiche in Belgien und 1875 die ersten in Deutschland. 1879 züchtete man erstmals Lutinos in Belgien, 1878 gelang die Zucht des ersten rein blauen Wellensittichs, 1917 des weißen und 1940 des dänischen Schecken. Bei all diesen Vögeln handelt es sich um Mutanten des Wildvogels, das heißt, bei ihnen sind die Erbfaktoren (Gene) für die Farbe des Gefieders verändert (→ Seite 102). Heute gibt es eine riesige Palette von Farbvariationen der Sittiche, weil die Züchter nicht müde werden, immer wieder neue Farben herauszuzüchten. Ich wünsche mir nur, daß züchterischer Ehrgeiz immer gepaart ist mit Sachkenntnis und mit Verantwortungsbewußtsein für die natürlichen Bedürfnisse und die Gesundheit dieser hübschen, kleinen Papageien (→ Seite 53).

Voraussetzungen für die Zucht

Viele Wellensittichbesitzer, die ihr Pärchen beim Schnäbeln, beim gegenseitigen Gefiederputzen und das Männchen beim eifrigen Füttern seines Weibchens beobachtet haben, möchten Nachwuchs von ihren Tieren. Sie wissen jedoch nicht so recht, was sie tun müssen, damit ihre Vögel brüten. Das Züchten von Wellensittichen, besser gesagt das Vermehren (Farbzucht → Seite 82), ist nicht sehr schwierig, wenn man einige wichtige Voraussetzungen erfüllt. Optimale Haltungsbedingungen – wie sie im ersten Teil dieses Buches beschrieben werden – gehören ebenso dazu wie einige Sachkenntnisse, die ich in den folgenden Kapiteln vermitteln möchte.

In der Bundesrepublik Deutschland muß *jeder* angehende Wellensittichzüchter, noch bevor er mit dem Züchten beginnt – auch wenn er sein Pärchen nur ein einziges Mal brüten lassen will –, eine vom Gesetzgeber aufgestellte Hürde überspringen: Die Zucht *muß* amtlich genehmigt werden, um bei einem möglichen Auftreten der Psittakose (Papageienkrankheit → Seite 76) sofort eingreifen zu können. Lassen Sie sich aber nicht durch diese Vorsichtsmaßnahme des Gesetzgebers vom Züchten abhalten, denn Psittakose kommt heute äußerst selten vor. (Die Psittakoseverordnung und das Tierseuchengesetz der Bundesrepublik Deutschland sowie das Tierseuchengesetz der Republik Österreich finden Sie in Auszügen auf Seite 136.)

In der Bundesrepublik Deutschland muß man die Zuchtgenehmigung bei der zuständigen Behörde (Ordnungs- oder Gesundheitsamt) beantragen. Dies muß geschehen bevor das Weibchen mit dem Brutgeschäft beginnt. Den Erlaubnisschein zur Zucht bekommt man, nachdem ein Sachverständiger (meist der Amtstierarzt) die Tiere und den Ort, an dem gezüchtet werden soll, besichtigt hat. (Käfige sollen weder in der Küche noch in Schlafräumen stehen, → Seite 83). Dieser Erlaubnisschein, der Gültigkeit für alle weiteren Zuchten hat, berechtigt zum Bezug der gesetzlich vorgeschriebenen Ringe. Offene Fußringe erhält man beim Zentralverband Zoologischer Fachbetriebe e.V. (Adresse → Seite 138). Geschlossene Fußringe kann man über anerkannte Züchterorganisationen beziehen (Adressen → Seite 138). Die Züchterorganisationen geben die Ringe allerdings nur an Mitglieder ab, da auf diesen Ringen auch die persönliche Züchternummer eingestanzt wird. Auf allen Ringen finden Sie eine Nummer, die Sie zusammen mit der Adresse des neuen Besitzers notieren müssen, wenn Sie einen Vogel weggeben, und die Buchstaben DWV (Deutsche Wellensittich-Vereinigung) oder DSV (Deutsche Standard-Wellensittich-Vereinigung).

In Österreich besteht keine Genehmigungspflicht für Wellensittichzuchten, daher trifft alles im vorhergehenden Abschnitt Gesagte dort nicht zu. Der österreichische Züchter ist nur mit dem Problem der Fußringe konfrontiert, wenn er seine Tiere auf Ausstellungen präsentieren will. Dort müssen die Vögel mit den sogenannten Verbandsringen versehen sein. Voraussetzung für den Erwerb dieser Ringe ist die Mitgliedschaft in einem der zwei in Österreich bestehenden Verbände: ÖKB (Österreichischer Kanarienzüchter- und Vogelliebhaber-Bund) und RÖK (Kleintierzüchterverband für die Republik Österreich). Die Adressen finden Sie auf Seite 138.

Ein Anlegen der Ringe wird im allgemeinen für die Zeit zwischen dem 7. und 9. Lebenstag empfohlen (Anbringen des Ringes → Zeichnung Seite 94). Ich allerdings befestige den Ring erst dann, wenn die Jungen beginnen, den Nistkasten zu verlassen (→ Seite 93), um sicherzugehen, daß sie sich nicht durch den Ring die Beinchen verletzen. Ich verwende dann offene Alu-Ringe, die mit einer Ringzange geschlossen werden. Das Anlegen geschlossener Fußringe ist nicht einfach und sollte daher erfahrenen Züchtern vorbehalten bleiben.

Und noch etwas sehr Wichtiges: Überlegen Sie bitte *vor* Zuchtbeginn, was mit den Jungtieren geschieht, wenn sie erwachsen sind! Bedenken Sie auch: Wenn nur zwei Pärchen gleichzeitig brüten, zwitschern nach der Brut (durchschnittlich) 12 Vögel in Ihrer Wohnung (oder in der Gartenvoliere). Lärmempfindliche Nachbarn reagieren darauf manchmal recht unfreundlich. Schlimmstenfalls kann man Sie per Gerichtsurteil zwingen, die Vögel abzuschaffen. Haben Sie also große Zuchtpläne, ist im Zweifelsfall ein Gespräch mit den Nachbarn zu empfehlen.

Die Wahl der Zuchttiere

Wenn Sie noch kein Pärchen haben, mit dem Sie züchten wollen, kaufen Sie am besten in verschiedenen Zoohandlungen junge, gleichaltrige Tiere. So können Sie einigermaßen sicher sein, daß die Tiere aus unterschiedlichen Zuchten stammen, Sie also genetisch verschiedene Tiere bekommen, und eine Inzucht ausgeschlossen ist (was bei der Vermehrungszucht in jedem Fall vermieden werden soll). Fragen Sie aber trotzdem immer nach dem Namen des Züchters, von dem der Zoofachhändler seine Tiere bezieht, denn manchmal beliefert ein Züchter mehrere Zoofachhandlungen. Obwohl die Vögel bereits nach wenigen Monaten (→ Seite 111) geschlechtsreif sind, sollten Sie Ihre Wellensittiche erst im Alter von 10 bis 12 Monaten brüten lassen. Das hat den Vorteil, daß die Vögel vollkommen ausgewachsen und kräftig genug sind, die Strapazen einer Brut zu überstehen, was auch den Jungen zugute kommt. (Wellensittiche am Brüten zu hindern, ist allerdings nicht ganz einfach, → Seite 98.)
Nehmen Sie zur Zucht keine Vögel mit offensichtlichen Fehlern, wie zum Beispiel verkrüppelte Füße, Schnabelmißbildungen und mangelhafte Befiederung. Wer einen Partner hinzukauft, sollte ebenfalls ein junges Tier erwerben, da sich ältere Vögel möglicherweise wegen vorangegangener Erfahrungen, die das Verhalten beeinflußt haben (zum Beispiel Prägung auf den Menschen, → Seite 84), nicht mehr zur Zucht eignen. Wer seine Vögel auf

ganz bestimmte Merkmale, zum Beispiel Farbe, züchten will, muß die Erbeigenschaften seiner Wellensittiche bei der Auswahl beachten (→ Seite 101).
Meiner Meinung nach kann man beringte Tiere gleich nach dem Kauf in eine bereits besetzte Voliere dazusetzen. Vorsichtige Züchter jedoch bringen ihre neuerworbenen Tiere in einem abgetrennten Abteil unter (in Ruf- und Sichtweite der Artgenossen); einerseits können Sie dann besser beobachten, ob neue Tiere wirklich gesund sind, andererseits hat ein Wellensittich so Gelegenheit, sich an seine neue Umgebung zu gewöhnen.
Als Biologe und Wellensittich-Liebhaber kann ich von der heute in Mode gekommenen Zucht von besonders großen und schweren Tieren nur abraten, da sie in Gewicht und Größe erheblich vom Wildvogel abweichen. Das Flugvermögen dieser Tiere ist deutlich herabgesetzt, sie neigen daher eher zur Verfettung und damit natürlich zu einer größeren Krankheitsanfälligkeit.
Das Herauszüchten ganz bestimmter Merkmale bei Tieren hat für den Organismus oft große Nachteile. Die Ziele bei der Wellensittichzucht werden nicht wie bei der Nutztierzucht (auch sie wird heute sehr kontrovers diskutiert) von wirtschaftlichen, sondern von rein ästhetischen Gesichtspunkten bestimmt. Es sei deshalb die Frage erlaubt, ob es sinnvoll und wirklich gerechtfertigt ist, so ein herrliches Geschöpf, das über Jahrtausende an die Umweltbedingungen seiner Heimat so optimal angepaßt wurde (→ Seite 111), bewußt durch züchterische Manipulationen zu verändern. Ich meine, gezüchtete Vögel sollten alle Eigenschaften besitzen, um *theoretisch* jederzeit in ihrem angestammten Biotop ausgesetzt werden zu können. Auf jeden Fall empfehle ich jedem angehenden Wellensittichzüchter, der spezielle Zuchtziele anstrebt (sei es nun Farbe oder Form der Tiere), nicht

»wild« herumzuexperimentieren, sondern sich sehr gut über Vererbungsgesetze zu informieren (→ Seite 101 und Bücher, die weiterhelfen, Seite 139). Er sollte sich auch unbedingt die Erfahrungen (die guten wie die schlechten) verantwortungsbewußter Fachleute zunutze machen (→ Adressen, die weiterhelfen, Seite 138).

Der Brutkasten

Steht der Entschluß zum Züchten nach reiflichem Überlegen fest, und haben Sie die Zuchtgenehmigung, so besorgen Sie einen Brutkasten zu Ihrem geräumigen Käfig. Mindestmaße des Käfigs, in dem *ein* Pärchen brüten kann: Länge 60 cm, Breite 30 cm, Höhe 40 cm (→ Zeichnung Seite 16); zwei oder

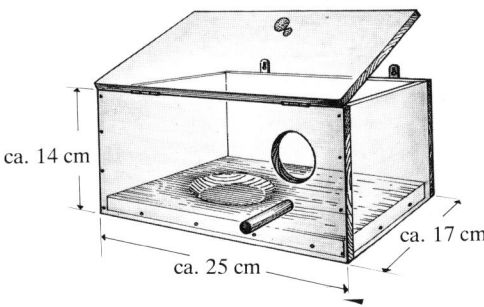

ca. 14 cm

ca. 17 cm

ca. 25 cm

Nistkasten für Wellensittiche. Der Deckel läßt sich aufklappen für die Kontrolle des Brutverlaufs.

mehrere Paare verlangen entsprechend größere Käfige oder eine Voliere (→ Seite 23). Wellensittiche sind Höhlenbrüter; in ihrer Heimat brüten sie in Baumlöchern oder -höhlen. Sie bauen darin kein Nest, kommen also mit »kargen« Bruthöhlen zurecht (→ Seite 112); das bedeutet: Sie brauchen Ihren Vögeln kein Nistmaterial anzubieten.

Geeignete Brutkästen erhalten Sie im Zoofachhandel. Achten Sie aber auf die richtige Größe: Höhe 14 cm, Tiefe 17 cm, Länge 25 cm (→ Zeichnung links). Natürlich sind das nur Richtwerte. Finden Sie nur Kästen, die entweder größer oder kleiner – als hier angegeben – sind, dann entscheiden Sie sich für den größeren, weil die Jungen darin mehr Platz haben, um sich zu bewegen. Außerdem ist die Luftzirkulation besser, was sehr wichtig ist für die bebrüteten Eier.

Die flache Nistmulde sollte nicht direkt unter dem Einschlupfloch liegen, sondern seitlich davon (→ Zeichnung links). So werden die Eier beziehungsweise die Jungen vom Weibchen nicht unsanft getreten, wenn es in den Kasten hüpft. Wichtig sind auch die Anflugstange (Weibchen bevorzugen Kästen mit Stange) und der aufklappbare Deckel (wegen der Reinigung, → Seite 98). Diese Kästen kann man leicht selber bauen; sehr praktisch ist, wenn man sie so baut, daß Rückwand *und* Deckel abnehmbar sind (solche Kästen gibt es nicht zu kaufen).

Daß die richtige Größe des Einschlupfloches für die Annahme eines Kastens von Bedeutung ist, konnte Frau Mazzucchi in einer wissenschaftlichen Arbeit überzeugend zeigen. Sie ließ Wellensittichpärchen zwischen Brutkästen wählen, deren Einschlupfloch im Durchmesser 2,5 cm, 3,5 cm und 5,5 cm betrug. Die Weibchen wählten die Einschlupfgröße von 3,5 cm. Auch bei den wildlebenden Wellensittichen hat man beobachtet – wenn sie die Möglichkeit dazu hatten –, daß sie Baumhöhlen auswählten, deren Einschlupfloch ungefähr dieser Größe entsprach.

Das Anbringen des Kastens außerhalb des Käfigs ist meines Erachtens besser: Die Tiere können den gewohnten Raum voll nützen und werden nicht durch das Hantieren des Pflegers bei Nestkontrollen gestört. Wenn Sie einen Kasten außerhalb eines Käfigs ohne Seitentür anbringen wollen, indem Sie ihn direkt am Gitter mit zwei Haken einhängen, knipsen Sie mit einer Zange ein paar Gitterstäbe weg, so daß die Vögel ungehindert in den Kasten schlüpfen können. Nach der Brut schließen Sie das Loch einfach mit einem Drahtgitter. (Käfige mit Seitentür, → Zeichnung Seite 16, sind im Zoofachhandel erhältlich.)

Der Käfig sollte sich ungefähr in Augenhöhe des Besitzers befinden, damit der Kontakt zwischen ihm und den Vögeln auch während der Brutzeit bestehen bleibt. Ich warne davor, den Käfig in der Nähe eines Heizkörpers aufzustellen, da es dort zu warm und zu trocken wird, wodurch die befruchteten Eier austrocknen. Ich empfehle Ihnen, die Vögel in einem gut gelüfteten (zugfreien!), normal temperierten und nicht zu schattigen Raum brüten zu lassen. Das ist für den Brutverlauf am günstigsten – auch wenn Wellensittiche, was die Witterungseinflüsse angeht, recht »hart im Nehmen« sind (→ Seite 108). Im Institut, in dem ich arbeitete, hatten die Vögel auch im Winter die Möglichkeit, von einem beheizten Innenraum aus eine Freivoliere aufzusuchen. Es war ein herrlicher Anblick, wenn die Tiere selbst im tiefsten Winter draußen schnäbelten und balzten. Man hatte den Eindruck, daß die Vögel sich wohlfühlten. Das heißt natürlich nicht, daß Sie Ihren Wellensittichen alles zumuten können, wie ich es leider bei einigen Großzüchtern gesehen habe, die ihre Tiere in dunklen, feuchten und muffigen Kellerräumen oder in Freivolieren ohne Schutzraum brüten ließen. Wie in jedem Beruf gibt es auch hier »Schwarze Schafe«, die wenig Einfühlungsvermögen für ihre Tiere zeigen.

Besitzt man mehrere Zuchtpaare, die zusammen in einer Voliere brüten sollen, wird man die Brutkästen natürlich in der Voliere aufhängen. Man muß unbedingt darauf achten, daß die Kästen nicht zu dicht beieinander hängen, um Streitigkeiten der Weibchen zu

vermeiden. Aus meiner Erfahrung ist ein Abstand von 1,5 m ideal. Ist der Abstand zu gering, kann es vorkommen, daß ein fremdes Weibchen ständig auf der Anflugstange eines bereits belegten Kastens sitzt und so das brütende Weibchen stört.

Der australische Biologe Edmund Wyndham beobachtete bei wildlebenden Wellensittichen, daß die Tiere, obwohl sie in ein und demselben Baum brüteten, keine Streitigkeiten bekamen, wenn der Abstand zwischen den Einschlupflöchern der Baumhöhlen mehr als 1 m betrug.

Zweckmäßig ist es auch, jedem Sittichpaar mehrere Kästen zum Auswählen zur Verfügung zu stellen und sie möglichst hoch zu hängen (domestizierte Wellensittiche bevorzugen bei gleicher Kastenbeschaffenheit hochhängende Brutkästen).

Und noch ein Hinweis: Das Bereitstellen von stets frischem Trinkwasser während der Brut ist wichtig, da die Küken sich schnell entwickeln und daher einen hohen Flüssigkeitsbedarf haben, der nicht allein über die Nahrung gedeckt werden kann.

Das Zusammenführen der Paare

Bei vielen Vögeln, zum Beispiel Großpapageien, ist das Zusammenführen von Männchen und Weibchen nicht problemlos, da es bei ihnen häufig individuelle Unverträglichkeiten gibt. Das trifft für den Wellensittich glücklicherweise nicht zu: Die Paare verstehen sich nach einer gewissen Eingewöhnungszeit meist recht gut. Findet ein Pärchen doch nicht zueinander, sei es, das Weibchen akzeptiert das Männchen nicht, oder das Männchen hat absolut kein Interesse an dem ihm zugedachten Weibchen, dann tauschen Sie ein Paarteil aus – vorausgesetzt natürlich, Sie haben mehrere Vögel.

Sie können aber auch zu dem Paar ein zweites Männchen hinzusetzen, vielleicht versteht sich dieses mit dem Weibchen besser. Aber bitte nicht umgekehrt! Ein zweites Weibchen hinzuzusetzen, geht in den meisten Fällen nicht gut, denn weibliche Tiere sind untereinander sehr aggressiv. Streitereien zwischen den beiden Männchen sind selten, das Weibchen wählt den Partner, was dann von dem »Verschmähten« ohne weiteres akzeptiert wird. Schwierigkeiten bei Paarung und Zucht können aber auch dann auftreten, wenn Tiere in einer bestimmten Phase ihres Lebens, in der die sogenannte sexuelle Prägung vermutlich stattfindet, nur den Menschen kennengelernt haben und nicht ihre Artgenossen. Unter Prägung versteht der Verhaltensforscher einen Lernvorgang, dessen Ergebnis nicht veränderbar ist. Die Prägung ist nur in einer zeitlich begrenzten »sensiblen Periode« im Leben eines Tieres möglich, die für jede Tierart verschieden ist. Wann zum Beispiel die sexuelle Prägung beim Wellensittich stattfindet, ist noch nicht genau bekannt. Die ersten Tage nach dem Augenöffnen, also etwa nach dem 10. Lebenstag, scheinen als sensible Periode von großer Bedeutung zu sein. Dies schlossen Professor Roger Stamm und der Biologe Blum aus ihren wissenschaftlichen Untersuchungen: Sie beobachteten, daß ein blaues Männchen, das bis zum 17. Lebenstag bei grünen Eltern und dann anschließend bei blauen Stiefeltern und blauen Geschwistern lebte, bei der späteren Partnerwahl grüne Tiere bevorzugte.

Der berühmte Verhaltensforscher Konrad Lorenz entdeckte diese besondere Art des Lernens, die Prägung. Tiere können dabei die unmöglichsten Dinge lernen: Truthennen wurden sexuell auf Menschen und Truthähne auf Pappschachteln geprägt, die sie später anbalzten und zu begatten versuchten.

Immer wieder wurde mir von Wellensittichmännchen berichtet, die keinerlei Notiz von dem hinzugesetzten Weibchen nahmen, ja manche sogar das Weibchen im Käfig herumjagten und nach ihm hackten. Nach näherem Befragen der Besitzer stellte sich heraus, daß all diese Wellensittichmännchen sehr zahm und zutraulich waren, und daß sie auf der Hand des Pflegers häufiger vorverdaute Körner aus dem Kropf würgten. Das Auswürgen von Körnern ist ein Zeichen dafür, daß der Vogel seinen Besitzer anbalzt. Dieses unnatürliche Verhalten des Wellensittichmännchens zeigt, daß er vermutlich falsch geprägt wurde; er betrachtet den Menschen als seinen Sexualpartner.

Ist das Wellensittichmännchen wirklich sexuell falsch geprägt, hat es wenig Sinn, ihn zur Zucht zu verwenden. Das gilt natürlich nur für die Mehrzahl der Fälle. Mein Lieblingsvogel Purzel, der mich durch meine Studentenzeit begleitete, und der in mir überhaupt das Interesse an Wellensittichen weckte, zeigte die beschriebene Verhaltensweise wie Körnerauswürgen. Ich muß gestehen, zu dieser Zeit dachte ich mir dabei nicht viel, bis ich eines Tages in einer Vorlesung hörte, daß Wellensittiche sozial lebende Vögel sind. Von diesem Zeitpunkt an war es für mich eine Selbstverständlichkeit, daß mein Purzel einen weiblichen Partner bekam. Um so größer war mein Erstaunen, als ich bemerkte, daß Purzel seine Jenny überhaupt nicht beachtete. Glücklicherweise attackierte er sie nicht, sonst hätte ich die beiden sicherlich getrennt, was ein Fehler gewesen wäre. Denn nach etwa einem Jahr begann er, Jenny anzubalzen, und kurz darauf paarte er sich mit ihr; die beiden zogen mehrere Bruten groß.

Die Wellensittichzucht

Die Partnerwahl

Wellensittiche sind wie 90% aller Vogelarten monogam, das heißt, sie führen eine Einehe. Die Dauer der Einehe kann bei den einzelnen Vogelarten sehr verschieden sein: eine Brutzeit oder mehrere, beziehungsweise lebenslang (Dauerehe). Beim Wellensittich kann man von einer Dauerehe sprechen. Das können Sie selbst sehr gut beobachten, wenn Sie mehrere Paare in einer Voliere halten. Haben sich nämlich zwei Vögel miteinander verpaart, so sind sie sich in der Regel »treu«. Diese »eheliche Treue« hat der Biologe Fritz Trillmich vom Max-Planck-Institut für Verhaltensphysiologie in Seewiesen wissenschaftlich untersucht, und er konnte dabei zeigen, daß Wellensittichpärchen auch nach siebzigtägiger Trennung die Bindung zum alten Partner wieder aufnehmen, wenn sie in der Trennungszeit nur mit *gleichgeschlechtlichen* Vögeln zusammengehalten wurden. Die Paarbindung bleibt auch dann bestehen, wenn einer der Partner während einer zwanzigtägigen Trennung mit anderen möglichen Geschlechtspartnern zusammengehalten wird. Für den Züchter hat diese Beobachtung durchaus eine praktische Bedeutung: Wenn er ein gut harmonisierendes Pärchen nach einer Brut trennen muß, um allzu häufiges Brüten zu verhindern (→ Seite 98), kann er einigermaßen sicher sein, daß die Partner später wieder ohne Probleme zueinander finden. Muß man einen Paarteil ersetzen oder wünscht man eine ganz bestimmte Paarkombination, gewöhnen sich aber auch die neuen Partner normalerweise recht schnell aneinander.

Hält man mehrere Tiere in einer Voliere, ist es natürlich wichtig zu wissen, nach welchen Gesichtspunkten sich die Paare auswählen. Bei Wellensittichen scheint es »Liebe auf den ersten Blick« nicht zu geben; sie wählen den Partner, der Fortpflanzung und Aufzucht am sichersten gewährleistet. Zu diesem – nach menschlicher Auffassung – etwas ernüchternden Ergebnis kam der Biologe Urs Engesser. Er stellte bei seinen Beobachtungen an Wellensittichen fest, daß junge Wellensittichweibchen schon früh ältere Männchen als Partner bevorzugen und nicht etwa gleichaltrige Jungmännchen, obwohl sie zu den Gleichaltrigen im Jugendalter eine enge soziale Beziehung hatten (→ Seite 117). Junge Männchen hingegen bevorzugen Weibchen, die bereits einen Nistkasten belegt haben, was diese auch ohne festen Partner tun.

Weibchen verhalten sich zu Beginn der Partnerwahl passiv. Sie werden von den Männchen umworben. Gefällt ihnen ein Partner nicht, so hacken sie mit dem Schnabel nach ihm oder bedrohen ihn. Sind sie mit dem Partner einverstanden, schnäbeln sie mit ihm, oder die beiden kraulen sich gegenseitig das Gefieder.

Das Verpaarungsalter ist bei beiden Geschlechtern verschieden. Männchen verpaaren sich nach etwa 130 Tagen nach Verlassen des Nistkastens, Weibchen nach 112 Tagen.

Balz und Paarung

Daß sich zwei Tiere als Partner gefunden haben, kann man an ihrem Balzverhalten feststellen. Balzverhalten ist eine Sammelbezeichnung für alle Verhaltensweisen, die eine Paarung (Kopulation) einleiten oder einleiten können. Wellensittiche sind reizende Liebespärchen. Die Tiere sitzen häufig zusammen, kraulen sich gegenseitig das Gefieder und schnäbeln miteinander. Die Initiative zur Kopulation geht vom Männchen aus, indem es durch sein Balzverhalten das Weibchen in Paarungsstimmung bringt: Die beiden sitzen nah beieinander; das Männchen singt vor der

»Auserwählten«, sein Kopf- und Kehlgefieder sind dabei aufgeplustert. Während des Singens bewegt es sich einige Zentimeter von der Partnerin weg, nähert sich dann wieder, tippt mehrere Male hintereinander mit seinem Schnabel gegen den des Weibchens. Dieser Vorgang wird mit wachsender Erregung mehrmals wiederholt. Den hohen Erregungszustand kann man an den rasch aufeinanderfolgenden Auf- und Ab-Bewegungen des Kopfes feststellen, die Augenpupillen sind stark verengt, das Kopf- und Kehlgefieder immer noch aufgeplustert.

Paarungsbereites Wellensittichweibchen. Hat die Werbung des Männchens Erfolg, nimmt das Weibchen diese Paarungsstellung ein.

Zum Balzverhalten des Männchens gehört auch das Füttern des Weibchens, dabei sind die Schnäbel beider Vögel in einem rechten Winkel ineinander gehakt (→ Zeichnung Seite 34), und das Männchen würgt Futter aus seinem Kropf.

Balzfüttern – es findet sich bei vielen Vogelarten – dient dazu, Weibchen friedlicher zu stimmen, ermöglicht außerdem dem Männchen, ganz nahe beim Weibchen zu bleiben und – wenn möglich – aufzusteigen. Oft sind Weibchen vor der Balz dem Männchen gegenüber aggressiv oder versuchen gar zu fliehen; die Balzfütterung nimmt dem Weibchen die Angst und die Aggression gegenüber den Artgenossen.

Hat die Werbung des Männchens schließlich Erfolg, so nimmt das Weibchen die Paarungshaltung ein (→ Zeichnung links). Das Weibchen wirkt etwas starr, der Kopf ist zurückgelegt, das Kopfgefieder leicht aufgeplustert, die Flügel sind angezogen, und die Schwanzfedern zeigen nach oben. (Während der Kopulation ändert es seine Körperhaltung nicht.) Diese ganz typische Position ist für das Männchen das Signal, das Weibchen zu besteigen. Zunächst zögert es jedoch kurz, nähert sich dem Weibchen im rechten Winkel, hebt vorsichtig das Beinchen und steigt dann ganz kurz mit einem Bein auf den Rücken. Nach diesem »Vorspiel« steigt das Männchen schließlich mit beiden Beinen auf den Rücken des Weibchens, senkt sein Hinterteil, drückt es gegen das des Weibchens und führt seitliche Bewegungen aus. Da die Schwanzfedern des Weibchens nach oben gerichtet sind, können die beiden Kloaken aufeinandertreffen. Dann breitet das Männchen einen Flügel über das Weibchen (→ Farbfoto Seite 127) und führt Kopulationsbewegungen aus.

Mir ist außer den Wellensittichen keine andere Vogelart bekannt, deren Männchen ihre Flügel so über das Weibchen ausbreiten. Vermutlich gibt diese Stellung beiden Partnern während der Kopulation mehr Halt, denn junge und unerfahrene Wellensittiche haben oft Schwierigkeiten, das Gleichgewicht zu halten. Die Gleichgewichtsschwierigkeiten treten meist in der Anfangsphase der Kopulation auf: Beim Aufsteigen oder wenn das Männchen versucht, seine Kloake gegen die des Weibchens zu pressen. Bevor das Männchen aber herunterfällt, versucht es häufig noch, die Schwierigkeiten auszugleichen, indem es seinen Schnabel in den seiner Partnerin einhakt. Die Kopulationsschwierigkeiten sind meist nach mehreren Versuchen – in der Regel nach ein bis zwei Tagen – behoben. Sie können allerdings bei den Tieren andauern, die zu lange alleine gehalten oder falsch geprägt wurden (→ Seite 84 und 122). Auch zu glatte Sitzstangen können der Grund für die Gleichgewichtsschwierigkeiten sein. Bei Männchen, die keinen Partner haben, fällt das Balzverhalten keinesfalls aus, sondern sie balzen »ersatzweise« glänzende Trinkgefäßhalterungen oder in den Raum hineinragende Objekte an. Angeregt wird das Balzverhalten der Wellensittiche im wesentlichen durch Faktoren wie Futter, geeigneter Nistkasten und Gesellschaft von Artgenossen (→ Seite 112), so daß es nicht schwer ist, in Volieren gehaltene Vögel durch optimale Bedingungen in Balzstimmung zu bringen.

Trotz günstiger Voraussetzungen kann es hin und wieder passieren, daß einzeln gehaltene Paare nicht in Balzstimmung gelangen. Dies liegt daran, daß Wellensittiche sozial lebende Tiere sind und sie andere Paare zur Stimulation benötigen. Wissenschaftliche Untersuchungen haben gezeigt, daß Hoden und Eierstöcke bei Pärchen, die andere Pärchen hören und sehen konnten, größer waren als bei alleingehaltenen. (Hoden und Eierstöcke geben Wirkstoffe ab, die unter anderem das Balzverhalten auslösen, → Seite 111.)

Um Ihr Pärchen in Balzstimmung zu bringen, sollten Sie ihm ein weiteres hinzusetzen. Aber bitte nur dann, wenn der Käfig ausreichend groß ist (→ Seite 83). Ist das nicht der Fall, können Sie vielleicht von Bekannten ein Pärchen für kurze Zeit ausleihen, solange bis Ihr eigenes Pärchen mit der Brut beginnt. Hat Ihr Pärchen einmal gebrütet, dann sind diese Schwierigkeiten für immer behoben.

Noch ein wichtiger Hinweis: Geeignet sind vor allem solche geliehenen Pärchen, deren Besitzer ebenfalls den Wunsch hat, daß seine Tiere brüten. Denn durch die gegenseitige Stimulation können auch die geliehenen Vögel in Brutstimmung versetzt werden.

Eiablage und Brut

Bei Wellensittichen ist die Auswahl des Brutkastens ausschließlich Sache des Weibchens (beim Nymphensittich zum Beispiel die des Männchens). Verpaarte, nistbereite Weibchen nähern sich schon wenige Minuten nach dem Einhängen dem Schlupfloch des Brutkastens. Der erste Besuch im Kasten ist äußerst kurz, das Weibchen schlüpft sofort wieder heraus und fliegt weg. Bei den folgenden »Inspektionen« bleibt es länger und benagt die Innenwände sowie die Mulde (→ Zeichnung Seite 83), in die später die Eier gelegt werden. Nach und nach beschäftigt sich der Vogel immer ausdauernder mit dem Inneren des Kastens, er reagiert dabei jedoch noch sehr anfällig auf Störungen. Bei jedem Geräusch, manchmal auch ohne ersichtlichen Grund, hebt es den Kopf auf Schlupflochhöhe oder streckt ihn heraus. Bei stärkerer Störung (Unruhe im Raum, laute Geräusche) verläßt das Weibchen sofort den Brutkasten. Zu diesem Zeitpunkt muß man also jede Störung vermeiden, denn sonst sucht das Weibchen einen neuen Kasten auf (in der Voliere) oder kehrt nicht mehr in seinen Kasten zurück; es kommt dann auch nicht so richtig in Brutstimmung. Dieses Verhalten läßt sich damit erklären, daß Brutverhalten und Reifung der Eier im Eierstock beim Wellensittichweibchen wie auch bei anderen Vogelarten durch Hormone gesteuert werden. Die das Brutverhalten steuernden Hormone werden aber erst aktiv, wenn das Weibchen längere Zeit in der dunklen Bruthöhle verweilt und auch den Gesang des Partners hört. Neben der ungestörten »Inbesitznahme« des Brutkastens ist es also für eine erfolgreiche Brut unbedingt notwendig, daß das Weibchen den Partner gut hören kann.

Das Verhalten ändert sich schlagartig, wenn das Weibchen die ersten Eier gelegt hat. Im Abstand von 1 bis 2 Tagen wird jeweils 1 Ei gelegt, bis das Gelege aus 3 bis 5 Eiern besteht (manchmal auch mehr). Das Ei wiegt etwa 2 g und ist, wie bei fast allen Höhlenbrütern, weiß und glanzlos mit stumpfer Spitze. Hat man Gelegenheit, eine Eiablage zu beobachten, so wird einem sehr schnell klar, was das für eine Anstrengung für das Weibchen bedeutet. Durch kräftiges Pressen der Eileitermuskulatur wird das Ei gelegt. Nach der Eiablage verharrt der Vogel etwa 5 Minuten in starrer Haltung. Er atmet dabei sehr häufig, die Flügel sind ausgestreckt und die Schwanzfedern nach unten gebogen.

Kommt das Weibchen in Legenot (→ Seite 72), ist äußerste Vorsicht geboten, da es daran sterben kann. Sie sollten deshalb das Weibchen in der Zeit der Eiablage gut beobachten, denn Sie können es nur dann retten, wenn Sie sofort helfend eingreifen.

Vom ersten Ei an wird gebrütet, und zwar in der Regel ausschließlich vom Weibchen. Bei ungewohnten Geräuschen schaut es nun zwar auch aus dem Schlüpfloch, verläßt aber den Kasten meist nicht mehr. Der Bruttrieb ist jetzt so groß, daß der Vogel auch dann auf seinen Eiern sitzen bleibt, wenn der Pfleger den Kastendeckel abhebt, um hineinzuschauen – vorsichtig, ohne hektische Bewegungen. Den Kasten verläßt das Weibchen nur noch zum Koten. Ein brütendes Weibchen setzt wesentlich seltener Kot ab als normal (normal bedeutet, alle 12 bis 15 Minuten). Dafür nimmt der Kotballen deutlich an Gewicht zu; er kann bis zu 10% des Körpergewichts wiegen.

Gefüttert wird das Weibchen während der gesamten Brutzeit vom Männchen. Beim Füttern sitzt das Männchen auf der Sitzstange vor dem Schlupfloch, das Weibchen streckt den Kopf hinaus und läßt sich das Futter in den Schnabel »stopfen«.

Ob alle Eier befruchtet sind, sollte man möglichst in Abwesenheit des Weibchens (während der Kotablage) prüfen. Unbefruchtete Eier erkennt man an ihrer klaren Durchsichtigkeit, wenn man sie nach zehn Bruttagen gegen das Licht hält. Befruchtete Eier haben dagegen einen leicht bläulichen Schimmer und wirken dunkler. Entfernen Sie unbefruchtete

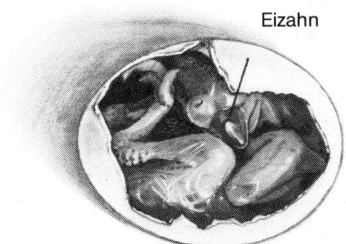

Lage des Kükens im Ei kurz vor dem Schlüpfen.

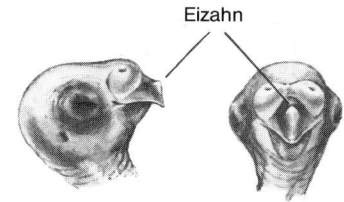

Mit dem Eizahn, einer kalkhaltigen, dornenartigen Erhebung auf der Spitze des Oberschnabels, pickt das Küken beim Schlüpfen die Eischale auf.

Eier nur bei einem wirklich großen Gelege (mehr als 4 Eier), denn das Weibchen kann vermutlich über seine Brutflecken, das sind gut durchblutete, fast federlose Stellen auf der Brust des Tieres, erkennen, wenn sich die Anzahl der Eier wesentlich ändert. Das könnte es so sehr verwirren, daß es sein Brutgeschäft unter Umständen aufgibt.

Ist das Weibchen vom Koten zurückgekehrt, werden die Eier »kontrolliert«: Es betastet die Eier mit der Zunge und dreht sie manchmal mit dem Schnabel. Seine eigenen Eier erkennt es nicht, denn, wenn man zuvor fremde Eier hineingelegt hatte, werden diese so eingerollt und bebrütet wie die eigenen. Eier aus verschiedenen Gelegen können zu diesem Zeitpunkt also problemlos vertauscht werden.

Auch kann man ohne Schwierigkeiten unbefruchtete Eier gegen befruchtete Eier eines verlassenen Geleges auswechseln.

Während der meist 18 Tage dauernden Brutzeit (Zeitraum von der Eiablage bis zum Schlüpfen der Jungen) wendet das Weibchen mit dem Schnabel die Eier, um ihre Lage im Nest so zu verändern, daß alle Eier gleichmäßig gewärmt werden. Das Wenden des Eies ist für die Entwicklung des Embryos ebenso notwendig wie die richtige Temperatur und Feuchtigkeit im Brutkasten. Das Vogelzimmer (oder Voliere) sollte nicht zu kalt sein, frische Luft und eine Luftfeuchtigkeit von etwa 60% haben.

Ich rate davon ab, in das Brutgeschäft einzugreifen, um verkotete Eier, die von den bereits geschlüpften Geschwistern beschmutzt wurden, zu reinigen: Der Embryo könnte durch unsachgemäße Behandlung des Eies absterben, zudem zerstört man beim Reinigen auch die wachsartige Schutzschicht auf dem Ei, die vor Infektionen im Ei schützt.

Das Schlüpfen der Jungen

Das Schlüpfen ist ein Krisenpunkt in der Entwicklung des Vogeljungen: Das Küken muß sich mit großer Anstrengung aus dem Ei befreien, was ihm nicht immer gelingt, und der brütende Altvogel muß sich vom Brüten auf das Pflegen des Kükens umstellen. Diese Umstellung ist für den Altvogel nicht ganz so einfach, wie man sich das im allgemeinen vorstellt. Er wird aber langsam durch die Rufe und das Piepsen der Küken im Ei auf die neue Aufgabe vorbereitet: Das Wellensittichküken läßt etwa 24 Stunden vor dem Schlüpfen ein zunehmend lauter werdendes Pfeifen und Knacken hören. Das ist das Signal für das Weibchen, die Eier häufiger zu kontrollieren. Es steht auf, betastet Ei für Ei mit der Zunge und sucht nach den ersten Löchern. Wie auch andere Vogelküken pickt das Wellensittichküken mit dem Eizahn (einer kalkhaltigen, dornenartigen Erhebung auf der Spitze des Oberschnabels, → Zeichnung Seite 89) gegen die Eischale. Dann dreht es sich ein paar Millimeter, pickt erneut gegen die Schale und zieht so eine Spalte in die dünne Wand. Nach mühevoller Kleinarbeit – Drehen, Picken, Drehen und Strecken der Halswirbelsäule – klappt schließlich die eine Hälfte der Eischale wie der Deckel einer Dose ab. Durch weitere Streckbewegungen von Flügeln und Beinen befreit es sich vollständig von der Eischale. Wellensittichmütter bleiben während des Schlüpfens ihrer Jungen nicht untätig, sondern sie stehen häufig auf, beugen den Kopf nach unten, wenn sie eine Eispalte finden, fassen sie die Bruchstelle mit dem Schnabel und holen zuweilen das Ei unter sich hervor. Ich habe auch schon folgendes beobachtet: Wenn sich das Küken bewegte (die Schalenränder wichen auseinander und schlossen sich wieder), knabberten manche Weibchen dann an der Bruchstelle und brachen Schalenstücke ab. Andere Weibchen betasteten nur das Ei an der Stelle, an der das Küken sichtbar war, dann setzten sie sich wieder auf das oder die Eier.

Die meisten der nackten, blinden Küken kriechen nach dem Schlüpfen selbständig unter das Gefieder der Mutter. Manche werden

Schlüpfhilfe eines Wellensittichweibchens. Gelingt es einem Küken nicht, die Eischale aufzubrechen, hilft die Wellensittichmutter nach:

An dem vom Küken gepickten Loch hebt sie das Ei hoch . . .

und bricht dann Stücke aus der Eischale. . .

bis das Küken befreit ist und die Eischale verlassen kann.
(Gezeichnet nach einer Fotoserie des Autors.)

auch von ihr eingeschoben. Die Weibchen zerstören dann durch Beknabbern den Deckel des Eies, wenden sich dem leeren aufgebrochenen Restei zu und fressen die Eihäute. Zum Schluß entfernen sie die Resteischale aus der Nistmulde, indem sie sie in eine Ecke des Kastens werfen. Nach einiger Zeit werfen sie die Schalenstücke dann ganz aus dem Kasten (meist bei hochformatigen Kästen, deren Grundfläche geringer ist als bei den von mir empfohlenen querformatigen). Das Entfernen der Eischale aus der Nistmulde ist natürlich sehr wichtig, damit sich das frisch geschlüpfte Küken nicht an der scharfen Kante der Schale verletzen kann. Einmal beobachtete ich, daß ein Küken beim Unterkriechen unter die Mutter versehentlich kopfwärts in die leere Eischale zurückkroch. Das Tierchen strampelte verzweifelt und piepste. Es war aber nicht in der Lage, sich allein zu befreien. Das Weibchen reagierte darauf überhaupt nicht, ganz offensichtlich »wußte« es nicht, was in solch einer Situation zu tun ist, denn der Schlüpfvorgang dieses Kükens war ja bereits abgeschlossen. Nach wenigen Minuten befreite ich das Junge aus seiner unglücklichen Lage.
Die Küken schlüpfen in der Reihenfolge der Eiablage, die ja etwa alle zwei Tage erfolgte (→ Seite 88). Das bedeutet zum Beispiel bei einem Gelege mit fünf Eiern, daß das letzte Küken schlüpft, wenn das erste etwa 10 Tage alt ist. Der Schlüpfvorgang dauert ungefähr 20 Minuten, das frisch geschlüpfte Küken wiegt 2 g.
Manche der kleinen Sittiche können sich vermutlich im Ei nicht drehen und brechen deshalb nur ein kleines Loch in die Schale (→ Zeichnung links oben). Ihre Körperkräfte reichen dann nicht aus, um die Eischale aufzubrechen. So ein Küken müßte sterben, wenn ihm der Altvogel nicht helfen würde, indem er in dieser Situation in verstärktem Maße Stücke aus der Eischale bricht, bis das

Küken schließlich befreit ist. In den Zeichnungen auf Seite 91 sind drei Phasen dieser erstaunlichen Schlüpfhilfe einer Vogelmutter dargestellt.

Um dieses Verhalten des Weibchens näher zu erforschen, habe ich in Experimenten die Rufe, die Bewegungen des Kükens und das Aussehen des Eies während der Befreiung des Kükens künstlich nachgestellt (Experiment klingt heutzutage immer furchterregend, Sie können aber sicher sein, daß keines meiner Tiere zu Schaden kam). Ich ritzte mit einer Rasierklinge in ein unbefruchtetes Wellensittichei vorsichtig ein Loch in die Eischale und legte das so präparierte Ei in das Gelege eines brütenden Weibchens. Der Vogel reagierte auf diese Eiattrappe nicht und setzte ungestört das Brutgeschäft fort. Spielt man nun zu solch einem Ei über Tonband das Piepsen eines schlüpfenden Kükens hinzu, so wird der Altvogel zwar aufmerksam, betastet vermehrt die Eier des Geleges mit der Zunge (Eikontrollen), aber er knabbert nicht an der Eiattrappe. Da diese Rufe den Altvogel nur zu weiteren »Eikontrollen« und nicht zum Beknabbern der Eischale veranlaßten, galt es, nach weiteren, diese Verhaltensweise auslösende Faktoren zu suchen. Als ich einmal, aber bitte nicht Sie, da Sie sonst in den Schlüpfvorgang eingreifen, das Ei eines gerade schlüpfenden Kükens in die Hand nahm, konnte ich deutlich die Bewegungen des Vogeljungen wahrnehmen. Diese Bewegungen im Ei mußte ich also in meine Eiattrappe »hineinpraktizieren«, um weiterforschen zu können. Nachdem die verschiedensten physikalischen Konstruktionen erfolglos blieben, nach einem halben Jahr des Ausprobierens, als ich schon nahe daran war, aufzugeben, stieß ich durch Zufall auf eine sogenannte »mexikanische Hupfbohne«. Diese Hupfbohne wird als Scherzartikel gehandelt. Kleine Raupen einer Falterart nisten sich in

den Samen einer »Bohne« ein und verbleiben dort so lange, bis sie als fertiges Insekt schlüpfen. Unter dem Einfluß von Wärme führen die Raupen in der Bohne derartig heftige Bewegungen aus, daß sich die Bohne dadurch bewegt, sie »hüpft«. Diese Hupfbohne legte ich nun in das präparierte Ei und beobachtete mit großer Freude, wie das Weibchen, nachdem es einige Zeit auf der Eiattrappe saß (der Raupe also Wärme spendete), die Eiattrappe genauso beknabberte, als befände sich darin ein Küken. Damit war experimentell der Beweis erbracht, daß die Rufe des Kükens den Altvogel zwar zu verstärkter »Eikontrolle« veranlassen, aber erst seine Strampelbewegungen im Ei ihn dazu bringen, Schalenstücke abzubrechen. Allerdings zeigte sich auch, daß die Vogelmutter nicht aus der Einsicht, dem in Lebensgefahr lebenden Küken zu helfen, handelt, sondern rein instinktiv. Dafür spricht auch folgende Beobachtung: Ein Küken hatte bereits eine breite Spalte in die Eischale gebrochen, starb aber – vermutlich, weil es zu schwach war – während des Schlüpfens. Das Weibchen knabbert an der Eischale weiter, bis das Küken fast vollständig von der Schale befreit war, obwohl es – wie gesagt – schon tot war. Dieses Verhalten ist ganz typisch für Instinkthandlungen, wenn sie einmal begonnen wurden, werden sie fortgesetzt, obwohl sie zwecklos erscheinen. Bitte leisten Sie keine Schlüpfhilfe, selbst auf die Gefahr hin, daß das Küken stirbt, weil dadurch das Weibchen in der Regel zu stark gestört wird und die ganze Brut verläßt.

Die Aufzucht der Jungen

Das Aufwachsen der Wellensittichküken »nahtlos« zu beobachten, ist für den »normalen« Vogelhalter fast unmöglich. Man müßte praktisch »rund um die Uhr« in den Kasten hineinsehen oder eine komplizierte Videoanlage so installieren, daß die Vögel nicht gestört werden. Der Wellensittichhalter wird also nur einzelne Entwicklungsphasen mitbekommen, wenn er eine kurze Abwesenheit des Weibchens nützt, um einen Blick in den Brutkasten zu werfen. Daß wir heute die Lebensweise des Wellensittichs in der Obhut des Menschen recht gut kennen, verdanken wir dem Interesse einiger Verhaltensforscher an diesen Vögeln. Auch ich habe jahrelang das Verhalten von Vogelmutter und -kindern beobachtet und konnte dabei wesentliche Kenntnisse sammeln, die von Herrn A. Leuenberger (Universität Bern) in seiner Diplomarbeit bestätigt wurden. Viele exakte Angaben über die Vorgänge im Nistkasten verdanken wir ihm.

Die Entwicklung der Jungen

Wellensittiche sind typische Nesthocker, das bedeutet: Nach dem Schlüpfen sind junge Wellensittiche völlig nackt und blind, außerdem so schwach, daß sie nicht wie andere Vögel den Kopf aufrichten und der Mutter entgegenstrecken können, um nach Futter zu betteln. Sie sind ganz auf die Hilfe der Mutter angewiesen, um zu überleben. (Nestflüchter dagegen – wie Hühner und Enten – sind bereits soweit entwickelt, daß sie sofort nach dem Schlüpfen der Mutter folgen und nach Futter suchen.)

Aber auch Nesthocker wachsen nach dem Schlüpfen sehr schnell. Immerhin sind die jungen Wellensittiche schon nach 4 Wochen flügge, weitere 2 Monate später können sie bereits brüten. Das Gewicht der Jungen nimmt rasch zu und erreicht am 16. oder 17. Tag mit 30 g das des erwachsenen Vogels. Nach dem 17. Tag steigt es zwar zunächst noch etwas weiter an, nimmt aber bis zum Verlassen des Kastens wieder ab.

Am 6. oder 7. Tag öffnen sich die Augen. Am 7. Tag beginnen die Handschwingen, am 9. Tag die Steuerschwingen zu wachsen. Das Dunenkleid ist nach 11 bis 12 Tagen ausgebildet. Nach 4 bis 5 Wochen – das ist der Zeitpunkt des Verlassens des Kastens – haben die Schwungfeder drei Viertel und die Steuerfedern zwei Drittel der vollen Länge erreicht. Die Jungen können bereits gut fliegen. Nach weiteren 7 bis 10 Tagen haben die Schwung- und Steuerfedern ihre endgültige Länge erreicht.

Die Farben des Gefieders der jungen Wellensittiche sind bis zur ersten Mauser (Wechsel vom Jugend- zum Altersgefieder) nicht so leuchtend und kräftig wie bei erwachsenen Vögeln. Federzeichnungen sind noch nicht voll ausgeprägt. Die Augen sind einfarbig dunkel und ohne hellen Irisring. An der Färbung der Nasenhaut kann man die Geschlechter der jungen Vögel noch nicht unterscheiden. Die Umfärbung der Nasenhaut erfolgt allmählich und ist erst nach der Geschlechtsreife voll abgeschlossen. Bis zu diesem Zeitpunkt hat man kein sicheres Merkmal, um die Geschlechter zu unterscheiden (→ Seite 15). Wenn Sie noch nie Wellensittichjunge in den ersten Lebenstagen gesehen haben, mag Ihnen das Bild, das sich da im Nistkasten bietet, merkwürdig erscheinen. Das ist es aber keineswegs. Während der ersten Lebenstage nimmt das Küken eine ganz typische Körperhaltung ein, die auf den menschlichen Betrachter fast »unglücklich« wirkt: Der Hals ist so stark gekrümmt, daß Oberschnabel oder Stirn dem Boden aufliegen (→ Farbfoto Seite 99). Die Flügelchen hängen seitlich herunter oder sind leicht angewinkelt. In dieser Stellung kauert das Junge in engem Kontakt mit den Geschwistern – Bauch, Füße, Läufe und Kopf auf den Boden gestützt. In dieser Entwicklungsphase sucht jedes Küken ständig den Kontakt zu den Geschwistern oder zur Mutter. Verliert eines der Küken den Kontakt, so dreht es sich so lange rufend im Kreis, bis es ihn wiedergefunden hat. Die Geschwister verschiedenen Alters (sie sind ja nicht alle gleichzeitig geschlüpft → Seite 91) drängen zueinander, zuunterst kauern die Kleinsten, darüber ruhen die Älteren, Hals auf Hals gelegt. In dieser Stellung verharren die Tiere auch dann, wenn das Weibchen den Kasten verläßt, denn die Küken haben ein intensives Bedürf-

Beringen eines Wellensittich-Nestlings:

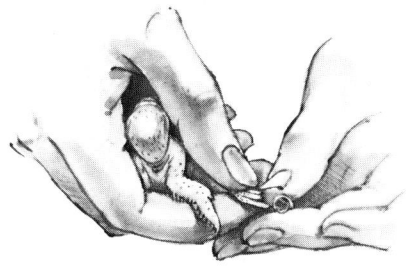

Der kleine Wellensittich liegt in der hohlen Hand, das Füßchen wird zwischen Daumen und Zeigefinger sanft festgehalten.

Den Ring zunächst über die beiden Vorderzehen *und* über die längere Hinterzehe streifen;

dann den Ring langsam weiterschieben und die kürzere hintere Zehe mit Hilfe eines Hölzchen vorsichtig nach vorne ziehen.

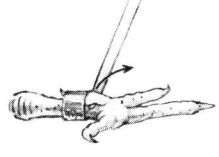

So ist der Wellensittich richtig beringt.

nis nach Körperkontakt. Sie finden so auch Wärme, Weichheit und eine optimale Ruhelage.

Am 8. oder 9. Lebenstag können die Jungen den Kopf frei tragen und beginnen, im Kasten herumzutrippeln und ihre Umgebung zu erkunden. Der Kontakt zu den Geschwistern ist jetzt nicht mehr so eng, aber sie »untersuchen« die Geschwister, indem sie an ihnen knabbern. Mit etwa 3 Wochen füttern und kraulen sich die Küken gegenseitig. Wenn jüngere Geschwister um Futter betteln, werden sie von den älteren gefüttert. In diesem Alter setzt auch das spielerische Erkunden von Gegenständen (Kot) ein. Sie beknabbern auch Federn. Ich konnte häufig beobachten, daß zwei Küken dieselbe Feder aufnahmen. Dann begann ein entzückendes »Spiel«: Jedes der beiden zog mit aller Kraft an der Feder. Gelang es einem, die Feder in seinen Besitz zu bekommen, so wurde es vom anderen verfolgt, und das »Spiel« begann von neuem. Das Kennenlernen der Umgebung und der Geschwister ist für die Jungen in vielerlei Hinsicht wichtig. Sie fühlen sich dadurch in ihrer Umgebung sicherer, trainieren und stärken ihre Muskulatur für den baldigen »Ausflug«. Außerdem wird durch das »Spiel« mit den Geschwistern das später für den erwachsenen Wellensittich lebensnotwendige Sozialverhalten eingeübt.

Im Alter von etwa 4 Wochen verlassen die kleinen Wellensittiche den Kasten und werden dann noch einige Tage von den Eltern gefüttert. Bereits ausgeflogene Junge können durch die Bettellaute der noch im Kasten sitzenden jüngeren Geschwister angezogen werden und schauen dort wieder hinein, um sich füttern zu lassen. Flügge Junge, die so noch einmal in den Brutkasten zurückkehren, sollte man nicht hinausscheuchen, am besten läßt man dann alle Jungen im Kasten, bis die ganze Brut ausgeflogen ist. Sobald das erste Junge den Brutkasten verlassen hat, ist es ganz wichtig, Futter und Trinkwasser so hinzustellen, daß die Küken es leicht finden können. Es empfiehlt sich, jetzt Hirsekolben und Futternäpfe an verschiedenen Stellen im Käfig beziehungsweise in der Voliere anzubringen. Noch ein Hinweis für den Wellensittichhalter: Der Vogelpfleger sollte täglich *vorsichtig* in den Brutkasten hineinsehen. Hierbei ist auch auf den Zustand der Füßchen und Beinchen der Jungen zu achten. Es kommt vor, daß die Füßchen mit Kot verkleben, der später so hart wird, daß dadurch die Bewegungsfreiheit der Zehen eingeschränkt wird und die Füßchen verkrüppeln. Es ist also ganz wichtig, verkotete Füße mit einem weichen, angefeuchteten Tuch oder einem Stück Papier (Küchenpapier) vorsichtig zu säubern! Achten Sie darauf, daß Sie die bluthaltigen Federkiele des Jungvogels nicht verletzen, verstümmelte Federn wären die Folge.

Die Fütterung der Küken

Ungewöhnlich, wie vieles beim Wellensittich, ist die Fütterung der Küken durch die Mutter. Schon während des Schlüpfvorganges können die Jungen mit Öffnen und Schließen des Schnabels auf die Berührung der Mutter reagieren.

Wenn ein Junges ruft und mit den Beinen strampelt, ist das für die Wellensittichmutter das Signal zum Füttern. Sie erhebt sich dann und streicht mit dem Schnabel über den Körper des Jungen. Um das Junge in die Fütterungsstellung (→ Zeichnung Seite 96) zu bringen, drückt das Weibchen seinen Schnabel so stark gegen den des Kükens, bis es sich auf den Rücken legt. Der Schnabel des Kükens schaut senkrecht nach oben. Berührt das Weibchen den Schnabel des Jungen, so ruft es lauter und heftiger nach Futter. Die Mutter würgt schleimigen Speichel und Körner aus dem Kropf hervor. (Diese Art von Futter ent-

spricht nicht der Kropfmilch – wie bei anderen Vogelarten beschrieben.) Sie führt ihren Schnabel dann rechtwinkelig über den des Kükens, durch schnelles Kopfvibrieren und durch den Schub der Zunge gleiten die Körner im schleimigen Speichel wie auf einem Schüttelband in den kleinen Schnabel. Unterbricht die Mutter kurz die Fütterung, so hebt das Junge unter sichtlicher Anstrengung den Kopf und läßt ihn gleich wieder fallen, sobald das Weibchen mit dem Füttern fortfährt. Man könnte nun glauben, daß das Küken, wenn es satt ist, weniger laut ruft, aber genau das Gegenteil ist der Fall. Das Signal »Mutter, höre bitte auf zu füttern« heißt lauteres und schrilleres Rufen. Küken, die wenige Tag alt sind, berührt und füttert das Weibchen im Gegensatz zu den älteren (→ Seite 96) nicht von sich aus, sondern nur, wenn sie strampeln oder rufen.

In den ersten Lebenstagen werden die Jungen nachts ebenso häufig gefüttert wie tagsüber. Das Weibchen ist die ganze Nacht über bei ihnen. Aus diesem Grund ist es natürlich wichtig, daß das Weibchen auch in der Dämmerung oder nachts zu ihrem Brutkasten zurückkehren kann, wenn sie ihn zum Koten verlassen hat. Ich empfehle daher, nachts ein schwaches Licht brennen zu lassen. Auch wenn der Vogel durch ein ihm unbekanntes Geräusch erschrickt und daraufhin den Kasten verläßt, findet er so wieder gut zu seiner Brut zurück.

Nun stellt sich für jeden Vogelfreund und -züchter die Frage nach dem richtigen Aufzuchtfutter. Aus meiner Sicht und meiner jahrelangen Erfahrung benötigen Wellensittiche kein spezielles Aufzuchtfutter, wenn das Futter, das sie sonst erhalten, alle wichtigen Bestandteile enthält (→ Seite 46). Meine Weibchen haben mehrere hundert Junge großgezogen, alle befanden sich in bester Gesundheit. Voraussetzungen für einen gesunden Wellensittichnachwuchs sind außer der richtigen Futterwahl natürlich auch optimale Haltungsbedingungen.

Beobachtungen an freilebenden Wellensittichen in Australien haben gezeigt, daß die Weibchen während der Aufzucht ihrer Jungen kein besonderes Futter zu sich nehmen. Da Aufzuchtfutter nicht schadet, sollte jeder Züchter so verfahren, wie es ihm beliebt.

Mit zunehmendem Alter der Küken verändert sich das Fütterungsverhalten des Weibchens.

Fütterung eines Wellensittich-Nestlings. Während der ersten Lebenstage liegen die Küken beim Füttern auf dem Rücken. Erst etwa vom zehnten Tag an werden sie sitzend gefüttert.

Etwa vom 8. Lebenstag an werden Junge nachts kaum noch gefüttert, wenn sie auch betteln. Das Betteln der Jungen ändert sich mit dem Älterwerden ebenfalls. Nach 4 bis 6 Tagen liegen sie beim Füttern nicht mehr ausschließlich auf dem Rücken, sondern sie setzen sich auf den Bürzel und rufen mit hochgestrecktem Kopf. Sie sind aber noch nicht stark

genug, um dem Druck, den das Weibchen mit dem Schnabel auf sie ausübt, standzuhalten – immer noch fallen sie auf den Rücken. Erst im Alter von 10 bis 12 Tagen hält das Küken die ganze Fütterung sitzend durch. Jetzt schreit es nicht mehr lauter, wenn es satt ist (→ Seite 95), sondern wendet sich ab und kriecht unter die Flügel. Das Bettelverhalten verfeinert sich mit zunehmender körperlicher Entwicklung.

Nach drei Wochen laufen die Küken im Kasten umher und folgen bettelnd der Mutter. Sie führen nun zielsicher den Schnabel an den des Weibchens und betteln mit ruckartigen Schnabelstößen nach Futter. Die Wellensittichmutter füttert ihre drei Wochen alten Jungen nicht nur, wenn sie betteln (→ Seite 95), sondern auch von sich aus, und zwar dann, wenn sie in den Kasten zurückkehrt. Sie ermuntert ihre Jungen geradezu zum Fressen, indem sie mit dem Schnabel über den Körper des Jungen fährt, das daraufhin den Schnabel öffnet. Bleibt der Schnabel geschlossen, so wendet sich die Mutter den Geschwistern zu, um diese zu füttern. Gefüttert wird vorwiegend vom Weibchen, aber auch das Männchen füttert die Küken, wenn sie es anbetteln – vorausgesetzt, das Weibchen »erlaubt« ihm, den Kasten zu betreten.

Hudern und Verteidigen der Brut

Der Aufgabenbereich des Weibchens bei der Aufzucht der Jungen beschränkt sich nicht nur aufs Füttern, hinzu kommen das Hudern (Wärmen und Körperkontakt) der Küken und deren Verteidigung.

Das Hudern hat in den ersten Tagen eine große Bedeutung, da das Wellensittichjunge vermutlich wie andere Nesthocker kurz nach dem Schlüpfen Schwierigkeiten hat, seine Körpertemperatur konstant zu halten. Man stelle sich diesen kleinen, nackten, blinden Winzling vor, dann wird einem klar, wie sehr er die Wärme der Mutter braucht. Während der ersten Lebenstage der Küken hält sich das Weibchen fast ständig hudernd bei ihnen auf. Das Weibchen schiebt die Jungen so unter, daß sie von ihm ganz bedeckt sind. Erst vom 14. Lebenstag an kann es vorkommen, daß das Weibchen mit geschlossenen Flügeln neben einem Jungen sitzt und es nicht unterschiebt. Je bewegungsfreudiger die Küken werden, desto weniger hudert die Mutter. Ist das zuletzt geschlüpfte Junge 16 Tage alt, stellt sie das Hudern völlig ein.

Brüten mehrere Pärchen zusammen in einer Voliere, wird die Wellensittichmutter ihre Brut immer heftig verteidigen (wie im Freileben). Schaut zum Beispiel ein fremdes Weibchen durch das Schlupfloch, so reagiert die Mutter sofort und hackt kräftig nach dem Eindringling. Verschwindet dieser nicht sofort, dann können Kämpfe entstehen, bei denen sich die Tiere schwer verletzen. Dieses Verteidigen der Brut ist sehr wichtig, denn gelingt es der Mutter nicht, ihre Küken zu verteidigen, dann schweben die Jungen in Lebensgefahr. Ich habe leider schon oft erlebt, wie das eindringende Weibchen die ganze Brut getötet hat. Es gibt Weibchen, die von Kasten zu Kasten ziehen und die brütenden Altvögel bedrohen, ohne daß sie selbst brüten wollen. Haben Sie einen solchen Störenfried in Ihrer Voliere, gibt es nur eine Lösung: Sie müssen dieses Weibchen aus der Voliere herausnehmen und versuchen, es in einem separaten Käfig mit einem Männchen zum Brüten zu bringen. Ich habe bei meinen Tieren auch schon beobachtet, wie zwei Weibchen, die jeweils einen Brutkasten erkämpft hatten, die toten Küken durch das Schlupfloch in die Voliere warfen und dann selbst begannen, in dem eroberten Kasten zu brüten. Einige andere Weibchen wollten sogar im Beisein der toten Küken brüten. Das wurde natürlich von mir verhindert, indem ich die toten Tiere schnellstens

aus dem Kasten nahm. Solche Vorfälle lassen sich nur verhindern, wenn sie Ihre Voliere während der Brutzeit regelmäßig kontrollieren, um rechtzeitig eingreifen zu können.

Wenn die Wellensittichmutter stirbt

Leider kommt es immer wieder einmal vor, daß eine Wellensittichmutter während der Aufzucht ihrer Jungen stirbt. Was kann man dann mit den verwaisten Jungen machen? Es gibt Männchen – allerdings relativ selten –, die dann die Brut alleine großziehen. In den meisten Fällen werden die Jungen sterben, gelingt es nicht, eine »Amme« zu finden. Haben Sie (oder eventuell befreundete Wellensittichbesitzer) ein Weibchen, das gerade Junge aufzieht, so stehen die Chancen recht gut, die verwaiste Brut groß zu bringen. Denn glücklicherweise nehmen Wellensittichweibchen fremde, verschiedenaltrige Junge an und pflegen sie meist wie ihre eigenen. Ein Weibchen hat keine Schwierigkeiten, sich auf verschiedenaltrige Tiere einzustellen. Hat es zum Beispiel fünf Tage alte und drei Wochen alte Küken (eigene und fremde) im Kasten, füttert es die ganz jungen Vögel auch noch nachts, während die älteren nachts nicht mehr gefüttert werden (→ Seite 95). Man sollte natürlich in jedem Fall versuchen, ein Weibchen zu finden, dessen Jungen ungefähr im gleichen Alter wie die »Waisen« sind, dann ergeben sich keine Probleme. Sind die hinzugesetzten Jungen wesentlich jünger als die eigenen, besteht die Gefahr, daß die kleinen Vögel zu wenig Pflege erhalten, denn die Pflegetätigkeiten des Weibchens werden naturgemäß weniger, je älter die Küken sind, so daß der »Amme« die Umstellung schwerer fällt. (Diese Verhaltensweisen hat Herr Leuenberger bei seinen Forschungsarbeiten in der Ethologischen Station Hasli der Universität Bern festgestellt.)

Verwaiste Wellensittichküken »mit der Hand« aufzuziehen, ist meines Wissens bisher nur selten gelungen. Zum Aufpäppeln der Winzlinge brauchen Sie viel Zeit und sehr viel Erfahrung mit Wellensittichen.

Was nach der Brut zu beachten ist

Brüten Ihre Tiere in einer Voliere, so haben die Jungen nach Verlassen des Kastens genügend Bewegungsfreiheit, um ihre Flugmuskulatur zu trainieren. Selbst wenn das Weibchen bereits wieder mit einer neuen Brut begonnen hat, wird sie in der Voliere die Jungvögel nicht attackieren, was in einem kleinen Käfig durchaus vokommen kann. Hat der Käfig nur die auf Seite 83 genannten Mindestmaße, ist es besser, die Jungvögel etwa 2 bis 3 Tage nach dem Ausfliegen von den Eltern zu trennen und in einem eigenen, möglichst großen Käfig unterzubringen. Man muß nur dafür sorgen, daß sie ohne Probleme ihr Futter finden (→ Seite 95). In der Regel wird man die Geschwister bis zum Alter von 5 bis 6 Wochen zusammenlassen.

Da ich nie beobachtet habe, daß Weibchen Kotpartikel oder sonstigen Schmutz aus dem Kasten warfen, empfehle ich, nach jeder Brut die Kästen äußerst sorgfältig mit heißem Wasser zu reinigen. Während einer Brut sollte man davon Abstand nehmen, um die Tiere nicht zu stören. In der Natur reinigen Insekten, zum Beispiel Ameisen, die Bruthöhlen. Keinesfalls darf der Kasten vor der nächsten gewünschten Brut wieder eingehängt werden. Ich empfehle, nicht mehr als zwei Bruten im Jahr zuzulassen, da sonst das Weibchen zu sehr erschöpft ist, und außerdem die Jungtiere äußerst kleine und krankheitsanfällige Tiere werden. Da freilebende Wellensittiche (→ Seite 112) fortlaufend und ohne Pause brüten, wenn die Bedingungen optimal sind

(was in der Voliere ja meist der Fall ist), ist es schwierig, die Weibchen am Brüten zu hindern. Man kann nach der Brutzeit Männchen und Weibchen trennen, indem man sie in verschiedenen Räumen unterbringt. Hat das Weibchen schon wieder mit der Eiablage begonnen, was sehr wahrscheinlich ist, so wartet man, bis es alle Eier gelegt hat, und nimmt erst dann den Kasten weg. Sonst kann es passieren, daß ein Ei im Eileiter steckenbleibt (Legenot), weil das Weibchen keinen geeigneten Platz gefunden hat, um es abzulegen. Diese Legenot ist für das Weibchen eine äußerst gefährliche Situation: Das Tier sitzt meist völlig erschöpft und matt am Boden und bewegt sich kaum. Nimmt man den Vogel vorsichtig in die Hand, legt ihn auf den Rücken und streicht ganz behutsam mit dem Finger von der Afteröffnung in Richtung Kopf, kann man deutlich das Ei spüren. Nun gibt es nur noch eine Möglichkeit: das Ei muß sofort entfernt werden; das sollten Sie aber unbedingt einem Fachmann überlassen, möglichst einem erfahrenen Tierarzt, um das ohnehin sehr geschwächte Tier nicht unnötig zu quälen.

In vielen Fällen legen Weibchen auch ohne Kasten und ohne Partner Eier – dann natürlich unbefruchtete. Leider gibt es keine ver-

Wellensittiche bei der Aufzucht ihrer Jungen. Oben: Eine Wellensittichmutter befreit ihr Küken, das an der Eihaut festklebte und lediglich ein kleines Loch in die Eischale brechen konnte (→ Seite 91). Unten: Häufig beteiligen sich auch die Wellensittichväter an der Aufzucht der Jungen. Sie schaffen das Futter herbei und füttern die Mutter und die bettelnden Küken.   ▷

nünftige Möglichkeit, ein Weibchen am Eierlegen zu hindern. Einige Wellensittichbesitzer versuchen es mit Hormonbehandlungen, die aber selten den gewünschten Erfolg bringen und dem Tier meiner Meinung nach mehr schaden als nutzen. Will man mit einem Weibchen nicht mehr züchten, kann man durch einen kleinen operativen Eingriff den Eileiter durchtrennen (→ Seite 75). Sonst bleibt nur, die Tiere regelmäßig zu beobachten, um bei einer Legenot rasch helfend eingreifen zu können.

Außer der Trennung der Geschlechter gibt es kein wirksames Mittel, um eine Brut zu verhindern. Hat man keine Zuchtabsichten, sollte man in keinem Fall mehrere Pärchen zusammen halten. Einzelpärchen sind aus den auf der Seite 88 genannten Gründen nicht ganz so »brutlustig«.

Das Spiel mit den Farben

Die Spielregeln der Vererbung, die man bei der Farbzucht von Wellensittichen kennen muß, sind nicht ganz einfach, und ich kann hier auch nur das »Prinzip« erläutern. Wer ganz bestimmte Farben herauszüchten möchte und Zufallsergebnisse vermeiden will, muß sich intensiv mit der entsprechenden Fachliteratur beschäftigen (→ Bücher, die weiterhelfen, Seite 139). Einen kleinen Einblick in die

◁ Wildlebendes Wellensittichweibchen in einer natürlichen Bruthöhle beim Füttern eines Jungen. In den ersten acht Lebenstagen liegen die Wellensittichjungen bei der Futteraufnahme auf dem Rücken.

Grundregeln der Vererbung kann ich hier aber geben: Daß Vater und Mutter gleichermaßen Erbanlagen an die Kinder liefern, wird ganz deutlich, wenn ein Kind beispielsweise vom

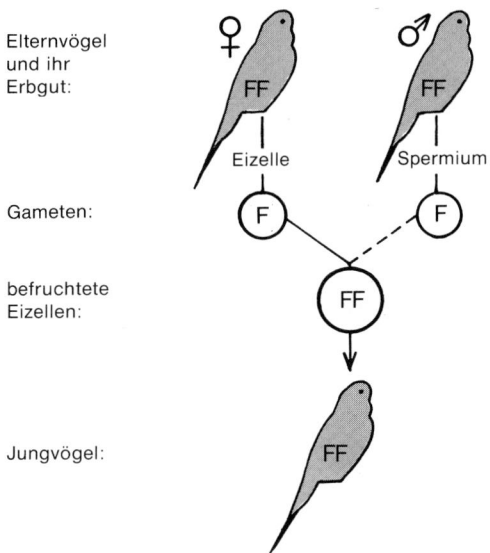

Vererbungsschema: Beide Elternteile (grün) sind gleicherbig (homozygot) – Jungvögel reinerbig grün (FF = grün).

Vater die große Nase und von der Mutter das blonde Haar geerbt hat. Daraus folgt: Erbanlagen »Vater« plus Erbanlagen »Mutter« ergibt Erbanlagen »Kind«. Das bedeutet aber nicht, daß das Kind jetzt doppelt so viele Erbanlagen hat wie sein Vater, weil die Mutter dazugekommen ist. Vater und Mutter geben nämlich nicht ihr ganzes Erbgut, sondern nur ihr halbes. So entsteht aus »Halb« und »Halb« ein »Ganzes«.

Das Erbgut liegt im Zellkern von Spermienzelle beziehungsweise der Eizelle. Man nennt diese beiden elterlichen Zelltypen die väterlichen und mütterlichen Geschlechtszellen (Gameten). Sie enthalten nur das halbe Erbgut der Elternteile. Der Aufbewahrungsort für die Erbanlagen sind die Chromosomen. Sie sind Schnüren vergleichbar, die eine Knotenschrift enthalten. Die »Knotenworte« sind die Erbanlagen (Gene). Da Mutter und Vater Erbgut liefern, sind alle Chromosomen und damit auch alle Gene doppelt vorhanden.

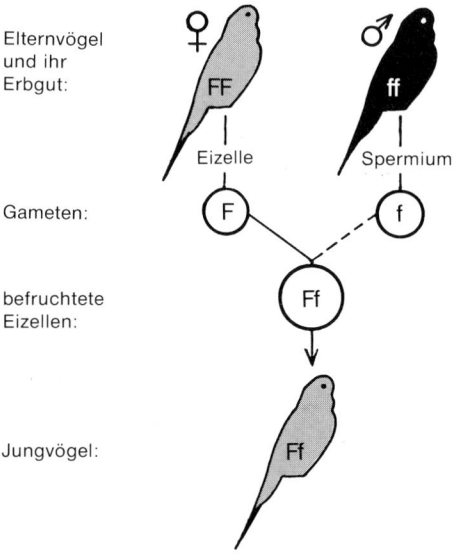

Elternvögel und ihr Erbgut:

♀ FF

♂ ff

Eizelle Spermium

Gameten: F f

befruchtete Eizellen: Ff

Jungvögel: Ff

Vererbungsschema: Weibchen reinerbig grün (FF), Männchen reinerbig blau (ff) – Jungvögel gemischterbig grün mit verdeckten Anlagen für blau (Ff).

Beim Wellensittich ist das alles ganz genauso. Den Züchter interessieren von den vielen, vielen Erbanlagen in erster Linie natürlich die, die für Farbe und für Geschlecht zuständig sind. Hat der Vater und die Mutter das gleiche Gen für die Farbe geliefert, dann ist das Junge »reinerbig« (homozygot) für diese Farbe, zum Beispiel blau und blau ergibt blau. Haben die Eltern dagegen jeweils unter-

schiedliche Farbgene, dann ist das Junge gemischterbig (heterozygot). Auf der Zeichnung links ist das Vererbungsschema bei der Kreuzung eines grünen mit einem blauen Vogel dargestellt, das Gen für Farbe wird dabei mit F beziehungsweise f bezeichnet (F = grün, f = blau). Der Jungvogel aus dieser Kreuzung ist allerdings nicht grünblau – das gibt es bei Wellensittichen nicht, sondern er ist genauso grün wie seine Mutter: Nach dem Sprichwort: »Außen hui und innen pfui« geht es auch oft bei den Genen zu. Das Gen »F« für »grün« herrscht nämlich über das Gen »f« für »blau«, wenn beide im selben Tier vorkommen. Das Merkmal »blau« sieht man zwar nicht, aber es kann weiter vererbt werden. Zweimal »f« könnte dann ein blaues Tier ergeben. Man sagt »F« ist herrschend (dominant) über »f«; »f« ist zurücktretend (rezessiv). Die Farbe eines Wellensittichs sagt also nicht unbedingt etwas über sein Erbgut.

Beim Wellensittich unterscheiden sich – wie bei jedem Lebewesen – Männchen und Weibchen dadurch, daß von vielen Chromosomenpaaren sich ein Paar bei den Geschlechtern unterscheidet (Männchen: viele Chromosomenpaare plus x + x Chromosom; Weibchen: viele Chromosomenpaare plus x + y Chromosom). Die x- und y-Chromosomen werden Geschlechtschromosomen genannt. Wichtig ist zu wissen, daß beim Wellensittich das Männchen die xx-Chromosomen (gleiche Geschlechtschromosomen) trägt und das Weibchen die xy-Chromosomen (unterschiedliche Geschlechtschromosomen). Beim Menschen ist es genau umgekehrt. Wer welches Geschlechtschromosom trägt, hat vor allem für die Vererbungsweise bei den weißen und gelben Wellensittichen eine besondere Bedeutung (→ Seite 104).

Was macht die Feder farbig?

Gewöhnlich sind es Farbstoffteilchen, die Dinge oder Bilder farbig machen. Es kommt aber auch vor, daß Strukturen, wenn sie äußerst fein sind, unserem Auge farbig erscheinen. Beim feinverteilten Wassertröpfchen ist das zum Beispiel der Fall – der Regenbogen ist das Ergebnis. Bei der Wellensittichfeder sind beide Möglichkeiten der Farberzeugung vorhanden: Farbstoffteilchen und farberzeugende Strukturen.

Die Feder hat als stabiles Element einen zentralen Schaft. Von ihm gehen zur Vergrößerung der Fläche viele Ästchen ab, die untereinander verhakt sind. Aufbau einer Feder und einen Querschnitt eines Federästchens unter dem Mikroskop betrachtet sehen Sie auf der Zeichnung Seite 107.

Die Grundfarben beim Wellensittich erklären sich folgendermaßen:

Weiß: die Hornstruktur der Feder enthält keinerlei Farbstoffe.

Gelb: Rinde enthält gelben Farbstoff; Kernbereich farblos.

Blau: Rinde ist farblos; Luftbläschenzone zerlegt das Licht in die Regenbogenfarben. Dunkler Farbstoff (Melanin) im Kernbereich schluckt alle Farben außer blau; blau wird reflektiert.

Grün: Rinde enthält gelben Farbstoff. Der mittlere Bereich erzeugt blau. Gelb plus blau ergibt grün.

Schwarz: Rinde und Kernbereich enthalten dunklen Farbstoff, gelber Farbstoff fehlt.

Die vier Grundfarben des Wellensittichs, sieht man von der schwarzen Körperzeichnung ab, lassen sich demnach auf gelben und schwarzen Farbstoff zurückführen. (Die Strukturfarbe blau erscheint nur, wenn im Kernbereich auch schwarz vorhanden ist.) Wir benötigen deshalb nur Symbole für zwei Erbfaktoren; einmal ein Gen für gelbe Farbe, das in zwei Zuständen vorliegen kann:

- F = gelber Farbstoff wird hergestellt;
- f = gelber Farbstoff wird nicht hergestellt,

und ein Gen für schwarze Farbe, das ebenfalls in zwei Zuständen vorliegen kann:

- O = schwarzer Farbstoff wird hergestellt;
- o = schwarzer Farbstoff wird nicht hergestellt.

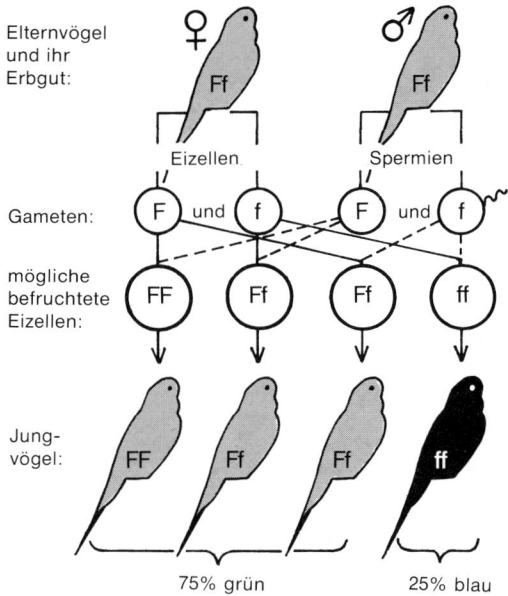

Vererbungsschema: Beide Elternteile sind gemischterbig (heterozygot), Ff = grün mit Anlagen für blau.

(Angemerkt sei, daß es auch Zwischenstufen gibt, bei denen der schwarze Farbstoff in unterschiedlicher Konzentration eingebaut wird.)

Wie bereits erwähnt, hat jeder Vogel alle Erbanlagen doppelt; also auch das Gen »gelb«, das den Zustand »F« oder »f« haben kann. Es gibt demnach für die Erbanlage »gelb« in einem Vogel *drei* mögliche Kombinationen; er hat sie von seinen Eltern ererbt und behält sie zeitlebens – FF: grün; Ff: grün, weil F dominant über f; ff: blau.

Kreuzt man zwei grüne Vögel, so können ganz unterschiedliche Jungvögel schlüpfen; zwei Beispiele dafür sehen Sie auf der Zeichnung auf Seite 101 und der Zeichnung Seite 103. Noch ein Hinweis: In der Zeichnung auf Seite 103 erscheinen als Ergebnis vier Jungvögel. Was machen Sie aber, wenn der Vogel nur drei Eier erbrütet? Diese vier gezeichneten Jungvögel lassen sich nur als Zahlenverhältnis auffassen: 25% der Jungvögel aus solchen Paarungen haben FF, 50% haben Ff und 25% haben ff. Ganz genau ergeben sich diese Prozente allerdings nie. Wer sie ziemlich genau erhalten möchte, muß sehr, sehr viele solcher Kreuzungen durchführen.

Wie vererben Albinos und Lutinos?

Albinos sind weiße und Lutinos gelbe Wellensittiche mit roten Augen. Um es gleich vorweg zu sagen: Ihnen fehlt der schwarze Farbstoff Melanin völlig. Deshalb haben diese Tiere auch keinen schwarzen Lichtschutz im Augenhintergrund – das Blut scheint rot durch. Gelbe Wellensittiche (Lutinos) stammen aus der Grünreihe, weiße (Albinos) aus der Blaureihe.

Die Vererbung des Melaninfaktors, und das ist die Besonderheit, liegt auf dem x-Chromosom. Das x-Chromosom ist nur bei den Männchen doppelt vorhanden (xx). Die Weibchen haben das entscheidende x-Chromosom nur einfach (xy). Ob das Gen für Melaninfarbstoff dominant oder rezessiv vererbt wird, spielt bei den Weibchen keine Rolle. Es fehlt ja das Partner-Gen (das y-Chromosom ist weitgehend gen-leer). In den beiden Zeichnungen rechts und Seite 105 sind zwei Kreu-

zungsbeispiele dargestellt – Zeichenerklärung: x = x-Chromosom mit Melaninfaktor (Normalfall); x^o = x-Chromosom ohne Melaninfaktor.

Im ersten Beispiel in der Zeichnung unten wird ein Lutinoweibchen mit dem Erbgut x^o und y mit einem grünen Männchen mit dem Erbgut xx gekreuzt. Was läßt sich hier über den Zusammenhang von Farbe und Geschlecht aussagen? Alle männlichen Jungvögel einer solchen Kreuzung sind Normalfarben (hier also grün). Sie haben alle den Melaninmangel verdeckt (gemischterbig). Alle weiblichen Jungvögel sind ebenfalls normalfarben; und haben auch verdeckt keine Anlage für

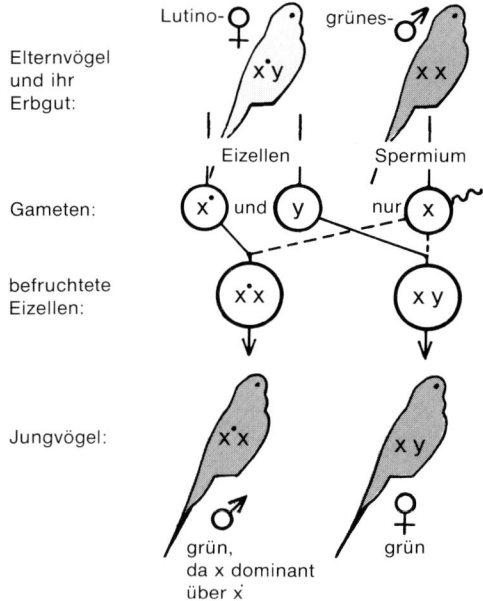

Vererbungsschema bei geschlechtsgebundener Vererbung: Kreuzung von Lutino-Weibchen mit grünem Männchen.

Die Wellensittichzucht

Melaninmangel. Die grünen männlichen Vögel, deren Erbgut man aufgrund der theoretischen Überlegung nun kennt, muß man jetzt mit einem gelben weiblichen Vogel kreuzen, um gelbe Jungvögel zu erhalten.

Wegen dieser komplizierten, geschlechtsgebundenen Vererbung verschwanden auch die ersten gelben Vögel wieder. Sie tauchten vor der Jahrhundertwende ein- oder zweimal auf, übertrugen aber scheinbar ihr Erbgut nicht. In der Zeichnung unten wurde ein Lutinoweibchen mit dem Erbgut x°y mit einem grünen Männchen (gemischterbig gelb) mit dem Erbgut x°x gekreuzt. Diese Kreuzung hat Jungvögel mit allen möglichen Kombinationen

des Melaninfaktors gebracht; sowohl bei den Männchen als auch bei den Weibchen. Will man in Zukunft nur gelbe Vögel erhalten, dann kann man mit den gelben Weibchen und den gelben Männchen weiterzüchten.

Mit weißen Vögeln sehen die Kreuzungsschemata nicht anders aus; statt gelb setzt man weiß ein und statt grün blau.

Etwas komplizierter wird der Fall, wenn man weiße mit der Grünreihe kreuzt oder gelbe mit der Blaureihe. Dann muß man nämlich zwei Erbfaktoren berücksichtigen, von denen der Melaninfaktor auf dem x-Chromosom liegt (geschlechtsgekoppelt) und der Gelbfaktor auf einem »normalen« Chromosom. Das auszuführen ist mir hier leider nicht möglich; ich muß Sie auf die einschlägige Fachliteratur verweisen, mit der sich vor allem »Farbzüchter« eingehend beschäftigen sollten (→ Bücher, die weiterhelfen, Seite 139).

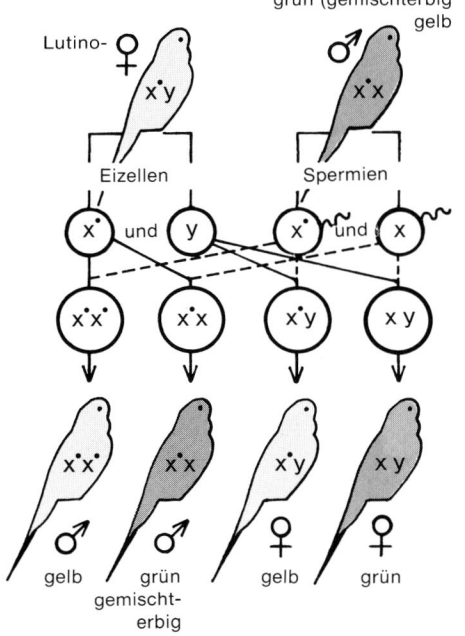

Vererbungsschema bei geschlechtsgebundener Vererbung: Kreuzung von Lutino-Weibchen mit grünem Männchen (gemischterbig gelb).

105

Wildlebende Wellensittiche in Australien

Vieles, was wir heute über den Wellensittich wissen, stammt aus Beobachtungen an domestizierten Tieren. Viele Menschen, die mit solch einem Krummschnabel zusammenleben, haben aber auch sicherlich den Wunsch, etwas über die Lebensbedingungen und Lebensweisen des freilebenden Vogels zu erfahren. Ich glaube, daß diese Kenntnisse Ihnen die Möglichkeit geben, Ihren buntgefiederten Hausgenossen noch besser zu verstehen.

Als erster Europäer schrieb John Gould (1865) in seinem Buch »Birds of Australia« etwas über die Lebensweise der Wellensittiche. Dieses herrliche Werk läßt das Herz vieler Vogelfreunde schon beim Durchblättern »höher schlagen«, weil es nicht nur Beschreibungen vieler australischer Vögel enthält, sondern auch wunderschöne Stiche und Zeichnungen, die Goulds Frau angefertigt hatte. Lange Zeit mußte man sich mit Goulds Berichten über den wildlebenden Wellensittich in Australien begnügen. Neben einigen sehr schönen Büchern über die Vogelwelt Australiens (→ Bücher, die weiterhelfen, Seite 139), in denen auch der Wellensittich größere Beachtung findet, gibt es heute sogar einen bemerkenswert informativen Film über das Freileben dieser kleinen australischen Papageien (von den Tierfilmern Arendt und Schweiger, von denen auch viele Farbfotos dieses Buches stammen).

Der Wellensittich und seine Verwandten

Der Naturforscher John Gould reiste mit seiner Frau mehrere Jahre kreuz und quer durch Australien. Auf einer dieser Entdeckungsreisen stieß er zum ersten Mal im Inneren von Zentralaustralien auf den Wellensittich, dem man den wissenschaftlichen Namen *Melopsittacus undulatus Shaw* gab. Er gehört zur Familie der echten Papageien – damit ist schon erklärt, warum er relativ gut sprechen lernen kann. Die Vertreter dieser Familie bilden eine in sich geschlossene Gruppe mit sehr ausgeprägten Kennzeichen, durch die sie ohne weiteres von den übrigen Vogelfamilien unterschieden werden können. Sehr auffallend ist der kräftige, stark nach unten gebogene Schnabel, dessen Oberkiefer den Unterkiefer überragt. An der Unterseite ist die Spitze des Oberkiefers eingekerbt. Mit Hilfe dieses Schnabels können Papageien Nahrung festhalten oder sich an Zweigen festklammern. Die Füße sind so gestaltet, daß zwei Zehen nach vorne und zwei nach hinten gerichtet sind.

Der Wellensittich ist der kleinste Plattschweifsittich und vertritt eine eigene Gattung. (Zu diesen Plattschweifsittichen gehören Vögel wie der Nacht- und Erdsittich, die fast ausschließlich auf dem Boden leben, weshalb man sie auch die »Fasanen« unter den Papageien nennt.)

Zu erklären, nach welchen bestimmten Regeln die zoologische Zuordnung des Wellensittichs erfolgt ist, wäre hier zu langwierig. Sinn und Zweck einer solchen Zuordnung ist aber schnell erklärt, denn jedem ist bei der Vielzahl von Pflanzen und Tieren klar, daß man sie ordnen muß, um sicher zu sein, daß jeder von der gleichen Tier- beziehungsweise Pflanzenart spricht. Der Schwede Carl von Linné unternahm den Versuch, Ordnung in die Fülle des Tier- und Pflanzenreiches zu bringen. Diese Ordnung ist aber nicht ein vom Menschen geschaffenes willkürliches Produkt, sondern sie geht davon aus, daß kompliziert gebaute Lebewesen im Laufe ihrer stammesgeschichtlichen Entwicklung aus einfacher gebauten Wesen entstanden sind. Diese Gruppierung ist also zugleich Ausdruck der natürlichen Verwandtschaft. Nach dieser Gruppierung sieht der zoologische Steckbrief des Wellensittichs wie folgt aus:

Klasse: *Aves* (Vögel)

Wildlebende Wellensittiche in Australien

Ordnung: *Psittaciformes* (Handfüßler)
Familie: *Psittacidae* (Papageien)
Unterfamilie: *Psittacinae* (Echte Papageien)
Gattungsgruppe: *Platycercini* (Plattschweifsittiche)
Gattung: *Melopsittacus*
Art: *Undulatus*
Der wissenschaftliche Name *Melopsittacus undulatus Shaw* sagt etwas über das Tier aus und ist leicht zu erklären: *Melos* (griechisch) bedeutet Gesang, *psittakos* (ebenfalls griechisch) Papagei. *Undulatus* ist das lateinische Wort für Wellenlinie, was sich auf die Wellenzeichnung des Gefieders bezieht. *Shaw* rührt daher, weil der englische Naturforscher Shaw 1794 den Wellensittich in seinem Buch »Zoology of New Holland« als erster beschrieb und ihm den Namen *Psittacus undulatus* gab. Nichts über Wesen und Aussehen sagt der Name, den der Vogel von den Eingeborenen bekam. Sie nannten ihn »Betcherrygah«, was soviel wie »Gutes Essen« bedeutet. (Scheinbar hat er ihnen gut geschmeckt.) Aus dieser Eingeborenensprache leitet sich auch die englische Bezeichnung »Budgerigar« ab.

Aussehen des wildlebenden Wellensittichs

Der Wellensittich ist etwas größer als ein Spatz, beide haben aber ungefähr dasselbe Gewicht (30 g); der wildlebende Wellensittich ist etwas kleiner und leichter als der domestizierte: vom Schnabel bis zur Schwanzspitze mißt er 16 bis 20 cm und wiegt etwa 30 g. Die wildlebende Art ist vorwiegend grün oder grünlich, Flügel und Rücken sind schwarzbraun gestreift. In freier Wildbahn wurden auch schon vereinzelt gelbe und blaue Sittiche gesehen, die aber vermutlich durch ihre auffallende Farbe sehr schnell von ihren Feinden erkannt und getötet wurden. Der Kopf ist gelb mit einer dichten schwarzen Streifen-

zeichnung, das Gesicht (»Maske«) ist vom Scheitel bis zur Kehle hellgelb. Den Abschluß der Maske bilden links und rechts die länglichen violetten Bartflecken und von ihnen ausgehend – nach innen zu – je drei schwarze Kehltupfen. Der Schwanz ist sehr lang.

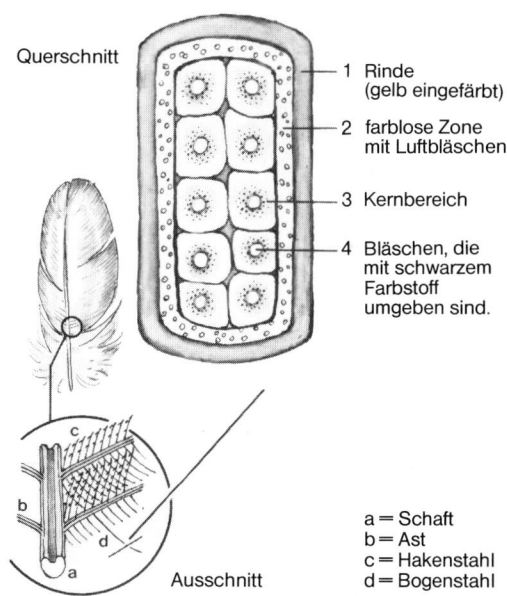

Querschnitt

1 Rinde (gelb eingefärbt)
2 farblose Zone mit Luftbläschen
3 Kernbereich
4 Bläschen, die mit schwarzem Farbstoff umgeben sind.

a = Schaft
b = Ast
c = Hakenstahl
d = Bogenstahl

Ausschnitt

Aufbau einer grünen Wellensittichfeder.

Die schwarzen runden Pupillen seiner Augen sind von einem feinen weißen Irisstreifen umgeben. Das Augenlid schließt sich von unten nach oben. Erwachsene Männchen haben eine blaue Wachsnasenhaut, Weibchen eine braune, die während der Brutzeit stark nachdunkeln kann.

Wildlebende Wellensittiche in Australien

Lebensraum und Verbreitung

Australien, die Heimat des Wellensittichs, wird häufig als »Vogelparadies« bezeichnet, was nur allzu verständlich ist, betrachtet man die Farbenpracht und Vielfalt der australischen Vogelwelt. Keineswegs »paradiesisch« sind die Lebensbedingungen, an die sich die australische Tierwelt im Laufe der Millionen Jahre angepaßt hat. Denn auf dem fünften Kontinent, der als der trockenste aller Erdteile gilt, wurden und werden die Lebensgesetze von extremen klimatischen Verhältnissen diktiert. Wie extrem, ja geradezu lebensfeindlich die Klimaverhältnisse im Verbreitungsgebiet des Wellensittichs sind, nämlich im Inneren Australiens, wird sehr deutlich an der Beschreibung, die Klaus Immelmann in seinem Buch »Die Vogelwelt Australiens« gibt: »Der tropische Norden unterliegt dem Einfluß des Nordwestmonsuns und erhält nach Sonnenhöchststand, also im Südsommer und Südherbst, monsunale Niederschläge. (Australien liegt südlich des Äquators, wenn dort Sommer ist, haben wir bei uns Winter und umgekehrt.) Im Süden des Landes herrscht Mittelmeerklima mit heißen, trockenen Sommern und Niederschlägen im Winter. Das Innere Australiens aber liegt zwischen den beiden Klimazonen und hat keine regelmäßige Regenzeit. Die Niederschläge stehen hier in keinem Zusammenhang mit den Jahreszeiten. Es können hier monatelang, ja sogar jahrelang, keine Niederschläge fallen.« Zentralaustralien, dieses riesige Trockengebiet mit seinen wüsten- und halbwüstenartigen Landschaften, den Baum- und Strauchsteppen, den uralten, zerklüfteten Gebirgshügeln und den wenigen Creeks (Flüsse und Bäche, die nur zeitweise Wasser führen), ist der Lebensraum des Wellensittichs, in dem er sich behaupten muß. Die extremen Umweltbedingungen im Inneren Australiens machen nicht nur den Tieren, sondern auch den Menschen zu schaffen. Die beiden Naturfilmer Arendt und Schweiger berichteten mir von den großen Strapazen, die sie überwinden mußten, um ihren außergewöhnlichen Wellensittichfilm zu drehen. Es gehört schon sehr viel Idealismus und Härte dazu, das Brutgeschäft der Wellensittiche bei Morgen- und Abendtemperaturen von 38 °C zu filmen. Nachmittags war es wegen der Hitze ganz unmöglich zu filmen. Auch erzählten sie mir, daß sie mehrere Male nach Australien reisen mußten, weil sie in einem Jahr nur auf wenige Wellensittiche trafen, und in ganz Australien niemand sagen konnte, wo sich die Wellensittiche befinden. Im nächsten Jahr hatten sie schließlich Glück: Sie beobachteten riesige Scharen, vermutlich Tausende von Vögeln, die beim Flug den Himmel verdunkelten.

Diese Schwankungen in der Wellensittichpopulation erklären sich die beiden damit, daß während langer Trockenzeiten Tausende von Vögeln sterben, und die überlebenden in Gebiete mit günstigeren Lebensbedingungen ziehen. Auch Klaus Immelmann erwähnt in seinem Buch (→ Seite 139) dieses Massensterben. Er berichtet von einem Farmer in Zentralaustralien, der fünf Tonnen toter Wellensittiche aus einer einzigen Rindertränke fischte,

Wildlebendes Wellensittichpärchen vor seiner Bruthöhle.   ▷
Das Wellensittichmännchen (rechts) übergibt das aus dem Kropf aufgewürgte Futter seinem Weibchen.

während ein anderer aus einer Wasserstelle an der Farm 60 000 Sittiche herausholte. Für die von langen Flügen und durch Wassermangel erschöpften Vögel werden die Tränken zu wahren Todesfallen. Die Wasserstellen und Rindertränken in der Nähe der Farmen sind meist künstlich geschaffene Trinkstätten. Ihre Wände sind häufig sehr steil und hoch, so daß die Vögel nach anstrengender Wassersuche mit dem nassen Gefieder nicht mehr die Kraft haben, sie zu überwinden. Auch behindern die vielen Vögel sich gegenseitig beim Abflug. Während der langen Trockenzeiten verdorren natürlich auch die Pflanzen und Gräser, deren Samen die Hauptnahrung des Wellensittichs sind, so daß er gezwungen ist, weiterzuziehen. Wie ein Nomade durchstreift er ständig auf der Suche nach Futter und Wasser sein großes Verbreitungsgebiet.

Die Anpassung an den Lebensraum

In der Biologie gibt es den Begriff der »ökologischen Nische«. Darunter versteht man die Wechselbeziehungen zwischen den Gegebenheiten der Umwelt und den Ansprüchen und der Form der Nutzung durch eine Tierart.

◁ Wellensittiche in ihrer Heimat Australien.
Oben: Dieses Wellensittichpärchen hat eine geeignete Baumhöhle zum Brüten gefunden; im Schlupfloch sitzt das Weibchen, rechts das Männchen.
Unten: Wellensittichschwarm an einer Wasserstelle beim Trinken und Baden.

Sie ist also – im wörtlichen Sinn – kein Raum, sondern ein vielfältiges Beziehungssystem zwischen einer Tierart und seiner Umwelt. Der Wellensittich besetzt seine ökologische Nische relativ gut. Wie man in den folgenden Kapiteln sehen wird, sind all seine Verhaltens- und Lebensweisen auf das Überleben in seinem »unwirtlichen« Verbreitungsgebiet ausgerichtet. Denn um sich erfolgreich in einer ökologischen Nische zu behaupten, ist es für eine Tierart wichtig, gute Überlebenschancen zu haben und viele Nachkommen zu produzieren.

Aber wie verkraften Wellensittiche die ungeheuren Verluste während der langen Trockenperioden, ohne daß die Art ausstirbt? Das Aussterben kann nur dadurch verhindert werden, daß die Vögel bei günstigen Bedingungen innerhalb kurzer Zeit sehr viel Nachwuchs produzieren, um so die Verluste auszugleichen. (Viele wissenschaftliche Untersuchungsergebnisse scheinen dies zu bestätigen; vor allem die Arbeiten von E. Wyndham und von G. Pohl-Apel.)

Der Wellensittich ist – wie fast alle in den australischen Trockengebieten verbreiteten Vogelarten – auf diese spezielle Form der Arterhaltung »eingestellt«: Wellensittichmännchen sind sexuell frühreif. Schon im Alter von drei bis vier Monaten sind ihre Hoden funktionstüchtig. Diesen frühen Zeitpunkt der Hodenentwicklung findet man bei wenigen Vogelarten. Die Jungvögel haben im Alter von drei Monaten schon durchgemausert, das heißt, die Jugendmauser ist zu diesem Zeitpunkt abgeschlossen. Diese frühe sexuelle Reife bewirkt, daß sich der Wellensittich früh fortpflanzen und daher eine höhere Anzahl von Nachkommen produzieren kann. Dies allein würde aber für eine große Nachkommenschaft nicht ausreichen. Beim domestizierten Vogel stellte man fest, daß die Hoden das ganze Jahr über aktiv sind, wenn er gesellig leben kann und die Möglichkeit zur Brut hat. Bei den meisten mitteleuropäischen Vogelarten werden die Hoden außerhalb der Brutzeit kleiner, und die Produktion von Spermien wird eingestellt, da die Brutperiode durch äußere Faktoren, wie Tageslänge, rechtzeitig angekündigt wird; so bleibt genügend Zeit für die Reifung der inaktiven Hoden. Der Wellensittich dagegen muß sehr schnell, ja eigentlich ständig fortpflanzungsfähig sein, denn der Wechsel von Trockenheit zu Regen im Inneren

Während der Begattung breitet das Wellensittich-männchen einen Flügel über sein Weibchen.

Australiens erfolgt sehr rasch und ohne »Ankündigung«. Man wertet die andauernde Hodenaktivität (beziehungsweise frühe Reifung) als Anpassung an die extremen Umweltbedingungen seines Lebensraumes. Denn der Wellensittich muß sofort mit der Brut beginnen,

sobald er nach den Regenfällen ausreichend Wasser und Nahrung zur Aufzucht der Jungen vorfindet.

Groß war die Enttäuschung, als man die andauernde Hodenaktivität am wildlebenden Wellensittich nicht uneingeschränkt feststellen konnte. Wie schon erwähnt, ist ganz Zentralaustralien das Verbreitungsgebiet des Wellensittichs. Er kommt aber auch an der Küste vor, und zwar im Nordwesten und in mittleren südlichen Gebieten. In bestimmten Regionen fand man wie bei unseren mitteleuropäischen Vogelarten einen bestimmten Zyklus in der Hodenaktivität. Das heißt, die klimatischen Verhältnisse müssen hier so günstig sein, daß der Wellensittich »Zeit« zum Fortpflanzen hat. Denn keinen Zyklus, sondern das ganze Jahr über funktionstüchtige Hoden stellte man dort fest, wo Wellensittiche darauf angewiesen waren, sich schnell fortzupflanzen. (Damit ist – wie es scheint – die wissenschaftliche Welt wieder heil.)

Die Anpassung des Wellensittichs geht aber noch weiter! Parallel zur schnellen Hodenreifung treten auch schon früh Balzhandlungen der jungen Wellensittiche auf. Schon bevor sie geschlechtsreif sind, suchen Wellensittichmännchen ihren Partner. Während die Initiative zur Verpaarung bei den Männchen liegt (→ Seite 86), geht die endgültige Partnerwahl von den Weibchen aus. Mit gegenseitigem Kraulen und Beknabbern des Gefieders reagieren sie auch schon auf das Werben noch nicht geschlechtsreifer Männchen.

Viele Tiere sind also beim Einsetzen der Geschlechtsreife bereits verpaart. Sie wählen dann auch nicht nach jeder Brut einen neuen Partner, sondern bleiben über längere Zeit treu (→ Seite 86). Die frühe Partnerwahl und die Bindung an *einen* Partner ermöglichen dem wildlebenden Wellensittich sofort zu brüten, wenn günstige Bedingungen vorhanden sind. Es wird so keine Zeit verloren.

Das Brutgeschäft der wildlebenden Wellensittiche

Für eine hohe Vermehrungsrate sorgt auch die große Anzahl der Eier (4 bis 8), die der Wellensittich während einer Brutperiode legt. Sind die Bedingungen günstig, folgt eine Brut nach der anderen. Die Weibchen legen die Eier in geeignete Baumhöhlen, ohne Verwendung von Nistmaterial. Man könnte glauben, daß das Brutgeschäft durch die geringe Anzahl der zur Verfügung stehenden Bäume begrenzt ist. Das scheint jedoch nicht so zu sein, denn finden die Weibchen nicht genügend Bäume, brüten sie sogar in Erdlöchern oder in allem, was nur möglich ist. So erzählten mir die beiden Naturfilmer Arendt und Schweiger, daß sie Weibchen in Höhlen brüten sahen, in denen diese sich kaum drehen konnten. Man kann sich nicht vorstellen, wie ein Wellensittichweibchen auf solch engem Raum Junge großziehen kann.

Normalerweise suchen sich die Weibchen geeignete Bruthöhlen in älteren oder abgestorbenen Bäumen – selten in jüngeren. Sie bevorzugen Bäume an Flußufern oder in leicht überflutetem Schwemmland. Das Innere der Bruthöhle verändern sie nicht. Wie Arendt und Schweiger beobachten konnten, bestand der Boden der Höhle meist aus weichem, verrottetem Holz, das durch den Kot der Kücken angefeuchtet war. Gereinigt wurde die Höhle durch Insekten (zum Beispiel Ameisen) und deren Larven.

Die Weibchen benagen die Einschlupflöcher, die meist rund oder oval sind. Ihr Durchmesser schwankt zwischen drei und sechs Zentimetern. Diese Lochgröße ist für Wellensittiche optimal, denn bei einer kleineren Öffnung hat der Vogel Schwierigkeiten beim Hinein- und Hinausschlüpfen. Größer darf sie allerdings auch nicht sein, da sonst Feinde, Mitkonkurrenten um die Bruthöhle und Eiräuber, Eier und Küken gefährden können. Erstaunlich ist, wie tief manche Höhlen sind. Der Biologe Edmund Wyndham fand welche, deren Tiefe vom Einschlupfloch bis auf den Boden ein Meter betrug. Man stelle sich vor, welche Schwierigkeiten die Küken beim Verlassen solch einer Bruthöhle vorfinden. Bei domestizierten Wellensittichen hat man beobachtet, daß bei der Wahl des Nistkastens der Ort der Anflugstange beim Einschlupfloch eine wichtige Rolle spielt. Kästen, bei denen die Stangen direkt unterhalb des Loches angebracht sind, wurden bevorzugt. Beim wildlebenden Wellensittich spielt es keine Rolle, wo die Äste beim Einschlupfloch wachsen; störende Äste werden benagt oder beiseite geschafft. In einem Baum können mehrere Vögel zur gleichen Zeit brüten, ohne daß sich die Tiere durch Streitigkeiten gegenseitig im Brutgeschäft stören. Der Abstand der einzelnen beobachteten Höhlen war unterschiedlich, in jedem Fall betrug er immer mehr als 1 m.

Schlüpfen und Aufzucht der Jungen

Wie freilebende Wellensittichküken aus der Eischale schlüpfen, wurde meines Wissens noch nie beobachtet. Auch Arendt und Schweiger hatten leider nicht dieses Glück. Sie kamen immer zu spät und konnten nur noch das nackte Küken und die leere Eischale sehen. Aus der Form der Eischale schließe ich aber, daß die Jungen ähnlich wie bei den domestizierten Wellensittichen schlüpfen. Die beiden konnten auch nicht – wie ich in meinen Volieren – beobachten, daß das Weibchen die Eischale entfernte. Es mag sich dabei nur um eine individuelle Schwankung im Verhalten der Mutter handeln, aber möglicherweise gibt es hier wirklich einen Unterschied zum domestizierten Vogel. Um das genau beurteilen zu können, muß mehr als nur eine Beobachtung vorliegen. Nach Aussagen der beiden Naturfilmer herrscht außer der hohen Temperatur auch eine extrem geringe Luftfeuchtigkeit in der Bruthöhle. Diese Trockenheit kann vielleicht Konsequenzen für den Schlupfverlauf haben. Wie schon auf Seite 90 beschrieben, pickt das Küken mit dem Eizahn gegen die Eischale; dadurch entsteht eine kleine Öffnung. Dann dreht es sich ein paar Millimeter, pickt erneut gegen die Eischale, so entsteht eine dünne Spalte in der Schale. Aber gerade diese Drehbewegungen um die eigene Achse innerhalb des Eies werden schwieriger oder unmöglich, wenn der Embryo wegen der Trockenheit mit den Eihäuten verklebt. Er bearbeitet dann immer dieselbe Stelle, so daß er keine Spalte, sondern ein Loch in die Eischale pickt. Aus dieser Situation könnte sich das Küken nicht alleine befreien, wenn das Weibchen nicht durch Knabbern an der Schale das Loch vergrößern würde. Daß der Grad der Trockenheit für den Erfolg des Schlüpfvorganges eine Rolle spielt, wurde auch an anderen Vogelarten festgestellt. Die Biologin Amelie Koehler berichtet von einem Rothalsfalkenweibchen, welches das Pickloch eines Kükens, das im Ei steckenblieb, erweiterte. Als Frau Koehler die übrigen Eier befeuchtete, bewirkte das einen normalen Schlüpfvorgang.

Nun ist es aber wichtig zu wissen, daß Wellensittichküken, die durch die Mithilfe ihrer Mutter schlüpfen, genauso kräftig und lebensfähig sind wie die Küken, die aus eigener Kraft schlüpfen. Ich konnte nie beobachten, daß eines dieser Küken den anderen gegenüber unterlegen war, oder gar an Schwäche gestorben wäre. Ohne Hilfe der Mutter würden sie aber sterben, was eine höhere Verlustrate zur Folge hätte, und damit eine geringere Vermehrungsrate. Wenn die Trockenheit unter natürlichen Bedingungen wirklich das Festkleben des

Embryos bewirkt, dann wäre die Schlüpfhilfe neben den Mehrfachbruten, der hohen Anzahl der Eier im Gelege und der frühen sexuellen Geschlechtsreife der Jungvögel ein ergänzender Anpassungsmechanismus an die sehr harten Lebensbedingungen in Zentralaustralien.

Wildlebendes Wellensittichweibchen in ihrer Bruthöhle bei der Fütterung ihrer Jungen.

Über das Leben der Küken und das Verhalten der Mutter in der Bruthöhle gibt es meines Wissens außer dem Film von Arendt und Schweiger keine genauen Studien. Ich habe den Eindruck, daß sich die Verhaltensweisen der Küken von wildlebenden Wellensittichen kaum von denen der domestizierten Vögel unterscheiden. Auch bei den wildlebenden Vögeln werden die Nestlinge während der ersten Tage auf dem Rücken liegend gefüttert. Sobald die Halsmuskulatur sich kräftigt, beginnt das Junge allmählich seinen Schnabel der Mutter entgegenzustrecken. Ebenso scheint das Betteln untereinander und der Mutter gegenüber gleich zu sein. Die Suche nach Körperkontakt ist bei ihnen ebenfalls stark ausgeprägt. Wie im Kasten drängen in der Bruthöhle die Geschwister verschiedenen Alters zueinander, zu unterst kauern die Kleinsten, darüber ruhen die Älteren, Hals auf Hals gelegt. Wie die Tiere bei solcher Körperhaltung und bei Temperaturen von 43 °C ihre Körpertemperatur konstant halten und ihre Atmung regeln, ist mir völlig unklar. Während der Brut scheinen die wildlebenden Wellensittiche hohe Temperaturen leichter zu ertragen als niedrige, denn bei niedrigen Temperaturen traten größere Ausfälle auf.

Während des Brutgeschäftes füttert das Männchen das Weibchen, weil es erst, wenn die Jungen älter sind, die Bruthöhle häufiger verlassen kann (auch in unseren Volieren ist das so, → Seite 88). Die Eltern füttern die Jungen mit den gleichen Grassamen, die sie auch fressen (→ Nahrungsaufnahme, Seite 118). Eine Spezialisierung der Wellensittiche auf ganz bestimmte Grassamen oder gar auf ein besonderes »Aufzuchtfutter« wäre biologisch auch wenig sinnvoll. Es würde den Erfolg einer Brut nur behindern, weil bestimmte Pflanzen nur zu ganz bestimmten Zeiten zur Verfügung stehen, und danach kann sich der Wellensittich ja nicht »richten« (→ Seite 111).

In einem Punkt aber unterscheiden sich wildlebende von domestizierten Wellensittichen: Nach Verlassen der Bruthöhle werden die Jungen maximal noch zwei Tage gefüttert. Der Grund hierfür könnte sein, daß die Eltern ihre verfügbare Energie sofort einer neuen Brut zukommen lassen wollen.

Wie groß die Verluste während der Brutperiode und der Aufzucht der Jungen sind (und die Gründe dafür), wurde in mehreren ausgewählten Gebieten im Süden und Südosten Australiens untersucht. Hierzu mußte man den Bruterfolg der Tiere beobachten. (Unter Bruterfolg versteht man die Überlebensrate der Eier während der Brutzeit sowie die Überlebensrate der Nestlinge beziehungsweise der unselbständigen Jungvögel.) Da Wellensittiche oft in den hohen Eukalyptusbäumen brüten, war es nicht ganz einfach, den Bruterfolg zu beobachten. Man mußte die Bäume besteigen, um die Tiere in ihren Höhlen zu zählen, ohne sie zu stören. Dazu bediente man sich einer geschickten Methode: Ein Spiegel wurde durch das Einschlupfloch gesteckt und die Höhle mit einer Taschenlampe beleuchtet. So war man in der Lage, Eier und Junge zu zählen. Um die genaue wissenschaftliche Auswertung der Beobachtung zu erklären, benötigte man etwas Mathematik, was hier aber zu weit führen würde, so daß ich mich nur auf die Ergebnisse beschränke: In 25% der Fälle verließ das Weibchen die Brut, bevor die Küken schlüpften. 8% der Nester wurden vermutlich von Räubern zerstört, wiederum 20% der »Eier« schlüpften nicht, weil sie entweder unfruchtbar waren oder der Embryo abstarb. Wenn man alle zu berücksichtigenden Faktoren unter bestimmten Bedingungen kombiniert, dann betrug der Bruterfolg 63%. (Die genannten Prozentzahlen dürfen aufgrund der mathematischen Auswertung nicht addiert werden, dies würde zu einem falschen Ergebnis führen.) Eine wissenschaftliche Aussage – ob dieser Bruterfolg hoch oder niedrig ist – gibt es nicht. Betrachtet man aber die Prozentzahl von 63% im Zusammenhang mit den extremen Umweltbedingungen, so könnte man sagen – ganz unwissenschaftlich –, der Wellensittich hat einen ganz ansehnlichen Bruterfolg vorzuweisen.

Die Feinde des Wellensittichs

Trotz der – vom menschlichen Standpunkt aus gesehen – erstaunlichen Anpassung an ihre Umgebung ist es für Wellensitticheltern nicht leicht, ihre Kinder großzuziehen und durchzubringen. Sie haben – wie alle Tiere in freier Wildbahn – Raub- und Freßfeinde sowie Konkurrenten um ihre Bruthöhle. Edmund Wyndham beschreibt in seiner Doktorarbeit über die Ökologie des Wellensittichs sehr beeindruckend, wer diese Feinde sind und welche Gefahren dem Wellensittich von ihnen drohen. Er beobachtete zum Beispiel, wie ein Weibchen, das gerade die ersten Eier gelegt hatte, von einer australischen Rauchschwalbe vertrieben wurde. (Was für mich erstaunlich ist, da dieser Vogel nicht viel größer ist als ein Wellensittich, und die Weibchen in unseren Volieren Eier und Küken gegen fremde Eindringlinge heftig verteidigen.) Die Rauchschwalbe legte dann ihre eigenen Eier in die Bruthöhle, und das Wellensittichweibchen kam nicht mehr zurück.

Zu den Konkurrenten um die Bruthöhle zählt auch der in Australien weit verbreitete Höhlenschwalm, ein etwas plump gebauter, insektenfressender Vogel von 19 bis 28 cm Größe. Auch ihn beobachtete man, wie er ein Wellensittichweibchen aus ihrer Höhle vertrieben hatte. Über ihn werden so interessante Sagen und Geschichten erzählt, daß sich ein kleiner »Ausflug« hier lohnt: Die Volksstämme Südwestaustraliens glaubten, daß die Känguruhs ursprünglich blind und ohne Geschmackssinn waren, so daß sie von den Eingeborenen leicht erlegt und verzehrt werden konnten. Dieser kleine, ähnlich wie eine Eule aussehende Vogel, der Höhlenschwalm, schenkte aber – nach dem Glauben der Eingeborenen – dem Känguruh die fehlenden Eigenschaften.

Zurück zu den Wellensittichen. Werden die Küken älter, so sind sie etlichen Gefahren ausgesetzt. Im Alter von 3 bis 4 Wochen strecken sie ihren Kopf durch das Einschlupfloch, um lautstark nach Futter zu betteln. Diese Verhaltensweise kann ihnen zum Verhängnis werden, da andere, feindliche Vögel angelockt werden; zum Beispiel der Fleischervogel, der die bettelnden Jungen dann erspäht. Er tötet sie, zieht sie aus der Höhle und frißt sie.

Aufgrund seines Klimas und des hohen Anteils an wüstenähnlichen Gebieten ist Australien ein bevorzugter Lebensraum für Reptilien. Man nimmt sogar an, daß es das Land mit dem höchsten Schlangenvorkommen ist – nicht verwunderlich also, daß auch Schlangen den brütenden Vögeln gefährlich werden können. (Wie hoch die Brutverluste durch Konkurrenten und Nesträuber sind, habe ich auf Seite 115 erwähnt.)

Alles ist beim Wellensittich dahin ausgerichtet, mit den harten Bedingungen des australischen Kontinents fertig zu werden. So haben junge (flügge) und erwachsene Wellensittiche ihren Feinden »einiges entgegenzusetzen«: Mit seiner grünen Färbung, die der Tarnung dient, ist er im Schatten der hohen Bäume kaum auszumachen. Außerdem sind seine Flugkünste enorm. Er ist ein hervorragend und schnellfliegender Vogel. Wyndham beobachtete während seiner jahrelangen Forschungen nur einmal, wie ein Baumfalke einen leicht verletzten Wellensittich im Flug erbeutete. Bei zwölf beobachteten Fällen konnten die Wellensittiche immer ihren Jägern entkommen, obwohl unter ihnen so geschickte Flieger wie die Wanderfalken waren, die sogar auf fliegende Beutevögel spezialisiert sind.

Die Falken greifen bevorzugt auf Ästen ruhende, allein fliegende oder am Boden fressende Wellensittiche an. Bemerken die Wellensittiche einen Jäger, so stoßen sie einen Alarmruf aus und fliegen sofort davon. Durch die Fähigkeit, mitten im Schnellflug die Richtung zu ändern, entkommen sie meist ihren Räubern.

Die Chance für einen Wanderfalken, einen Wellensittich im Flug zu erbeuten, wird durch das Fliegen im Schwarm noch verringert

Die Raubfeinde haben vermutlich Fixierungsschwierigkeiten gegenüber einem dichten Schwarm und können deshalb keinen Vogel so leicht aus dem Schwarm »herauspicken«. Die Schwarmbildung hat natürlich auch noch andere Vorteile, wie man im nächsten Kapitel sehen wird.

Das Leben im Schwarm

Bei vielen Tierarten kommt es über den Rahmen des Paares oder der Familie hinaus vorübergehend oder dauerhaft zum Zusammenschluß einer größeren Anzahl von Individuen. Die Tiere bilden dann Gruppen oder

Der Wellensittich pickt Futter- und Sandkörnchen mit raschen Kopfbewegungen vom Boden auf. Wildlebende Wellensittiche suchen ihre Nahrung fast ausschließlich am Boden.

Schwärme. Bei vielen Tierarten, die in Gruppen leben, wird oft um Freßplatz, das beste Revier oder das bevorzugte Weibchen gekämpft. Die Kämpfe enden meist nicht tödlich, sondern werden nach ganz bestimmten Regeln geführt. Nicht nur beim Menschen, auch im Tierreich gibt es regelrechte Turnierregeln! Durch diese Kämpfe bilden sich innerhalb der Gruppe stärkere Tiere heraus, die nun das »Sagen« haben. Sie nehmen inner-

halb der Gruppe einen höheren Rang ein; so entsteht eine Rangordnung. Bei Hühnern gibt es sogar eine Hackhierarchie!
Beim wildlebenden Wellensittich konnte keine Rangordnung festgestellt werden. Alle Tiere innerhalb der Gruppe waren gleich. Man sah ganz selten kämpferische Handlungen. Nur die Bruthöhle wurde im Abstand von einigen Metern verteidigt. Nichts anderes habe ich bei meinen Tieren in der Voliere beobachtet, obwohl einige Autoren glauben, beim in Menschenobhut gehaltenen Wellensittich solch eine Rangordnung festgestellt zu haben. Ich meine, diese Annahme steht in einem engen Zusammenhang mit den Bedingungen, unter denen die Vögel gehalten werden: Bei Tieren, die in Käfigen leben, ist der Tagesrhythmus der Einzelindividuen ganz verschieden, und viele Verhaltensweisen werden unterdrückt. Die täglich fehlende Futtersuche, der zu enge Abstand auf den Ruhestangen und die geringe Bewegungsmöglichkeit führen vielleicht zu häufigeren kämpferischen Handlungen, so daß der Eindruck entsteht, als gäbe es eine Rangordnung innerhalb der Gruppe. Die soziale Struktur des Wellensittichs ist die Schwarmbildung, und innerhalb eines Schwarmes gibt es keine Rangordnung.
Die Vorteile des Lebens im Schwarm liegen sehr nahe: Im Schwarm findet man die Futterquelle leichter, und man kann sich gegenseitig durch Warnlaute vor Freßfeinden schützen. Werden die Vögel bedroht, so ertönt ein charakteristischer Alarmruf, und der Schwarm fliegt sofort weg. Vor allem wenn die Tiere beim Fressen gestört werden, hört man diesen durchdringenden Alarmruf.
Riesige Schwärme von mehreren tausend Vögeln fallen in den frühen Morgenstunden und am späten Nachmittag in das offene Grasland ein. Kleinere Schwärme findet man in bewaldeten Gegenden. Bei der Nahrungsaufnahme am Boden ändert der Schwarm seine Forma-

tion manchmal; hin und wieder sah man Vögel, die sich am Ende befanden, den Schwarm überfliegen und sich an die Spitze setzen. Im Schwarm gibt es keine Gruppierungen nach Alter und Geschlecht. Man sieht flügge Junge neben älteren Tieren, und fast die gleiche Anzahl von Männchen und Weibchen.

Das Schnäbeln gehört unbedingt zum Balzverhalten, wobei die Futterübergabe nicht jedesmal erfolgen muß.

Sehen vorbeifliegende Wellensittiche andere beim Fressen, so gesellen sie sich hinzu, so daß der Schwarm immer größer wird. Dieses Verhalten beobachtet man auch beim domestizierten Vogel. Beginnt eine Gruppe oder ein einzelnes Tier mit dem Suchen auf dem Boden, so folgen ihm sofort die anderen. Wellensittiche führen ganz selten eine Handlung alleine aus; sie wird immer von anderen Tieren begleitet. Nach dem morgendlichen Fressen, bei dem jeder Vogel sein Futter unabhängig vom anderen sucht, fliegen sie meist in den kühlen Schatten der Bäume, die an den Ufern der Creeks stehen. (Creeks sind Bach- und Flußläufe, die nur periodisch Wasser führen.) Steigen die Temperaturen über 35 °C, so spreizen sie leicht die Flügel und atmen heftig mit geöffnetem Schnabel. Damit wollen sie sich Kühlung verschaffen. In der Mittagshitze halten sie »Siesta«. Nur vereinzelt sieht man einige Pärchen, die sich das Gefieder putzen, oder hört andere, die vor sich hintrillern. Der Frieden wird dann gestört, wenn ein ungebetener Vogel auf dem Ast zu nahe rückt. Dies wird damit beantwortet, daß man sich »groß macht«: Die Halswirbelsäule wird gestreckt, die Gelenke der Beine und Füße durchgedrückt, die Kopffedern aufgeplustert, um dem anderen Angst einzuflößen (→ Zeichnung Seite 125). Weicht er nicht augenblicklich, so wird nach ihm gehackt. Aber – wie schon erwähnt – finden im Wellensittichschwarm nur sehr selten Kämpfe statt.

Nahrungsaufnahme und Nahrung

Während des Fressens verhalten sich Wellensittiche ausgesprochen ruhig. Sie klettern auf die Pflanzen, schälen die Samen mit Hilfe ihres Schnabels aus den Hülsen oder picken die reifen Samen vom Boden auf. Die Samen sind meist hart und reif. Nur von einer Pflanzenart bevorzugen sie unreife und weiche Samen. Es gibt keinerlei Hinweise dafür, daß Wellensittiche unreife und weiche Samen (leicht verdauliche) für ihre Jungen suchen.
Auf ihrem Speisezettel stehen Samen von 21 Pflanzenarten – eine recht beachtliche Vielfalt. Die Mehrzahl dieser Pflanzen gehören zu den Gräsern. Alle Pflanzen hier aufzuführen, würde natürlich zu weit führen, zumal man die lateinischen Namen beibehalten muß, da es die entsprechenden Pflanzensorten in Eu-

ropa nicht oder kaum gibt, und somit auch keine Übersetzung. Ich möchte nur die vier wichtigsten Futterpflanzen nennen: *Astrepla lappacea, Astrepla pectinata, Atriplex angulata, Boerhavia diffusa.*

Der Wellensittich begnügt sich mit Pflanzen, die nach einer Regenperiode vorhanden sind, und ist nicht sehr wählerisch. Nie wurde beobachtet, daß er Insekten oder andere tierische Nahrung zu sich nahm. Dies hilft ihm, in den dürren Gebieten zu überleben. Natürlich gibt es auch unter ihnen Feinschmecker, die – wenn sie die Wahl haben – ganz bestimmte Pflanzen bevorzugen. So wurde beobachtet, daß ein Vogel gerne Pflanzen der Astrepla-Arten fraß, während der große Teil des Schwarmes Boerhavia- und Panicumpflanzen fraß.

Wildlebende Wellensittiche beim Trinken an einer Wasserstelle.

Wie bei den meisten in wüstenhaften Gegenden lebenden Tieren ist auch für den Wellensittich das Auffinden von Wasser ein großes Problem. In trockenen Jahren versammeln sie sich an einer Wasserstelle, auch wenn sie noch so seicht ist, Tausende von Vögeln! Die Schwärme kommen meist zwischen Fressen und Mittagsruhe und am späten Nachmittag

zur Tränke. Jedoch ist dieser Tagesrhythmus nicht so regelmäßig – er ist abhängig von der Temperatur. Ist es kühler, so trinken Wellensittiche unregelmäßig, und es gibt Tage, an denen sie überhaupt nicht zur Tränke kommen. Man hat bei Untersuchungen festgestellt, daß bei einer Temperatur von 20 °C und einer Luftfeuchtigkeit von 30% der Wellensittich bis zu 30 Tage überleben kann, ohne einen Tropfen Wasser zu sich zu nehmen! (Man darf das bei einem Heimvogel aber nicht ausprobieren!) Er muß bei den extremen Temperaturen seines Lebensraumes mit dem Wasser, das ihm zur Verfügung steht, sehr sparsam umgehen. So wird verständlich, warum er während der Mittagshitze fast bewegungslos verharrt. Denn durch Bewegung wird der Sauerstoffbedarf eines Lebewesens höher, die Lungentätigkeit verstärkt sich, wodurch vermehrt Körperfeuchtigkeit verdunstet wird. Durch dieses Ausruhen verhindert er also einen zu großen Wasserverlust. Man sieht auch hier wieder ganz deutlich, wie Verhaltensweisen des Wellensittichs auf den Bedarf des Körpers abgestimmt sind und damit ein Überleben in seiner Heimat Australien ermöglichen.

Das Verhalten des Wellensittichs

Seitdem Professor Konrad Lorenz in seinen großartigen, allgemeinverständlichen Büchern das Verhalten von Tieren beschrieben hat, mit denen er in engem Kontakt lebte, oder die er lange Zeit beobachtete, wünschen sich auch Wellensittichhalter, möglichst viel über das Verhalten »ihres« Vogels zu erfahren. Exakte wissenschaftliche Forschungen haben Einzelheiten über einige Verhaltensweisen von Wellensittichen in Erfahrung gebracht. Beobachtungen im australischen Lebensraum dieser Vögel gaben weitere Aufschlüsse. Nicht zuletzt trugen aber auch jahrzehntelange Erfahrungen von Vogelhaltern und -züchtern dazu bei, das Wissen über das Verhalten der Wellensittiche abzurunden. Mit diesem Kapitel über das Verhalten des Wellensittichs soll jedem Wellensittich-Liebhaber, vor allem dem Pfleger und Züchter, die Möglichkeit gegeben werden, seinen Einzelvogel, sein Pärchen oder seinen kleinen Schwarm in Käfig oder Voliere besser verstehen zu lernen und die Lebensumstände dieser Heimvögel so gut wie irgend möglich in einer Weise zu gestalten, die diesen geselligen, »gescheiten« und liebenswerten Tieren am ehesten gerecht werden. Bedenken Sie jedoch beim Lesen der folgenden Seiten: Kein lebendiges Wesen – besonders kein so relativ hoch entwickeltes Tier wie der Wellensittich – entspricht in seinem Verhalten einer Schablone mit exakten »Passern«! Kein Wellensittich gleicht einem Artgenossen wie ein Ei dem anderen. Und »unsere« Wellensittiche, die seit vielen Generationen Tausende von Kilometern von ihrem ursprünglichen Lebensraum entfernt unter veränderten Bedingungen leben, zeigen Abweichungen von den natürlichen Verhaltensweisen. Sollten Sie also bei den folgenden Beschreibungen Ihren Vogel oder Ihre Vögel nicht in allen Details wiedererkennen, so mag das an den besonderen Haltungsbedingungen liegen, an der persönlichen Eigenart Ihres Wellensittichs oder auch an einer gewissen Degeneration, die aber nicht in jedem Falle negativ zu beurteilen ist; denn der Vogel hat sich den Umständen der Haltung in der Obhut des Menschen angepaßt.

Sozialverhalten

Ein Vogel, der wie der Wellensittich im Schwarm mit vielen Artgenossen lebt, der als Einzelgänger in der freien Natur kaum überleben würde, muß von Geburt an imstande sein, mit seinesgleichen in friedlichem Nebeneinander und Miteinander auszukommen. Zum Zusammenleben einer Vogelschar gehören daher zahlreiche differenzierte Ausdrucksweisen, die jedem Vogel angeborenermaßen verfügbar sind und die den naturgemäßen sozialen Ablauf garantieren. Dazu rechnet man alle sozialen Verhaltensweisen, das heißt, alle auf Artgenossen gerichtete Äußerungen, ob sie nun durch die Stimme, durch Körperhaltung oder durch Bewegungsabläufe zum Ausdruck kommen. Alle diese Verhaltensweisen sind sowohl jedem Mitglied des Schwarms verständlich als auch dem Geschlechtspartner, der beim Wellensittich sehr wichtig ist, da er monogam veranlagt ist, das bedeutet, in der Regel eine lebenslange Dauerehe mit nur einem Partner führt. Innerhalb der Wellensittichschar werden Balz und Paarung, Wahl der Bruthöhle, Brutpflege, Eingliederung der Jungvögel in die Gemeinschaft sowie die Beziehungen aller Vögel untereinander bis hin zur Aggression durch allen verständliche – nämlich durch arttypische – Verhaltensweisen geregelt.

Menschen können ihre Gefühle und Absichten durch die Sprache mitteilen, die sie erlernt haben und die sie mit Hilfe ihres Gehirns immer weiter ausbauen. Natürlich ist auch der Wellensittich lernfähig, ein Großteil seiner Kommunikationsmöglichkeiten ist jedoch angeboren.

Es sind – wie schon gesagt – Bewegungen, Körperhaltungen und Lautäußerungen, die einzeln oder in Kombination als Signale auf den Artgenossen wirken. Viele dieser Signale haben auch Auswirkungen auf den inneren Zustand des »angesprochenen« Tieres; sie können beruhigend oder aufregend wirken. Beispielsweise konnte beobachtet werden, daß das gegenseitige Kraulen des Kopfgefieders die Tiere beruhigt.

Kopfkraulen

Wer ein Pärchen besitzt oder mehrere Wellensittiche in einer Voliere hält, hat bestimmt schon oft beobachtet, wie sich zwei Vögel abwechselnd das Kopfgefieder kraulen. (→ Zeichnung Seite 12 und Farbfoto Umschlagrückseite). Der aktive Vogel beknabbert dabei hochaufgerichtet mit dem Schnabel Kopf- und Halsregion seines Partners, der ihm mit zielgerichteten Wendungen und leicht aufgestelltem Gefieder die Partien darbietet, die er gekrault haben möchte. Manchmal zuckt der gekraulte Vogel trotz sichtlichen Wohlbehagens mit kurzem Schrei zurück. Der beflissene Partner hat beim Kraulen eine empfindliche Stelle berührt, vielleicht eine nachwachsende, noch in der Hülse steckende Feder. Die pflegende Behandlung wird kurz unterbrochen, dann aber meist mit gleicher Intensität fortgesetzt, nur an einer weniger empfindlichen Stelle. Manchmal führt eine so geringfügige Irritation auch zum Rollenwechsel oder zum Ende der gegenseitigen Kontaktpflege. Niemals konnte ich jedoch eine aggressive Handlung von einem der beiden Vögel nach Beendigung des Kopfkraulens beobachten, was auf den beruhigenden Effekt hinweist.

Die wesentliche Bedeutung des Kopfkraulens ist die der Festigung der Paarbindung. Nur zwei Wellensittiche, die sich zu einem Paar zusammengefunden haben, kraulen einander. Der beruhigende Effekt resultiert wohl auch aus dem Gefühl oder der Gewißheit: mein Lebenspartner ist bei mir, ich bin nicht allein. Bei Wellensittichen, die in der Obhut des Menschen leben, spielt es dabei oft keine Rolle, ob es sich um ein echtes »Ehepaar«, also um zwei verschieden geschlechtliche Vögel handelt oder um zwei gleichgeschlechtliche, die unter sich die Rollen »Männchen« und »Weibchen« verteilt haben (→ Seite 8). Ist einer der beiden Vogelpartner nicht in der Stimmung, gekrault zu werden, so weicht er einfach aus oder droht dem Partner kurz durch Öffnen des Schnabels. Dieser Hinweis genügt. Meist beginnt der Abgewiesene mit der Pflege des eigenen Gefieders oder knabbert ersatzweise an einem Gegenstand.

Als nützlichen Nebeneffekt hat das Kopfkraulen auch noch einen hygienischen Sinn. Kopf- und Halsregion kann ein Wellensittich zwar mit den Füßen erreichen, um sich dort zu kratzen. Das zarte Glätten der kleinen Federn, das Entfernen von Staubteilchen oder gar von Parasiten gelingt jedoch dem Partner mit dem Schnabel viel besser. Ihr einzeln gehaltener Wellensittich muß sich zur Pflege von Kopf- und Halsgefieder seiner Füße bedienen oder er kann das Köpfchen am Käfiggitter reiben. Geht es um mehr als um Hygiene und er vertraut Ihnen, hat Sie vielleicht zu seinem Ersatzpartner erkoren, so wird er Ihnen eines Tages in geduckter Haltung ebenfalls mit leicht gesträubten Federn Kopf oder Hals entgegenhalten, um Ihnen zu signalisieren »bitte kraule mich«. Jetzt sollten Sie behutsam mit dem kleinen Finger zart gegen den Strich über Kopf oder Hals streichen, und zwar solange es der Vogel durch wohliges Stillhalten hinnehmen will. Und seien Sie auf »Revanche« bedacht. Ihr Vogel hat das Bedürfnis, Ihnen die gleiche Wohltat zu erweisen. Nehmen Sie

Ihren Wellensittich auf die Hand und überlassen Sie es ihm, ob er sich um die Härchen auf Ihrem Arm bemühen will, oder Ihre Haare, Wangen beziehungsweise Ohrläppchen beknabbern möchte. Sie werden es spüren, es ist durchaus kein zärtliches Streicheln, sondern eher eine leichte Zwick-Massage, die er Ihnen mit größtem Ernst und Eifer angedeihen läßt.

Partner füttern

Normalerweise betteln nur die Jungvögel um Futter, aber gelegentlich kommt es auch vor, daß Weibchen Männchen anbetteln. Die Weibchen öffnen wiederholt leicht den Schnabel und stoßen dabei einen scharfen, aber nicht lauten Zirp-Ton aus, der dem Bettellaut der Jungen ähnelt. Daß ein Männchen ein Weibchen anbettelt, habe ich nie erlebt. Wie das Kopfkraulen, scheint auch das Betteln und das Füttern die Bindung zweier Partner zu festigen, da man beide Verhaltensweisen unabhängig von der Balz und auch außerhalb der Brutzeit beobachten kann. Während der Brutpflege übergibt das Männchen dem Weibchen *immer* Futter (Ernährung der Jungen, → Seite 95), beim Balzvorgang dagegen (→ Seite 86) oder beim Partnerfüttern zur Festigung der Paarbindung erfolgt nicht immer eine wirkliche Futterübergabe – die Vögel »schnäbeln« nur (→ Zeichnung Seite 34). Das Männchen würgt beim Schnäbeln also kein Futter aus dem Kropf, sondern tut nur so, als ob es sein Weibchen füttern wolle.

Balz

Zur Balz gehört ein ganzer Komplex von Verhaltensweisen, die letztlich zur Paarung (Kopulation) zweier Wellensittiche führen (→ Balz und Paarung, Seite 86). Doch ehe es soweit kommt, muß sich ein Wellensittichmännchen gehörig um ein Weibchen bemühen. In einer Wellensittichschar haben Männchen wie Weib-

chen die Möglichkeit, sich nach Neigung zusammenzufinden. Trifft der Mensch für einen einzelnen Wellensittich die Partnerwahl, indem er ihm einen Vogel des anderen Geschlechts zugesellt, so führt der Weg zur Paarbildung von gegenseitiger Duldung, allmählichem Vertrautwerden, ersten Annäherungsversuchen des Männchens zur meist positiven Antwort des Weibchens und vielleicht zur echten Verpaarung. Nicht alle willkürlich zusammengebrachten Wellensittichmännchen und -weibchen schreiten wirklich zur Paarung.

Während der Balz tippt das Wellensittichmännchen (links) in wachsender Erregung wiederholt mit seinem Schnabel gegen den des Weibchens.

Manche Paare belassen es jahrelang beim harmonischen Zusammenleben mit vielen Verhaltensweisen der Balz, ohne jedoch das natürliche Ziel zu erreichen, weil ihre Lebensbedingungen keine Brutstimmung aufkommen lassen. Es fehlen Brutkästen oder vielleicht auch die Stimulation durch andere brutwillige Paare (→ Seite 88).

Ob in der Schar oder in einer Zweisamkeit, in jedem Fall versucht ein Wellensittichmännchen das Wellensittichweibchen in Paarungsstimmung zu bringen. So oft wie möglich sucht das Männchen größte Nähe zum ausgekorenen Weibchen. Mit leisem Gezwitscher, dem Balzgesang, macht er auf sich aufmerksam. Dabei ist sein Kopf- und Kehlgefieder leicht aufgeplustert. Immer wieder bewegt er sich einige Zentimeter vom Weibchen weg, nähert sich ihm erneut und tippt mehrere Male hintereinander mit seinem Schnabel gegen den des Weibchens (→ Zeichnung Seite 122).

Seine große Erregung kann man an seinen raschen Verbeugungen vor dem Weibchen erkennen, die Pupillen sind dabei stark verengt, so daß man die weiße Iris deutlich sieht. Das Männchen versucht das Weibchen zu füttern (Balzfüttern, → Seite 86 und Zeichnung Seite 34).

Auch das Kraulen des Kopfgefieders gehört zum Balzverhalten. Hier aber ist es in den meisten Fällen das Männchen, das dem Weibchen diese Gunst erweist (→ Kopfkraulen, Seite 121). Ist ein Weibchen nicht bereit, auf das Werben eines Männchens einzugehen, wird es immer wieder von ihm abrücken, ihm leicht drohen oder gar nach dem Aufdringlichen hacken, bis er endlich aufgibt. Oft ändert ein Weibchen aber nach wiederholten Annäherungsversuchen eines Männchens doch noch seine »Meinung« und zeigt sich schließlich zugänglich, andernfalls versuchen beide Vögel – wenn möglich – neue Partner zu gewinnen.

Der Balzvorgang wird oftmals wiederholt. Immer häufiger füttert das Männchen das Weibchen, um es friedlich und bereit zu stimmen. Hat die Werbung des Männchens schließlich Erfolg, nimmt das Weibchen die Paarungsposition ein (→ Zeichnung Seite 87). Sein Kopf ist dabei zurückgelegt, das Kopfgefieder leicht aufgeplustert, die Flügel sind angezogen und die Schwanzfedern zeigen nach oben. Im rechten Winkel nähert sich ihm das Männchen und setzt kurz ein Bein auf den Rücken des Weibchens. Schließlich besteigt es sein Weibchen, senkt sein Hinterteil und drückt es auf die Kloake des Weibchens. Während der sekundenlangen Kopulation breitet das Männchen einen Flügel über das Weibchen (→ Farbfoto Seite 127); manche suchen dabei auch Halt mit dem Schnabel an dem des Weibchens (→ Seite 88).

Wiederholt wurde in diesem Buch gesagt, daß ein einzeln gehaltener Wellensittich kein richtiges Wellensittichleben führen kann. Nur wer das zärtliche Schnäbeln eines Wellensittichpärchens, sein ausdauerndes Bemühen um gegenseitige Neigung, das Zeremoniell der Balz und Paarung erleben konnte, kann ermessen, wie verzweifelt ein einzelner Wellensittich nach Auswegen, nach Erleichterung für sein unbefriedigtes Triebleben sucht. Entweder stumpft er ab, wird zum resignierten »Vielfraß«, zum teilnahmslosen lebendigen Zierrat, oder er schließt sich dem Menschen an und versucht, bei ihm in irgendeiner Form auch seinen Fortpflanzungstrieb abzureagieren. Viele tausend Wellensittichmännchen balzen in ihrer Not glänzende Gegenstände an. Der Spiegel wurde deshalb zum Requisit Nummer eins für Wellensittiche, weil viele Vogelhalter annehmen, ein Wellensittichmännchen könne damit sein angeborenes Balzverhalten befriedigen. Die naturgemäße Befriedigung wird ihm dadurch jedoch nicht ermöglicht, da die Balz ein wechselseitiges Agieren von beiden Partnern ist, deren Endpunkt normalerweise die Kopulation bildet. Natürlich wird nicht jede Balz eines verpaarten Männchens mit der Kopulation beendet (→ Seite 122), er bekommt aber immer die artgemäßen Antworten, die er angeborenermaßen erwartet, und häufig führt sein Werben auch zum Erfolg. Der Spiegel kann einem Wellensittich all das nicht bieten. Das durch Spiegelbild fehlgeleitete Balzverhalten kann schon nach einigen Monaten zu Störungen im Fortpflanzungsverhalten führen. Wer sich also für sein einsames Wellensittichmännchen ein Weibchen wünscht und auf Nachwuchs hofft, sollte das natürliche Fortpflanzungsverhalten des Vogels nicht durch einen Spiegel gefährden.

Aggressives Verhalten

Wellensittiche sind grundsätzlich friedfertige Vögel, die nicht mit besonders wehrhaften Mitteln ausgerüstet sind wie beispielsweise Greifvögel mit ihrem messerscharfen Schnabel. Wellensittiche fliehen vor ihrem Feind, sie versuchen nicht, sich zu wehren. Es gibt im Wellensittich-Schwarm keine Rangordnungskämpfe wie bei manchen anderen Vogelgesellschaften. Daher benötigt der Wellensittich keine eigens zum Kämpfen ausgebildeten »Waffen«. Dennoch kommt kein Tierverband ohne jegliche Aggressionen aus, die dem Einzeltier bestimmte Rechte sichern, bei der Partnerwahl Konkurrenten in die Schranken weisen, der Verteidigung des Brutplatzes dienen. Bedenkt man die Lebensbedingungen der Wellensittiche in ihrer australischen Heimat, die hastige Geschäftigkeit während der Brutperiode, die Anstrengungen der Elternpaare während der Aufzucht der Nestlinge sowie die rastlose Suche nach Futter und Wasser während ihres Nomadenlebens, so wird deutlich, daß diese Vogelart wenig Kraft mit kämpferischen Auseinandersetzungen verschwenden kann. Aggressionen werden in erster Linie durch Drohen zum Ausdruck gebracht und durch Reagieren des störenden Artgenossen rasch erledigt.

Durch Körperhaltung und Lautäußerung können Wellensittiche ihre aggressive Verfassung deutlich machen: Durch gespannte Haltung mit glatt anliegendem Gefieder, hochgereck-

tem Körper und gestreckter Halswirbelsäule sowie durch den gegen ihn gerichteten Kopf wird dem Artgenossen signalisiert: »nimm dich in acht vor mir«. Unterstrichen wird die Warnung noch durch einen Drohlaut. Zur weiteren Einschüchterung eines Artgenossen kann sich der Wellensittich durch Strecken der Fußgelenke etwas größer machen und mit angedeuteten Hieben des geöffneten Schnabels stärker drohen. Der Bedrohte fliegt meist weg. In besonderen Konfliktsituationen wird jedoch die Drohung mit zurückgelegtem Kopf und Drohruf vom bedrohten Artgenossen erwidert.

Regelrechte Kämpfe zwischen Wellensittichen, bei denen sich die Tiere ernsthaft verletzten, wurden meines Wissens nur bei in Käfig oder Voliere gehaltenen Vögeln beobachtet. Weibchen sind angriffslustiger als Männchen. Doch wenn es zu Kämpfen kommt, bedienen sich Weibchen wie Männchen der gleichen Methoden: Der Vogel nähert sich dem Gegner von vorn, versucht, ihm Federn auszureißen oder ihn in die Füße zu beißen. Der Angegriffene pariert mit dem Schnabel, es folgt ein heftiges Schnabelduell, bis einer der Konkurrenten flieht. Sind beide Vögel gleich stark, kommt es auch vor, daß einer mit weit geöffnetem Schnabel und glatt angelegtem Gefieder plötzlich einen Fuß gegen die Brust des Gegners stemmt (→ Zeichnung Seite 125). Selten habe ich beobachtet, daß ein Vogel sich im Flug auf den Widersacher stürzt und daß auf dem Boden weitergekämpft wird. Häufig aber verfolgt der Sieger den Verlierer noch eine Zeitlang.

Ob es bei den Wellensittichen aggressionshemmende Verhaltensweisen gibt, wie sie von Hunden bekannt sind, ist nicht sicher. Bei kämpfenden Hunden bietet der Verlierer dem Sieger die Kehle dar, die verwundbarste Körperstelle. Doch gerade dieses völlige Sichausliefern – die sogenannte Demutsgebärde –

wirkt auf den überlegenen Hund aggressionshemmend, und der Kampf wird dadurch beendet. Eine vergleichbare Demutshaltung gibt es meiner Meinung nach bei erwachsenen Wellensittichen nicht. Es muß jedoch andere aggressionshemmende Verhaltensweisen im

Drohhaltung bei gleich starken Gegnern: Mit weit geöffnetem Schnabel stemmt der drohende Wellensittich den Fuß gegen die Brust des Gegners.

Leben eines Wellensittichschwarms geben, denn Jungvögel (Flügglinge) werden weniger häufig bedroht als ältere Vögel. Man vermutet, daß die mangelnde Bewegungskoordination der Flügglinge auf die Altvögel aggressionshemmend wirkt.

Dieser Darstellung über Aggressionen und kämpferische Auseinandersetzungen muß die Überlegung folgen, wie man vor allem letztere als Vogelhalter verhindern kann. Für ein aneinander gewöhntes Wellensittichpärchen braucht man kaum zu fürchten, da das Wellensittichmännchen sein Weibchen selten angreift. Im Zusammenleben eines echten Pärchens hat das Weibchen in fast allen Situationen den Vortritt, es entscheidet über Annäherung oder Distanz, das Männchen ist fast immer bemüht, seine Partnerin zu beschwichtigen. Zu Kämpfen zwischen Weibchen kann es kommen, wenn man gedankenlos einem Pärchen ein weiteres Weibchen zugesellt. Das Männchen bemüht sich meist nicht um das neue Weibchen (obwohl man manchmal den Eindruck hat, er täte es gerne), dennoch entsteht eine Konkurrenzsituation, die ernsthafte Streitereien zwischen den Weibchen bewirkt. Meist wird eines der Weibchen sich als die Stärkere erweisen, und es wird dann versuchen, die Konkurrentin blutig zu beißen. Selbst in einer großen Voliere oder auch beim Freiflug im Zimmer wird das unterlegene Weibchen hartnäckig verfolgt und angegriffen. Hier hilft nur sofortige Trennung oder ein weiteres Männchen für das alleinstehende Weibchen.

Bei der Haltung von Wellensittichen im kleinen Schwarm in einer Voliere können Kämpfe nur vermieden werden, indem die Zahl der Vögel der Größe und der Beschaffenheit des verfügbaren Raumes angepaßt wird; das heißt, die Voliere muß genügend Flugraum für alle Vögel bieten und jedem Vogel die Möglichkeit, eine kleine Nische, einen festen Sitzplatz zu finden. Vor allem sollte es mehr Männchen als Weibchen geben, um Konkurrenzkämpfe zu vermeiden, und jedem möglichen Pärchen sollten zwei gleichwertige Brutkästen zur Verfügung stehen (→ Seite 84).

Lautäußerungen

Im Vergleich zu anderen Vögeln sind die Lautäußerungen der Wellensittiche nicht sehr reich an Variationen oder gar den melodischen Strophen unserer heimischen Singvögel vergleichbar. Ein wichtiger Ruf für den im Schwarm lebenden Vogel ist der sogenannte *Distanzruf* – besser sollte er mit Kontaktruf bezeichnet werden, denn mit ihm halten die Wellensittiche Kontakt untereinander. Außerdem erkennen die Vögel sich durch diesen Ruf auch individuell, denn jeder Wellensittich hat seinen eigenen typischen Kontaktruf. Er hilft den Vögeln, die Anwesenheit von Artgenossen zu orten, auch wenn sie diese nicht sehen können. Durch diesen akustischen Kontakt kann der Vogelschwarm locker formiert sein, weil jeder einzelne Vogel weiß, wo die anderen sich befinden. Auch der Heimvogel läßt diesen Kontaktruf hören: Trennt man zwei gut aneinander gewöhnte Vögel, so beginnen sie mit fast quälender Ausdauer nach dem anderen zu rufen. Ich habe das einmal mit einem zahmen Pärchen erlebt: Eines Tages entflog mir einer der Vögel. Obgleich beide Vögel zahm und besonders vertraut mit mir waren, gelang es mir nicht, den zurückgebliebenen Vogel zu beruhigen. Seine lauten und anhaltenden Rufe erklangen drei Tage lang, bis ich glücklicherweise den entflogenen Vogel zurückbekam. Auch dieses Erlebnis hat mich in meiner Meinung bestärkt, daß der Mensch selbst dem zahmsten Wellensittich den Artgenossen niemals voll ersetzen kann.

Deutlich unterscheidet sich der *Alarmruf* vom Distanz- oder Kontaktruf. Er ertönt kurz und schrill, wenn Wellensittiche einen Greifvogel sichten, sonstige Gefahren fürchten und den Schwarm warnen wollen. Meist ist mit dem scharfklingenden Alarmruf auch ein blitzschnelles Abfliegen vom jeweiligen Sitzplatz verbunden. Dieser Alarmruf ist durchaus auch von Heimvögeln zu hören, wenn sie sich ängstigen, weil ein großer Vogel nahe am Fenster vorbei oder über die Voliere fliegt, oder wenn ungewöhnliche, gefährlich klingende Geräusche sie schrecken.

In der Dämmerung, etwa 15 Minuten bevor es dunkel wird, und nachdem die Tiere sich auf den Baumwipfeln versammelt haben, ertönt bei den wildlebenden Wellensittichen der sogenannte »*Ieh-Ruf*«, der sodann in ein leises Gezwitscher übergeht, mit dem sich die Vögel offenbar »in den Schlaf murmeln«. Dieses leise Gezwitscher lassen auch Wellensittiche in der Voliere oder im Zimmerkäfig vor dem Einschlafen hören. Sicherlich dient es in der freien Natur – wie auch der Distanzruf – dem Gruppenzusammenhalt.

Der leise zwitschernde *Balzgesang* des Wellensittichmännchens ist während des Balzvorgangs häufig zu hören (→ Seite 86).

Mit Lautäußerungen kann der Wellensittich aber auch Stimmungen ausdrücken: Leises Gezwitscher, ähnlich dem, das vor dem Einschlafen ertönt, läßt auf zufriedene Gelassenheit schließen. Das lautstarke, durchdringende Gezeter, das Wellensittiche anstimmen, wenn sie aufgeregt sind, ist jedem Wellensittichhalter wohlbekannt, denn auch der Einzelvogel »verkündet« damit unüberhörbar seine Aufregung, deren Grund vom Menschen oft gar nicht zu erkennen ist.

Bei der Begattung legt das Wellensittichmännchen ▷ einen Flügel um sein Weibchen – ein Verhalten, das man bisher bei keiner anderen Vogelart beobachtet hat.

Komfortverhalten

Zum Komfortverhalten zählen alle zur Körperpflege gehörenden Handlungen wie sich putzen, sich kratzen oder das Baden; alle Bewegungen, die der Stoffwechselversorgung dienen wie Gähnen und das Strecken der Flügel und Beine; Verhaltensweisen, die Temperaturschwankungen ausgleichen und den Wechsel von Ruhe und Aktivität regeln.

Körperpflege

Sich putzen: Die Gefiederpflege nimmt den Wellensittich im Laufe eines Tages einige Stunden in Anspruch. Natürlich putzt er sich nicht stundenlang ununterbrochen, aber fast jede Handlung, sei es Nahrungsaufnahme, Schlafen, Beschäftigung mit dem Partner, wird mit einigen Minuten des Sich-Putzens beendet. Die Gefiederpflege ist wichtig, denn nur ein Vogel mit stets geglättetem, sauberem und leicht gefettetem Gefieder ist jederzeit voll flugfähig. Beim Putzen zieht der Vogel nach und nach jede einzelne Feder durch den Schnabel, glättet sie und entfernt dabei feinste Schmutzteilchen oder Schüppchen, die von den Hülsen der nachwachsenden Federn stammen. Mit akrobatischer Geschicklichkeit dreht und wendet sich der Wellensittich, um selbst die langen Schwanz- und Schwungfedern beknabbernd durch den Schnabel gleiten zu lassen (→ Farbfoto Umschlagrückseite). Im

◁ Wellensittichschwarm in Australien.
Auf der Suche nach Nahrung und Wasser durchstreifen die Vögel in raschem, ausdauerndem Flug die Steppen und Halbwüsten ihrer Heimat.

Kleingefieder wird in oft hastig wirkender Aktivität genestelt; Brust, Bauch, das Gefieder der Beine, die Flügelunterseiten und der Rücken werden nach und nach gepflegt. Selbst die unbefiederten Füße und Zehen beknabbert der Vogel, um Hautschüppchen und Schmutz zu entfernen. Lediglich Kopf- und Halsregion werden mit den Zehen bearbeitet.

Im Gegensatz zu vielen größeren Papageien sind Wellensittiche mit einer Fettdrüse (auch Bürzeldrüse genannt) ausgestattet. Die als ringförmige Hautfalte gestaltete Drüse enthält Fett und liegt unter dem Gefieder am Ende des Rückens knapp oberhalb des Ansatzes der Schwanzfedern. Während der Gefiederpflege reibt ein Wellensittich häufig sein Köpfchen an der Fettdrüse, wodurch vermutlich die Drüse aktiviert, aber auch das Kopfgefieder gefettet wird. Außerdem entnimmt der Vogel mit dem Schnabel der Drüse Fett, um es anschließend gleichmäßig auf die einzelnen Federn, Füße und Zehen zu verteilen. Diese feine Fettschicht verhindert, daß die Federn bei Regen oder beim eiligen Bad völlig durchnäßt werden. Wasser kann nicht in die Federn eindringen, sondern tropft rasch von der glatten Oberfläche ab. Ebenso schützt das Fett die Federn vor dem Austrocknen durch Wind und Hitze.

Sich kratzen: Der Wellensittich kratzt sich am Kopf anders als an den seitlichen hinteren Körperpartien. Die amerikanische Biologin Barbara Brockway stellte fest, daß diese Art, sich seitlich hinten zu kratzen, bisher nur beim Wellensittich beobachtet werden konnte. (Barbara Brockway beschäftigte sich über viele Jahre mit dem Wellensittich und veröffentlichte grundlegende Arbeiten über ihn, → Bücher, die weiterhelfen, Seite 138). Um sich am Körper zu kratzen, benützt der Vogel das Gelenk zwischen dem Mittelfuß (Tarsometatarsus) und den Zehen sowie die Außenflächen der vorderen beiden Zehen. Auch im Bereich der Kloake kratzt sich der Wellensittich in der eben beschriebenen Weise – also nicht mit den Krallen –, um die besonders empfindliche Region vor Verletzungen zu schützen. Am Kopf kratzt sich der Wellensittich dagegen mit der längsten Zehe und deren Kralle, indem er das Bein unter dem Flügel hindurch zum Kopf führt (→ Zeichnung Seite 131). Das Kratzen gehört ebenfalls zur Körperpflege; es ist in gewissem Sinne die »Grobreinigung«, die die Gefiederpflege mit dem Schnabel ergänzt.

Auch während der Mauser kratzen sich die Vögel häufiger, vermutlich weil die neu entstehenden Federn jucken und weil die Federhülsen durch Kratzen leichter entfernt werden können, besonders an Stellen, die der Vogel nicht mit dem Schnabel erreicht. Auffallend häufig kratzen sich die Vögel, wenn sie von Parasiten, beispielsweise von Milben, befallen sind.

Ist die Kloakenregion stark verschmutzt, wird der Wellensittich seinen Pfleger durch häufiges Kratzen darauf aufmerksam machen. Der Wellensittichhalter sollte sich dann unbedingt davon überzeugen, daß die Kloake nicht gerötet oder entzündet ist, da dies auf unverträgliche Nahrung oder auf eine Erkrankung schließen läßt.

Kopf reiben (Kopf scheuern): Ich habe es nur selten bei meinen Vögeln beobachtet aber in vielen Beschreibungen wird berichtet, daß Wellensittiche häufig ihren Kopf an Gegenständen oder am Käfiggitter reiben beziehungsweise scheuern. Sicherlich ist das auch eine Art, sich zu kratzen, und dient wegen des großflächigen Effektes ebenfalls der Linderung eines Juckreizes, vor allem wenn ein Vogel von Milben befallen ist.

Schnabelpflege: Schmutz- oder Futterreste am Schnabel beseitigt der Wellensittich durch Hin- und Herreiben des Schnabels an der Sitzstange, am Käfiggitter oder an einem Ast. Dieses Schnabelreiben läßt sich nach fast jeder Nahrungsaufnahme beobachten, auch wenn der Schnabel keinerlei Spuren von Futterresten aufweist. Kann der Vogel den Schnabel durch bloßes Reiben nicht restlos säubern, entfernt er noch eventuell anhaftende Spelzen oder Körnerhülsen mit dem Fuß.

Zur Schnabelpflege gehört für den Wellensittich unbedingt auch Schnabelarbeit; das heißt, er muß mit dem Schnabel mehr tun können, als nur die Körner seiner Nahrung enthülsen. In seinem natürlichen australischen Lebensraum benützt der Wellensittich seinen Schnabel ausgiebig als Greifwerkzeug beim Klettern. Kopfüber und kopfunter meistert er auf der Suche nach geeigneten Bruthöhlen beachtliche Kletterpartien an rauhen Baumstämmen und -ästen. Der Schnabel gibt beim geschickten Überwinden kurzer Distanzen sowie bei aufgeregten Balzspielen unentbehrlichen Halt. Den Wellensittichweibchen fällt außerdem die Aufgabe zu, gegebenenfalls das Einschlupfloch der Bruthöhle mit dem Schnabel zu erweitern und passend zu bearbeiten.

Durch all diese Tätigkeiten erfährt das Schnabelhorn die nötige Abnützung, bleibt scharfkantig und funktionstüchtig. Den meisten Heimvögeln werden als Ersatz für die natürliche Schnabelarbeit bestenfalls Wetzsteine zur Abnützung des Schnabelhorns angeboten. Doch weder am Wetzstein, noch durch das vom Vogelhalter verständlicherweise nicht gern gesehene Knabbern und Nagen an Tapeten, Bilderrahmen oder Büchern können die Vögel ihr Bedürfnis nach Schnabelarbeit genügend abreagieren. Frische Zweige in Käfig, Voliere oder am Kletterbaum schaffen dem Wellensittich einen Ersatz für die wünschenswerte Befriedigung und dem Vogelhalter meist die Schonung seiner Einrichtung.

Baden: Gibt man einem Wellensittich ein ausreichend großes (flaches) Badegefäß, so wird er beim Baden zunächst seinen Kopf kurz ins Wasser tauchen und dann die Flügel ausbreiten, daß alle Teile des Körpers naß werden (→ Farbfoto Umschlagrückseite). Dem Bad folgt ein kräftiges Schütteln des Gefieders und ausgiebige Gefiederpflege. Muß ein Wellen-

Wenn der Wellensittich sich am Kopf kratzen möchte, führt er das Bein unter dem Flügel hindurch zum Kopf.

sittich aber mit einem kleinen Badehaus oder einer Spielzeugwanne vorliebnehmen, kann er wahrscheinlich nur nach und nach einige Körperpartien spärlich mit Wasser benetzen. Manche Heimvögel baden mit Freude unter dem tropfenden Wasserhahn, andere in einer Schüssel mit nassen Salatblättern oder in einem Büschel nasser Kräuter (→ Seite 21).
Die Tierfilmer Arendt und Schweiger zeigten in ihrem Film über das Balz- und Brutverhalten des australischen Wellensittichs einen Schwarm an der Wasserstelle. Die Vögel ließen sich kurz im seichten Wasser nieder, wobei Beine und Bauch naß wurden, sie tranken hastig einige Schlucke und flogen rasch wieder hoch. Sie umkreisen die Wasserstelle mehrmals, um sich jedesmal kurz ins oder ans Wasser zu begeben. Doch zum ausgiebigen Baden, wie man es bei vielen Wellensittichen in Menschenobhut sehen kann, fehlte den Vögeln offenbar die Sicherheit, sie wirkten an der Wasserstelle besonders ängstlich, ja hastig (→ Farbfoto Seite 110).

Temperaturausgleich

Flügel strecken, Flügel heben: Bei großer Hitze sieht man häufig, wie die Vögel beide Flügel ausgebreitet von sich strecken und dabei heftig atmen. Dadurch erreichen sie den notwendigen Ausgleich der Körpertemperatur.
Manchmal werden beide Flügel aber nur angehoben und nicht ausgebreitet, was wahrscheinlich nichts mehr mit dem Regulieren der Körpertemperatur zu tun hat, da man dieses Flügel-Anheben bei sehr unterschiedlichen Temperaturen beobachtet hat. Außerdem strecken Wellensittiche sehr oft gleichzeitig das Bein und den Flügel einer Körperseite gedehnt nach hinten. Diese beiden Verhaltensweisen sind vermutlich mit unserem Strecken und Recken nach langem Sitzen oder nach dem Schlaf vergleichbar.
Plustern: Während der Ruhephasen halten die Vögel eines Schwarms auf Ästen oder Sitzstangen untereinander einen ganz bestimmten Abstand ein. Diesen Abstand nennt man *Individualdistanz;* ein Unterschreiten dieser Distanz führt entweder zum Bedrohen oder zum Ausweichen des Tieres, dem der Artgenosse zu nahe rückte. Bei Kälte wird diese Individualdistanz jedoch aufgehoben. Die Vögel sitzen dann mit aufgeplustertem Gefieder eng beisammen. Der Sinn ist naheliegend: Aufplustern und Zusammenrücken schützt vor Wärmeverlust. Im aufgeplusterten Gefieder befindet sich Luft, die wie eine Isolierschicht zwischen Körper und Außenluft wirkt.

Gefieder schütteln

Im Verlauf eines Tages schüttelt ein Wellensittich mehrmals sein Gefieder. Er plustert sich zuvor kurz auf, um sich dann mit leichtem Rascheln am ganzen Körper zu schütteln. Dieses Gefiederschütteln kann hygienische Funktion haben, um sich vielleicht von Staub oder Schmutz zu befreien oder um nach dem

Baden die Federn zu ordnen. Es kann den Vogel aber auch von inneren Spannungen befreien, denn nach besonderen Erlebnissen wie zum Beispiel Erschrecken, Unsicherheit, Kopfkraulen, Schnäbeln mit dem Partner schüttelt ein Wellensittich meistens sein Gefieder. Ebenso wird der Wechsel von Ruhe zu Aktivität, von einer Handlung zur anderen, häufig durch Gefiederschütteln eingeleitet.

Gähnen

Beim Gähnen öffnet der Wellensittich langsam den Schnabel, sperrt ihn plötzlich weit auf und schließt ihn rasch wieder. Menschen gähnen, wenn sie müde sind oder wenn der Sauerstoffgehalt im Raum zu gering ist. Vermutlich gähnen Wellensittiche aus den gleichen Gründen. Auf jeden Fall ist es bei ihnen

Schlafstellung des Wellensittichs. Der Vogel dreht den Kopf nach hinten und steckt ihn ins Rückengefieder.

ebenso ansteckend wie bei Menschen. Beginnt ein Vogel zu gähnen, so gähnt kurz danach der Partner beziehungsweise die ganze Wellensittichschar.

Schlafen und Ruhen

In ihrer australischen Heimat versammeln sich die Wellensittiche zum Schlafen in Scharen auf Bäumen. Auch Wellensittiche in der Voliere oder im Käfig suchen in der Dämmerung ganz bestimmte Schlafplätze auf. Im Gegensatz zu wildlebenden Tieren, die täglich ihre Schlafplätze wechseln, behalten die meisten Heimvögel über Jahre hinweg immer dieselben Plätze bei.

Das Schlafen im Schwarm bietet dem Vogel Schutz vor Feinden. Werden sie gestört, fliegen sie geschlossen auf und suchen Schutz auf einem anderen Baum. In der Voliere oder im Käfig kann eine nächtliche Störung für die Vögel gefährlich werden, weil sie dann panikartig auffliegen und sich dabei manchmal am Gitter ernsthaft verletzen.

Wellensittiche sind nicht den ganzen Tag über aktiv, sie legen Ruhephasen ein, in Australien während der langen Mittagshitze. Denn nur durch Ruhen können die Vögel während der heißen Tageszeit Kräfte sparen, was bei den unwirtlichen Lebensbedingungen in Australien für sie lebenswichtig ist. Der Rhythmus von Schlafen und Wachsein ist sicherlich mit dem Stand der Sonne gekoppelt. Auch bei unseren Heimvögeln läßt sich ein gewisser täglicher Rhythmus feststellen, mag er nun vom Sonnenstand, von Temperaturschwankungen oder von äußeren Haltungsbedingungen abhängen. Döst ein Wellensittich, so sitzt er still mit geschlossenen Augen, mit leicht aufgeplustertem Gefieder – ein Bein ist angewinkelt ins Bauchgefieder eingezogen. Im Tiefschlaf nimmt er die gleiche Haltung ein, dreht aber noch seinen Kopf nach hinten und steckt den Schnabel ins Rückengefieder (→ Zeichnung links).

Fortbewegung

Die ersten Bewegungsweisen, die man nach dem Kauf eines Wellensittichs beobachten kann, ist möglicherweise das *Stangentrippeln*. Wenn sich der Neuankömmling nicht noch ängstlich in eine Ecke am Boden des Käfigs drückt, wird er auf der Stange sitzen und zunächst scheu oder auch neugierig seine Umgebung betrachten. Aber im wachen Zustand, noch dazu erregt, kann kein Wellensittich lange stillsitzen. Seitlich wird er sich zunächst in kleinen Trippelschritten auf seiner Sitzstange hin- und herbewegen. Dabei bildet die Körper-Längsachse in der Regel einen rechten Winkel zur Sitzstange. Vielleicht hüpft er zur gegenüberliegenden Stange, um auch dort zu trippeln, irgendwann wird er aber auf den Käfig- oder Volierenboden fliegen, um Sand oder Nahrung aufzunehmen. Am Boden nach Nahrung suchend bewegt sich ein Wellensittich meist ebenfalls mit kleinen Trippelschritten, allerdings dort nicht seitlich, sondern vorwärts. Steht dem Vogel mehr Raum als der Käfig zur Verfügung, so hüpft er mitunter auch, sich mit beiden Beinen vom Boden abstoßend. Manchmal unterstützt er dieses *Hüpfen* auch durch einige kurze Flügelschläge. Es wurde schon erwähnt, daß Wellensittiche in Australien auf der Suche nach Nahrung und Wasser außerhalb der Brutzeit täglich oft Hunderte von Kilometern im raschen Flug zurücklegen. Selbstverständlich kann kein Wellensittich in der Obhut des Menschen jemals sein Flugvermögen in vollem Maße entwickeln. Weder in der geräumigsten Voliere noch in einem sehr großen Wohnzimmer kann er Ausdauer üben und das ihm mögliche Flugtempo erreichen. Doch wird ein gesunder Vogel Voliere oder Zimmer geschickt zum Fliegen nützen und sich dabei allmählich mit dem Raum vertraut machen. Festliegende Flugwege um alle Hindernisse herum werden meist eingehalten sowie bestimmte Landeplätze angesteuert. Allerdings braucht der Wellensittich mindestens einen Artgenossen, um zum Fliegen animiert zu werden. Allein gehalten, betätigt sich der Vogel zwar auch fliegend und kletternd, vor allem wenn der Vogelhalter ihn dazu veranlaßt, doch wesentlich weniger als im Kontakt mit anderen Wellensittichen. Klettern gehört für den Wellensittich ebenso zur selbstverständlichen Fortbewegungsart wie das Fliegen.

Kleinere Strecken werden bevorzugt kletternd bewältigt, bei größeren Distanzen fliegt der Wellensittich. Naturäste in der Voliere, ein Kletterbaum im Wohnzimmer werden für die Vögel zum bevorzugten Aufenthaltsplatz, da sie beliebig klettern oder auch abfliegen können.

Wer einen oder zwei Wellensittiche im Käfig hält, wird immer wieder erleben, daß ein Vogel mit den Füßen eine Sitzstange fest umklammert und dann energisch mit den ausgebreiteten Flügeln auf- und abschlägt. Er fliegt im »Leerlauf«. Dieses *Flügelschlagen* kommt nach den Untersuchungen von Kurt Banz erwiesenermaßen bei ständig oder überwiegend im Käfig gehaltenen Vögeln vor, Volierenvögel haben es nicht nötig, da sie ihr Flugbedürfnis ja abreagieren können. Flügelschlagen ist also das Alarmzeichen für den Vogelhalter, daß sein Vogel im begrenzten Käfig unter Bewegungsmangel leidet und notgedrungen seine unnatürliche Beschränkung auf diese Weise ausgleichen muß. Anders bei eben flügge gewordenen Jungvögeln; sie kann man auch in der Voliere oder auf dem Kletterbaum beim Flügelschlagen beobachten, obgleich ihnen Flugraum zur Verfügung steht. Sie trainieren offenbar durch diese Übung Gelenke und Flugmuskulatur.

Abschließend sei noch einmal betont: Einzeln gehaltene Vögel bewegen sich weniger als paarweise oder in der Schar gehaltene Wellensittiche; denn Wellensittiche lassen sich als echte Schwarmvögel zu allen Handlungen und Stimmungen von ihren Artgenossen anregen. Beginnt ein Vogel sich zu putzen, folgen ihm alsbald seine nächsten Nachbarn mit dieser Tätigkeit, ebenso wirken Brutstimmung, Gähnen und Schlafen ansteckend. Wie ein Befehl aber wirkt ein abfliegender Vogel, ihm muß der gesamte Schwarm folgen. Deshalb noch einmal der Hinweis: Nur wer zumindest zwei Wellensittiche hält, hat auf die Dauer aktive Vögel, die sich ausreichend beschäftigen und sich fliegend und kletternd fit und gesund erhalten.

Sinnesleistungen

Ihre »fünf« Sinne befähigen höher entwickelte Lebewesen dazu, ihre Umwelt wahrzunehmen und auf deren Anforderungen so zu reagieren, daß den Angehörigen einer Art möglichst wenig Schaden entsteht. Nicht alle Sinnesorgane sind aber bei allen Lebewesen gleichartig ausgebildet. So können beispielsweise Hunde viel besser riechen als wir Menschen und Tonfrequenzen hören, die wir nicht mehr wahrnehmen. Über die Vögel im allgemeinen sagte Konrad Lorenz einmal, sie seien auch »Augenmenschen«. Doch gibt es bisher kaum exakte Untersuchungen über die speziellen Sinnesleistungen der Wellensittiche. Man kann aber aus ihren Verhaltensweisen schließen, welche ihrer Sinne sie am meisten befähigt, ihr Leben in der Natur zu meistern. Wellensittiche *sehen* wie die meisten Vögel gut, nur anders als wir Menschen. Auf jeden Fall sehen sie die Welt so bunt wie wir, das wurde schon 1931 von englischen Forschern bewiesen. Das ist auch verständlich; denn tagaktive Vögel tragen vielfach ein besonders gefärbtes Federkleid, das schließlich im Sozial-

leben der Vögel nur Sinn haben kann, wenn es auch gesehen wird.

Wesentlich größer als beim Menschen ist aber beim Wellensittich – auch bei vielen anderen Vögeln – der Gesichtskreis. Da die Augen seitlich angeordnet sind und unabhängig voneinander Bilder wahrnehmen, können Vögel nicht nur sehen, was vor ihnen und seitlich von ihnen geschieht, sondern weitgehend auch, was von rückwärts auf sie zukommt. Das ist eine wesentliche Anpassung von nicht wehrhaften Tieren, die so ohne Wendung des Kopfes ständig einen fast vollständigen »Rundum-Blick« haben und dadurch Feinde leichter ausmachen und fliehen können. Durch die seitliche Anordnung der Augen des Wellensittichs ist sein räumliches Gesichtsfeld – der Bereich, den beide Augen gleichzeitig wahrnehmen können – wesentlich kleiner als beim Menschen. Dafür kann ein Vogelauge pro Sekunde bis zu 150 Bilder aufnehmen, während das menschliche Auge nur etwa 16 Bilder in der Sekunde bewältigt. Für einen schnell fliegenden Vogel ist das augenblickliche Wahrnehmen aller Details extrem wichtig.

Vögel *hören* im allgemeinen sehr gut, denn Rufe und Gesänge sind ein wichtiges Verständigungsmittel für sie. Vom Wellensittich weiß man, daß er in den Frequenzbereichen von 400 bis vermutlich 20 000 Hertz hören kann, wenngleich seine beste Hörfähigkeit vor allem in den Frequenzbereichen von 1000 bis 3000 Hertz liegt. Innerhalb dieser optimalen Hörfähigkeit kann er sogar sehr geringe Frequenzunterschiede wahrnehmen. Zum Vergleich: Menschen hören im Tonbereich von 16 bis 20 000 Hertz.

Besser als der Mensch kann der Wellensittich bestimmte Frequenzen im Gedächtnis speichern. Das ist wichtig, da bestimmte Rufe, vor allem der schrille Alarmruf, stets eindeutig und spontan erzeugt werden muß, um den

Signalwert zu erhalten. Auch die zeitliche Auflösung akustischer Signale gelingt einem Wellensittich besser als uns Menschen, das heißt, was für uns Menschen ein rasches Gezeter ist, hört der Wellensittich als eine klar erkennbare Tonfolge, die er unverändert wiedergeben kann.

Nur von wenigen Vogelarten weiß man Einzelheiten über deren Fähigkeiten zu *riechen* und zu *schmecken*. Im allgemeinen vertritt man die Annahme, diese Sinnesleistungen seien für Vögel von untergeordneter Bedeutung. Untersuchungen über den Geschmacks- und Geruchssinn von Wellensittichen, die aussagekräftige Schlußfolgerungen zuließen, wurden bisher nicht bekannt. Hier sind wir auf Berichte einzelner Wellensittichhalter angewiesen. Sehr viele Wellensittiche dürfen von den Mahlzeiten ihrer Pfleger naschen, welche es lächelnd ignorieren, wenn man sie auf die nachteiligen Folgen für die Gesundheit des Vogels durch diese Gewohnheit aufmerksam macht. Jedenfalls erzählen diese Pfleger ausführlich von bestimmten Vorlieben ihrer Wellensittiche, was zumindest auf geschmackliche Reaktionen schließen läßt. Möglicherweise können Wellensittiche zwischen bitter, salzig, sauer und süß unterscheiden. Man nimmt an, daß fast alle Vögel, so auch die Wellensittiche, keinen besonders ausgeprägten Geruchssinn haben. Von Säugetieren ist bekannt, daß sie ihre Reviergrenzen durch Duftmarken abstecken oder den Sexualpartner durch Duftstoffe anlocken. Keine dieser Funktionen trifft für Vögel zu.

Der Tastsinn beim Wellensittich ist bisher wenig erforscht. Mit einiger Sicherheit kann man aber sagen, daß er beim Brutgeschäft des Weibchens eine wesentliche Rolle spielt. Über die »Brutflecken« (→ Seite 89) spürt es sowohl die Bewegungen im Ei als auch das schlüpfende Küken.

Wichtig für den Vogel ist ein für den Menschen recht »fremder Sinn«, nämlich der Vibrationssinn. Durch besondere Sinneszellen in den Beinen, die sogenannten Herbstschen Körperchen, können Vögel selbst kleinste Vibrationen ihres Sitzplatzes wahrnehmen. Der Vibrationssinn erfüllt eine bedeutende Aufgabe im Leben der Vögel, da er sie vor Feinden und unnatürlichen Ereignissen warnt und zur Flucht veranlaßt. So empfindlich alle Vögel, auch unser Wellensittich, für Vibrationen sind, sie lernen es dennoch, nicht jede Vibration als gefährlich einzustufen. Vibriert beispielsweise ein Ast, weil leichter Wind ihn bewegt, wird kein Vogel deshalb seinen Platz verlassen, da Wind, Regen und Gewitter ihm bekannte Erscheinungen sind. Dennoch bleibt stete Angst zu überwinden. Wellensittiche reagieren besonders empfindlich auf Erschütterungen, wenn möglich mit Flucht. Deshalb sollte der ständige Platz für den Käfig des Wellensittichs absolut erschütterungsfrei sein. Niemals darf ein Vogelpfleger gedankenlos den Käfig auch nur für einige Minuten etwa auf einem vibrierenden Kühlschrank abstellen, da der Vogel im Käfig sich durch seine Fluchtreaktion schwer verletzen könnte.

Gesetzliche Bestimmungen für die Zucht

Bundesrepublik Deutschland

Auszüge aus dem Tierseuchengesetz sowie wichtige Fakten aus der Psittakoseverordnung, den gesetzlichen Bestimmungen für die Zucht und den Handel mit Sittichen und Papageien. Den vollständigen Text erhalten Sie beim veterinär-medizinischen Amt Ihres Wohnortes, vom Tierarzt oder von den Zuchtvereinen.

Tierseuchengesetz (TierSG)
vom 15. Februar 1991

§ 9: (1) Bricht eine anzeigepflichtige Seuche aus oder zeigen sich Erscheinungen, die den Ausbruch einer solchen Seuche befürchten lassen, so hat der Besitzer der betroffenen Tiere unverzüglich der zuständigen Behörde oder dem beamteten Tierarzt Anzeige zu machen und die kranken und verdächtigen Tiere von Orten, an denen die Gefahr der Ansteckung fremder Tiere besteht, fernzuhalten.

§ 17g: (1) Wer Papageien oder Sittiche halten will, um
1. von diesen Tieren Nachkommen aufzuziehen oder
2. mit diesen Tieren zu handeln,
bedarf der Erlaubnis der zuständigen Behörde.
(2) Die Erlaubnis darf nur erteilt werden, wenn
1. die für die Tätigkeit verantwortliche Person die für die Bekämpfung der Psittakose erforderliche Zuverlässigkeit und Sachkunde hat und
2. die zur Bekämpfung der Psittakose erforderlichen Räumlichkeiten vorhanden sind.

Psittakose-Verordnung
vom 18. Juni 1975

Folgende Fakten aus der Psittakoseverordnung sollte der Züchter von Wellensittichen wissen und beachten:
Als Papageien und Sittiche gelten alle der zoologischen Ordnung der Psittaciformes zugehörigen Vögel.

Züchter und Händler müssen die Papageien und Sittiche mit Fußringen versehen. Diese dürfen vom Zentralverband Zoologischer Fachbetriebe Deutschlands e. V. oder von zugelassenen Züchtervereinen nur dann abgegeben werden, wenn die Genehmigung zur Zucht vorliegt (→ Seite 81). Die Abgabe von Fußringen durch Züchter und Händler ist verboten.
Die Fußringe müssen je nach Bezugsquelle folgende Kennzeichnung tragen:
Das Zeichen »Z«, die Kurzbezeichnung des Bundeslandes und eine fortlaufende Nummer des jeweiligen Bundeslandes, in dem die Beringung stattfindet oder
die Kurzbezeichnung eines Züchtervereins, die Züchternummer, die letzten beiden Ziffern des Beringungsjahres und eine für den Züchter fortlaufende Nummer.
Nicht gebrauchte Ringe müssen zwei Jahre nach Erhalt aufbewahrt werden.
Züchter und Händler müssen ein Zuchtbuch führen, das die folgenden Angaben enthält:
- Art der Tiere,
- Ringnummer und Datum der Beringung,
- Datum des Erwerbs oder der sonstigen Aufnahme in den Bestand sowie Herkunft der Tiere,
- Datum der Abgabe und Empfänger der Tiere oder Datum des Abgangs der Tiere,
- gegebenenfalls Beginn, Dauer und Ergebnisse von Behandlungen gegen Psittakose sowie Art der Dosierung des verwendeten Arzneimittels.

Das Zuchtbuch muß ein gebundenes, mit Seitenzahlen versehenes Buch sein, in das die Eintragungen mit Tinte, Tintenstift oder dokumentenechtem Kugelschreiber umgehend vorzunehmen sind.
Die Erkrankung eines Vogels an Psittakose muß der zuständigen Behörde (örtliches Veterinäramt) gemeldet werden.
Der Züchter oder Händler muß erkrankte Tiere mit einem wirksamen Mittel gegen Psitta-

kose behandeln oder unter behördlicher Aufsicht töten lassen. Besteht die Gefahr der Ausbreitung der Seuche, kann die Behörde die Tötung der Tiere anordnen.

Republik Österreich

Die Zucht von Wellensittichen ist in Österreich nicht genehmigungspflichtig.
Als Papageien gelten alle zur zoologischen Ordnung der Psittaciformes gehörenden Vögel, dazu zählen auch die Wellensittiche.
Die gesetzlichen Bestimmungen bei Auftreten von Psittakosefällen sind in § 45 des Tierseuchengesetzes festgelegt.
Jeder Psittakosefall muß bei der Bezirksverwaltungsbehörde gemeldet werden. Diese Behörde legt bei Auftreten von Psittakose die vorzunehmenden Maßnahmen fest. Sie ist auch ermächtigt, bei Verdacht auf Erkrankungen Überprüfungen in Zuchten anzuordnen.
Vögel, die in den letzten 40 Tagen mit erkrankten Vögeln in Berührung gekommen sind, gelten als ansteckungsverdächtig.

Weitere Auskünfte zu den gesetzlichen Bestimmung kann Ihnen der Amtstierarzt oder eventuell auch Ihr Tierarzt geben.

Wichtige Hinweise

Menschen, die an einer Feder- beziehungsweise Federstauballergie leiden, sollten keine Vögel halten. Fragen Sie im Zweifelsfall vor der Anschaffung den Arzt.
Die »Papageienkrankheit« (Psittakose, Ornithose) tritt heute bei Wellensittichen sehr selten auf (→ Seite 76), aber sie kann bei Menschen und Wellensittichen zum Teil lebensgefährliche Krankheitserscheinungen hervorrufen. Gehen Sie deshalb im Zweifelsfall mit dem Wellensittich zum Tierarzt (→ Seite 77), suchen Sie bei Erkältungs- oder Grippeerscheinungen unbedingt selbst den Arzt auf und weisen Sie diesen auf die Vogelhaltung hin.

Adressen und Bücher, die weiterhelfen

Vereine

DSV (Deutsche Standard-Wellensittich-Züchtervereinigung e. V.), Geschäftsführer: Dieter Klöttschen, Maybachstraße 20, D-46049 Oberhausen.

DWV (Deutsche Wellensittich-Vereinigung) in der Vereinigung für Artenschutz, Vogelhaltung und Vogelzucht (AZ e. V.), Geschäftsstelle: Helmut Uebele, Untere Au 30, D-71522 Backnang. Zeitschrift: AZ-Nachrichten.

ÖKB (Österreichischer Kanarienzüchter- und Vogelliebhaber-Bund), Präsident: Franz Holy, A-2123 Traunfeld 119.

RÖK (Rassezuchtverband Österreichischer Kleintierzüchter), Dr. Karl-Lueger-Ring 14, A-1010 Wien.

Zoologische Gesellschaft Österreichs. Haus des Meeres, Esterhazypark 6, A-1060 Wien.

Exotis, Schweizerische Vereinigung für Zucht und Pflege exotischer Vögel, Präsident: Ernst Zimmerli, Dorfstraße 33, CH-5735 Safenwil. Zeitschrift: Gefiederter Freund.

Fragen zur Tierhaltung beantworten auch: Ihr örtlicher Zoofachhändler.
Zentralverband Zoologischer Fachbetriebe Deutschlands e. V., Postfach 1420, D-63225 Langen.

Literatur zum Thema

Banz, K.: *Zur Tiergerechtheit der Käfighaltung von Wellensittichen*. Diplomarbeit, Universität Bern

Birmelin, I.; Tschanz, B.: *Beobachtungen und experimentelle Untersuchungen von Wellensittichen während des Schlüpfens der Küken*. Zeitschrift für Tierpsychologie, Band 57, Seite 245–260, 1981

Brockway, B. F.: *Ethological Studies of the Budgerigar: Reproductive Behavior*. Behavior 23 (293–334)

Brockway, B. F.: *Ethological Studies of Budgerigar: Nonreproductive Behavior*. Behavior 22 (193–222)

Engesser, U.: *Sozialisation junger Wellensittiche*. Zeitschrift für Tierpsychologie, Band 43, Seite 68–105

Hirsbrunner-Scharf, M.: *Orientierung und Regelung des Verhaltens von Wellensittichweibchen zu Nisthöhle und Eiern während der Brutzeit*. Diplomarbeit 1974, Universität Bern

Leuenberger, A.: *Die Verhaltensentwicklung der Nestlinge und Experimente zur Steuerung der weiblichen Brutpflege beim Wellensittich*. Diplomarbeit, Universität Bern

Pohl-Apel, G.: *Sexuelle Ontogenese bei männlichen Wellensittichen*. Journal für Ornithologie, Band 121, Heft 3

Stamm, R. A.; Blum, U.: *Partnerwahl beim Wellensittich: Der Faktor Körperfarbe*. Revue Suisse de Zoologie, Tome 78

Trillmich, F.: *The Influence of Separation on the Pair Bond in Budgerigars*. Zeitschrift für Tierpsychologie, Band 41, Seite 396–408

Wyndham, E.: *Environment and Food of the Budgerigar*. Australian Journal of Ecology 5 (47–61)

Wyndham, E.: *Diurnalcycle, Behavior and Social Organization of Budgerigar*. EMU (25–33)

Adressen und Bücher, die weiterhelfen

Bücher, die weiterhelfen

Benl, G.: *Vererbung*. Albrecht Philler Verlag, Minden

Ebert, U.: *Vogelkrankheiten*. Verlag M. u. H. Schaper, Alfeld

Radtke, G. A.: *Handbuch für Wellensittich-freunde*. Franckh'sche Verlagshandlung, Stuttgart

Radtke, G. A.: *Die Farbschläge des Wellensittichs*. Albrecht Philler Verlag, Minden

Robiller, F.: *Käfige und Volieren*. Augustus Verlag, Augsburg

Rutgers, A.: *Wellensittiche. Pfleglich gehalten und kundig gezüchtet*. Verlag Eugen Ulmer, Stuttgart

Schnabl, H.: *Wild-, Kulturpflanzen, Futtermischungen und animalische Futterstoffe zur Vo-gelernährung*. Albrecht Philler Verlag, Minden

Schöne, R., Arnold, P.: *Der Wellensittich – Heimtier und Patient*. Ferdinand Enke Verlag, Stuttgart

Wolter, A.: *Wellensittiche richtig pflegen und verstehen*. Gräfe und Unzer Verlag, München

Einige der genannten Bücher sind im Buchhandel nicht mehr erhältlich, Sie können sie aber sicher in Bibliotheken finden.

Zeitschriften

Die Voliere; die spezielle Zeitschrift für Vogelzüchter, Halter und Liebhaber. Verlag M. u. H. Schaper, Postfach 205, 31046 Alfeld (Leine)

Die Gefiederte Welt. Verlag Eugen Ulmer, Postfach 70 05 61, 70574 Stuttgart

Sachregister

Die **halbfett** gesetzten Seitenzahlen verweisen auf Farbfotos.

Sachregister

Aus Liebe und Verantwortung.

Experten-Rat für die artgerechte Haltung. Das Buch ist auch für Kinder geeignet, die ihren Vogel selbst versorgen.
12,80 DM / 100,- öS / 13,80 sfr.

Damit Ihr Wellensittich sein ganzes Spektrum gesunder Verhaltensweisen zeigt – und vor allen Dingen immer fröhlich zwitschert! Mit sensationellen Wellensittich-Fotos – für dieses Buch neu aufgenommen. 144 Seiten, 150 faszinierende Farbfotos.
34,80 DM / 272,- öS / 35,80 sfr.

Mit vielen praktischen Ratschlägen für Unterbringung, Pflege und Ernährung. Auch für Kinder geeignet, die ihren Vogel selbst versorgen.
12,80 DM / 100,- öS / 13,80 sfr.

Papageien richtig pflegen und verstehen. Mit kompetentem Rat für Eingewöhnung, Ernährung und Artenschutz. Porträts und Pflege-anleitungen beliebter Arten.
19,80 DM / 155,- öS / 20,80 sfr.

Experten-Rat für die art-gerechte Haltung
12,80 DM / 100,- öS / 13,80 sfr.

Mehr draus machen.
Mit GU.

GRÄFE UND UNZER

Sachregister

Mit Blüh-Garantie. Die Drillinge von GU.

Immergrüne und prachtvoll blühende Pflanzen-Schönheiten verzaubern Wohnung, Balkon, Terrasse und Garten. Allerdings – Schönheit braucht natürlich Pflege! Mit den praktischen Ratgebern von GU wird das ersehnte Pflanzenparadies Wirklichkeit – ganz leicht! Und dann »blühen« Ihnen die schönsten Stunden ... Das ganze Jahr hindurch.

Porträts und Pflegeanleitungen der beliebtesten Balkon- und Kübelpflanzen sowie Neuheiten und Raritäten. 240 Seiten, 350 Farbfotos, 150 Farbzeichnungen. **39,80 DM/311,- öS/39,80 sfr.**

Der Schlüssel zum Erfolg beim Zimmergärtnern: umfassendes und leicht verständliches Know-how rund um die Pflanzen-Liebhaberei! 240 Seiten, 350 Farbfotos, 140 Farbzeichnungen. **39,80 DM/311,- öS/39,80 sfr.**

Auch im kleinsten Garten ist Platz für ein Paradies! Dieser Ratgeber zeigt, wie jeder seine »Blütenträume« verwirklichen kann. 240 Seiten, 500 Farbfotos, 100 Zeichnungen. **48,- DM/375,- öS/49,40 sfr.**

Änderungen und Irrtum vorbehalten.

Mehr draus machen. Mit GU.